Radicales et fluides
Les mobilisations contemporaines

Radicales et fluides
Les mobilisations contemporaines

Réjane Sénac

Catalogage Électre-Bibliographie (avec le concours de la Bibliothèque de Sciences Po)
Radicales et fluides : les mobilisations contemporaines/Réjane Sénac. – Paris : Presses de Sciences Po, 2021.

ISBN papier 978-2-7246-3780-9
ISBN pdf web 978-2-7246-3781-6
ISBN epub 978-2-7246-3782-3
ISBN xml 978-2-7246-3783-0

RAMEAU :
– Mouvements contestataires : France : 2000-...
– Militantisme : France : 2000-...

DEWEY :
– 322.4 : Groupes d'action politique

« C'est un autre avenir qu'il faut qu'on réinvente
Sans idole ou modèle, pas à pas, humblement
Sans vérité tracée, sans lendemains qui chantent
Un bonheur inventé définitivement. »
Jean Ferrat, *Le Bilan*, 1980.

Introduction
Les mobilisations contemporaines
contre les injustices

> « Le féminisme pour les 99 % est un féminisme anti-capitaliste radical – nous ne nous satisferons jamais de pâles ersatz tant que nous n'obtiendrons pas l'égalité, nous ne nous satisferons jamais des droits légaux tant que nous n'obtiendrons pas justice, et nous ne nous satisferons jamais de la démocratie tant que la liberté individuelle ne sera pas indexée sur la liberté de tous et de toutes. »
> Cinzia Arruzza, Tithi Bhattacharya et Nancy Fraser, *Féminisme pour les 99 %. Un manifeste*, Paris, La Découverte, 2019, p. 125.

Des mouvements contemporains
de réappropriation de la démocratie

À partir du début des années 2010, en écho aux mobilisations populaires ayant eu lieu dans de nombreux pays du Maghreb et du Moyen-Orient (Tunisie, Jordanie, Égypte, Yémen, Libye, Bahreïn, Maroc, Syrie) sous le nom de « printemps arabe », l'occupation de places publiques a été analysée comme marquant une « nouvelle génération de mouvements » se fondant « davantage sur un pragmatisme culturel et l'expérience personnelle que sur une organisation qui leur donnerait une identité collective »[1]. Ces rassemblements de citoyen·ne·s se réappropriant des espaces symboliques du pouvoir politique et/ou économique pour en faire des « lieux de colère[2] » construisent un collectif sur la base « d'un sentiment commun et non plus d'une appartenance politique[3] ». La création d'une communauté de colère et de résistance face à des injustices subies individuellement, mais dénoncées collectivement, prend alors la forme de rencontres, d'échanges et de débats dans un espace public réapproprié comme lieu de vie partagé. Les points communs entre les « mouvements des places » ne doivent cependant pas occulter le fait que cette expression désigne des mobilisations ne recouvrant ni les mêmes enjeux ni les mêmes modalités de contestation[4], lorsqu'il s'agit de renverser des régimes autocratiques, comme en Égypte avec l'occupation de la place Tahrir ou en Ukraine celle de la place Maïdan, ou de dénoncer les dérives oligarchiques de régimes démocratiques, comme en Espagne avec les Indignados 15-M, à New York avec Occupy Wall Street ou en France avec Nuit debout.

---

1. Geoffrey Pleyers et Marlies Glasius, « La résonance des "mouvements des places" : connexions, émotions, valeurs », *Socio*, 2, 2013, p. 59-80.
2. Hélène Combes, David Garibay et Camille Goirand, *Les Lieux de la colère. Occuper l'espace pour contester, de Madrid à Sanaa*, Paris, Karthala, 2016.
3. Benjamin Sourice, *La Démocratie des places. Des Indignados à Nuit debout, vers un nouvel horizon politique*, Paris, Éditions Charles Léopold Mayer, 2017, p. 141.
4. Arthur Guichoux, « Nuit debout et les "mouvements des places" : désenchantement et ensauvagement de la démocratie », *Les Temps modernes*, 691, 2016, p. 30-60.

Le mouvement des Gilets jaunes, apparu en France en 2018, s'inscrit en continuité avec ces occupations de l'espace public comme lieu d'expression et de vie, reprenant une revendication centrale des mouvements des places[5], à savoir la participation directe au processus de décision et la dénonciation des limites d'une démocratie représentative portant les intérêts des élites et non l'intérêt général et/ou du plus grand nombre. Le référendum d'initiative citoyenne (RIC), considéré comme l'une des demandes principales des Gilets jaunes, était une proposition déjà portée par Nuit debout.

Ce renouveau transnational et national de la contestation bouscule le rapport aux catégories et aux frontières du politique à travers l'émergence d'une aspiration démocratique se méfiant ainsi des médiations, des affiliations partisanes et prenant la forme d'un « mouvement de contestation générale des gouvernants et de leur jeu, au nom du peuple[6] ». La critique de la démocratie représentative et des élites s'exprime de manière positive[7] par la promotion d'autres choix souhaitables et leur mise en œuvre *via* la réappropriation de répertoires d'action collective hérités[8], mais aussi d'invention d'alternatives dans la contestation. L'utilisation de la pétition comme moyen de porter une demande collective à partir d'initiatives et/ou de

---

5. Arthur Guichoux, « Nuit debout et les "mouvements des places" », art. cité.
6. Samuel Hayat, « Les Gilets jaunes et la question démocratique », *Contretemps*, 26 décembre 2018, en ligne sur contretemps.eu/gilets-jaunes-question-democratique/
7. Janie Pélabay et Réjane Sénac, « French Critical Citizenship : Between Philosophical Enthusiasm and Political Uncertainty », *French Politics*, 17 (4), 2019, p. 407-432.
8. Cécile Péchu, « Répertoire d'action », dans Olivier Fillieule *et al.*, *Dictionnaire des mouvements sociaux*, Paris, Presses de Sciences Po, 2009, p. 454-462.

dénonciations individuelles est significative de ce processus de création de revendications communes à partir, non pas d'un cadrage idéologique, mais d'expériences et de vécus. Le politiste Jean-Gabriel Contamin souligne la nécessité de ne pas réduire les pratiques pétitionnaires contemporaines à une participation politique « paresseuse » – associée à un « clicktivisme » ou un « slacktivisme » –, et de les comprendre comme l'incarnation d'une « rationalité relationnelle » entre des modes d'action collective disponibles et des logiques d'appropriation des acteurs et actrices. En effet, « une pétition n'est pas un texte revendicatif intangible que chacun des signataires devrait endosser dans sa totalité, mais plutôt un texte pivot auquel un ensemble de personnes qui n'ont pas participé à sa rédaction acceptent, pour des raisons hétérogènes, d'être rattachées, en dépit des divergences profondes qu'elles peuvent nourrir à son encontre, et à cette condition que, symboliquement au moins, elles puissent faire part de ces divergences et conserver leur singularité[9] ».

C'est dans cette perspective que la pétition publiée sur change.org le 29 mai 2018 par Priscillia Ludosky, et ayant atteint le million de signatures à l'automne 2018, peut être considérée comme l'un des appels fondateurs du mouvement des Gilets jaunes. La lecture de cette pétition remet en cause l'association de ces derniers à une opposition entre justice sociale et impératif écologique. En effet, le texte, porté par une créatrice d'entreprise de vente en ligne de cosmétiques bio, revendique la nécessité de répondre conjointement aux urgences

---

9. Jean-Gabriel Contamin, « Pétition », dans Olivier Fillieule *et al.*, *Dictionnaire des mouvements sociaux*, Paris, Presses de Sciences Po, 2ᵉ éd., 2020, p. 452.

sociales et écologiques. Priscillia Ludosky s'adresse au « ministre de la Transition écologique et solidaire » d'alors, François de Rugy, pour affirmer que s'il est « tout à fait honorable que nous cherchions des solutions pour circuler en polluant le moins possible notre environnement », le choix d'augmenter les taxes consiste à « en faire payer le prix aux citoyens »[10]. En s'appuyant sur des articles ou des reportages, elle y présente des pistes de propositions, telles que le développement du télétravail ou le financement des éco/biocarburants, afin de ne plus continuer à « payer pour les erreurs des dirigeants ». Deux ans plus tard, en 2020, dans l'ouvrage *Ensemble nous demandons justice. Pour en finir avec les violences environnementales*[11] publié avec la députée européenne écologiste Marie Toussaint, cofondatrice en 2015 de l'association Notre affaire à tous qui œuvre à l'instauration d'une justice climatique, Priscillia Ludosky poursuit cet objectif en demandant la reconnaissance et la pénalisation des écocides, la contribution des pollueurs pour indemniser les pollués et construire la résilience ainsi que la production de connaissances sur l'exposition des populations aux produits toxiques. Après avoir posé le diagnostic d'une France métropolitaine et d'outre-mer marquée par des injustices et des violences environnementales touchant plus durement les populations pauvres et « périphériques » (usine de Lubrizol, chlordécone aux Antilles, pollution aux algues vertes en Bretagne, orpaillage

---

10. Pétition publiée par Priscillia Ludosky, « Pour une baisse des prix du carburant à la pompe », 29 mai 2018, en ligne sur https://www.change.org/p/pour-une-baisse-des-prix-à-la-pompe-essence-diesel
11. Priscillia Ludosky et Marie Toussaint, *Ensemble nous demandons justice. Pour en finir avec les violences environnementales*, Paris, Massot Éditions, 2020.

illégal en Guyane, etc.), ces propositions sont présentées comme des moyens pour lutter contre la destruction environnementale et les risques sanitaires, mais aussi pour émanciper le politique de la suprématie des critères économiques et du mythe de la croissance vertueuse.

La réappropriation des espaces physiques et virtuels d'expression pour dénoncer les injustices et celles et ceux qui en sont responsables a aussi pris la forme d'une libération de la parole concernant les violences faites aux femmes, en particulier à travers le mouvement #MeToo. Initié par la militante féministe et antiraciste américaine Tarana Burke en 2007 pour créer une chaîne de solidarité entre les victimes de violences sexuelles, il a été réactivé et fortement médiatisé avec l'utilisation du hashtag #MeToo par l'actrice américaine Alyssa Milano en octobre 2017, après la publication d'enquêtes accusant le producteur Harvey Weinstein d'agressions sexuelles et de viols, accusations sur la base desquelles il a été condamné en première instance, le 11 mars 2020, à vingt-trois ans de prison ferme.

La dénonciation des violences policières en tant qu'expression de discriminations et d'inégalités systémiques, notamment par le comité Adama, formé après le décès d'Adama Traoré, 24 ans, à la suite de son interpellation par les gendarmes le 19 juillet 2016 à Beaumont-sur-Oise, participe, elle aussi, d'un mouvement de libération de la parole au nom de l'avènement d'une « vraie » démocratie où les droits fondamentaux seront appliqués à tou·te·s sans discrimination. Cette parole est doublement émancipatrice : les premier·ère·s concerné·e·s devenant des sujets politiques, acteur·trice·s de leur libération et de la remise en cause de violences dénoncées comme consubstantiellement liées aux systèmes politique et économique.

Le politiste Guy Groux souligne l'importance de ne pas appréhender les mobilisations contemporaines sous la forme d'« un inventaire sociologique "à la Prévert" » en précisant que, distinctes dans leurs formes, elles « présentent bien des points communs qui, dans l'univers des conflictualités modernes, en font d'authentiques communautés de luttes »[12]. Selon lui, ce qui rapproche les formes contemporaines de conflictualités tient au fait qu'elles sont des vecteurs de socialisation exprimant « l'émergence d'un rapport singulier : celui qui lie "le modèle républicain d'intégration" – le modèle historique et traditionnel – à l'existence d'une "étrange multiplicité"[13] faite d'appartenances et de relations plurielles qui structurent la société d'en bas[14] ». Guy Groux aborde les mutations contemporaines du conflit social à travers le prisme du « déclin de la fonction historique des conflits du travail » n'impliquant pas « la fin du conflit du travail », mais un désenchantement s'incarnant et agissant « au sein des configurations conflictuelles complexes »[15]. Il qualifie le conflit social moderne « d'authentiquement polymorphe » et « polycentrique », au sens où « il est régi par de multiples communautés de luttes dont les modes d'action et de mobilisation se distinguent souvent de ceux qui caractérisaient les anciens mouvements sociaux » pour lesquels la condition ouvrière

12. Guy Groux, *Vers un renouveau du conflit social ?*, Paris, Bayard, 1998, p. 150.
13. Pour reprendre l'expression de James Tully, *Strange Multiplicity : Constitutionalism in an Age of Diversity*, Cambridge, Cambridge University Press, 1995.
14. Guy Groux, *Vers un renouveau du conflit social ?*, *op. cit.*, p. 154.
15. *Ibid.*, p. 138 et 157.

était la « figure emblématique de la domination sociale et du sujet dominé »[16].

Avec Richard Robert, Guy Groux associe 1995 à un « chant du cygne » des rêves de convergence, incarnant l'échec de « la greffe entre certaines radicalités syndicales ou politiques et les nouvelles radicalités »[17]. Cet échec est, pour eux, lié à une incompatibilité entre des imaginaires sociaux, des conceptions de la démocratie et des répertoires d'action collective spécifiques. Les forces politiques instituées, dont les syndicats, s'appuient sur le principe de délégation, la hiérarchisation des pratiques militantes et de la question économique et sociale alors que, pour les « nouveaux mouvements sociaux » contemporains, « l'expérience seule fonde la légitimité à "parler" »[18]. Les deux auteurs poursuivent leur réflexion en discutant des enjeux soulevés par le retour du « spectre de la convergence des luttes », depuis les mobilisations contre la loi dite El Khomri en 2016[19], portée par des dirigeants politiques ou syndicaux comme le leader de La France insoumise (LFI), Jean-Luc Mélenchon, et le secrétaire général de la Confédération générale du travail (CGT), Philippe Martinez. Selon Richard Robert et Guy Groux, « reconnaissant la pluralité des causes et des organisations, [cette convergence des luttes] vise en même temps à la conjurer en projetant un imaginaire d'unité »[20].

---

16. Guy Groux, *Vers un renouveau du conflit social ?*, *op. cit.*, p. 139-140.
17. Guy Groux et Richard Robert, « Le spectre de la convergence des luttes », *Telos*, 1er avril 2020.
18. *Ibid.*
19. Officiellement, loi n° 2016-1088 du 8 août 2016 relative au travail, à la modernisation du dialogue social et à la sécurisation des parcours professionnels, portée par Myriam El Khomri, ministre du Travail dans le gouvernement de Manuel Valls.
20. Guy Groux et Richard Robert, « Le spectre de la convergence des luttes », art. cité.

Le 18 juillet 2020, la quatrième marche pour rendre justice à Adama Traoré est co-organisée, pour la première fois, avec Alternatiba, un mouvement citoyen pour le climat et la justice sociale. Le choix du hashtag #OnVeutRespirer est une manière d'inscrire le combat contre les violences policières en France dans un contexte international de dénonciation du racisme structurel des forces de l'ordre, mais aussi de marquer l'imbrication des questions raciales et écologiques. Les derniers mots d'Adama Traoré, « Je n'arrive pas à respirer », font écho à la fois à ceux, « *I can't breathe* », de Georges Floyd, un Afro-Américain de 46 ans mort des suites de son interpellation par la police le 25 mai 2020 à Minneapolis, et au dérèglement climatique qui rend l'atmosphère de moins en moins respirable. La co-organisation de cette marche et le choix de ce hashtag constituent-ils une forme de convergence des luttes entre justices sociale et écologique ? L'appel à manifester du collectif Vérité pour Adama n'emploie pas cette expression, mais associe cette co-organisation à l'union de la génération Adama, en référence au rassemblement de dizaines de milliers de personnes le 2 juin 2020 devant le tribunal de grande instance de Paris pour dénoncer les violences policières en France et aux États-Unis, et de la génération climat, en référence à la mobilisation des jeunes pour les questions écologiques, notamment contre le dérèglement climatique. L'enjeu est de « faire front commun contre ce système violent qui opprime, qui étouffe et détruit notre avenir. Nous marcherons ensemble pour dire : "On veut respirer dans nos quartiers, dans nos rues, dans nos vies." Reprenons en main nos territoires, nos droits et construisons ensemble une société juste et soutenable. Refusons le piège de la division, luttons ensemble pour la justice, l'égalité et le respect de la dignité humaine. » Cet appel a été relayé par des organisations et des syndicats, tels que l'Association pour la taxation des transactions financières et pour l'action citoyenne (Attac) ou l'union syndicale Solidaires.

En écho, un autre appel, à l'initiative de jeunes activistes et d'acteur.trice.s du monde de l'entrepreneuriat social ou écologique, est publié le 30 juillet 2020 sur *Mediapart* pour une Rencontre des Justices (RDJ), sociale et environnementale, réclamant lui aussi l'union des forces sociales et écologiques pour poser les bases d'un nouveau modèle de société juste, durable et inclusif. À la suite des consultations menées en octobre et novembre 2020 auprès de la société civile et de « 390 entrepreneurs, entrepreneuses et activistes, représentatifs, représentatives des engagements, initiatives et Marches de ces dernières années », la RDJ a présenté trente « Objectifs de Justice » dans un document préparant les échéances électorales à venir et intitulé « Nous voulons respirer. Les victoires que nous voulons remporter ensemble dès maintenant et pour les dix ans à venir »[21].

L'horizon d'une émancipation commune à travers le prisme d'une enquête qualitative

En quoi et comment les mobilisations contemporaines contre les injustices convergent-elles vers un horizon commun d'émancipation ?

---

21. En ligne sur https://rencontrejustices.org/wp-content/uploads/2020/12/Rencontre-des-Justices_Lordre-du-jour-de-la-de%CC%81cennie-3.pdf

Le politiste Felix Butzlaff aborde cette interrogation en examinant les répercussions de la reconfiguration du rapport à l'émancipation depuis le XIXᵉ siècle sur les mouvements sociaux et les partis politiques contemporains[22]. Il structure son analyse autour de l'examen des manifestations de trois ambiguïtés conceptuelles sur la lecture et la compréhension du processus émancipateur : le rôle de l'autolibération (*self-liberation*) dans le « qui » (*who ?*) de l'émancipation, celui d'un but positif (utopie, idéologie...) dans le « vers quoi » (*to what end ?*) et la place respective des dimensions individuelle et collective de l'engagement dans le « comment » (*in what way ?*). La reconfiguration contemporaine des partis politiques et des mouvements sociaux autour d'une conception de plus en plus individualiste, autocentrée et processuelle explique, selon lui, la difficulté de l'organisation politique de l'émancipation. Il l'associe à une approche postfonctionnaliste où les mobilisations « ne sont pas guidées par des buts prédéfinis, mais constituent des arènes pour des expérimentations et des alternatives symboliques dans un sens foucaldien[23][24] ».

Le présent ouvrage, quant à lui, aborde cette interrogation sur la possibilité et les modalités d'une émancipation partagée en analysant ce qui fait commun, dans le cas français, entre les engagements pour la justice sociale et écologique, contre le racisme, le sexisme et/ou le spécisme, engagements souvent appréhendés comme une

---

22. Felix Butzlaff, « Emancipatory Struggles and their Political Organisation : How Political Parties and Social Movements Respond to Changing Notions of Emancipation », *European Journal of Social Theory*, juin 2021, p. 1-24.

23. Dan Swain, « Not But Not Yet : Present and Future in Prefigurative Politics », *Political Studies*, 67, 2017, p. 1-16 ; Luke Yates, « Rethinking Prefiguration : Alternatives, Micropolitics and Goals in Social Movements », *Social Movement Studies*, 14 (1), 2015, p. 1-21.

24. Felix Butzlaff, « Emancipatory Struggles and their Political Organisation », art. cité, p. 15. Sauf mention contraire, les traductions sont de l'autrice.

somme de revendications particularistes. La place et le rôle du principe d'égalité, central dans la construction du système politique républicain, est l'angle de questionnement de cette recherche. Le fait d'intégrer les mobilisations antispécistes dans cette analyse se justifie par la radicalité et la transversalité du questionnement qu'elles posent aux systèmes politique, juridique, économique et social en termes de rapport à la domination, aux injustices et donc à l'émancipation. Le terme « spécisme » a été forgé au début des années 1970 par le psychologue anglais Richard Ryder sur le modèle du « racisme » et du « sexisme » pour désigner « le préjugé ou la discrimination arbitraire que subissent les êtres sensibles en fonction de leur espèce[25] ». Les mobilisations antispécistes ont une visibilité accrue sur la scène médiatique depuis 2010 à travers des actions et des vidéos dénonçant l'exploitation et l'extermination des animaux non humains sans considération pour leur souffrance.

En se demandant si, et de quelle manière, les différentes revendications se rejoignent dans un horizon émancipateur commun, cette recherche s'inscrit en complémentarité des travaux sur la crise contemporaine de la démocratie représentative[26], sur les continuités et ruptures historiques en jeu dans les mouvements des places ou les Gilets jaunes[27] et de ceux reposant sur une

---

25. Valéry Giroux, *L'Antispécisme*, Paris, PUF, coll. « Que sais-je ? », 2020, p. 13.
26. Pippa Norris, *Democratic Deficits : Critical Citizen Revisited*, Cambridge, Cambridge University Press, 2011 ; Bruce Cain, Russel Dalton et Susan Scarrow (eds), *Democracy Transformed ? Expanding Political Opportunities in Advanced Industrial Democracies*, Oxford, Oxford University Press, 2003 ; Janie Pélabay et Réjane Sénac, « French Critical Citizenship », art. cité.
27. Ludivine Bantigny et Samuel Hayat, « Les Gilets jaunes : une histoire de classe ? », *Mouvements*, 100, 2019, p. 12-23 ; Sylvain Bourmeau (dir.), « "Gilets jaunes". Hypothèses sur un mouvement », *Cahier AOC*, 1, 2019.

approche quantitative des mobilisations pour la justice sociale et écologique[28]. Le terme « commun » permet d'analyser la conjugaison entre la logique associée à la communauté, où les relations entre les individus reposent « sur la force cohésive du sentiment de similitude de ses différents membres[29] », et celle associée à la société dans laquelle la cohésion entre les individus ne repose pas sur une unité *a priori*, sur « une volonté organique », mais sur « une volonté réfléchie »[30]. Lorsqu'il est utilisé au pluriel, ce terme permet en outre de discuter des modes d'organisation collective et solidaire pour préserver et partager les ressources, matérielles ou immatérielles, « les communs »[31].

Afin d'analyser les modalités d'expression de cet horizon émancipateur commun, j'ai effectué, entre juin 2019 et août 2020, soit avant et pendant la crise sanitaire de Covid-19, une enquête qualitative auprès de 130 responsables d'associations ou de collectifs féministes, antiracistes, écologistes, antispécistes et/ou de lutte contre la pauvreté et pour la justice sociale, mais aussi d'entrepreneur·e·s sociaux·ales et d'activistes se revendiquant d'affiliations plurielles et « fluides »[32].

---

28. Voir les travaux de « Quantité critique » et du Centre de recherches politiques de Sciences Po (Cevipof), en ligne sur https://reporterre.net/Qui-manifeste-pour-le-climat-Des-sociologues-repondent
29. Gaëlle Demelemestre, « La portée de la typologie élaborée par Tönnies de l'existence humaine, entre communauté et société », *Raisons politiques*, 38, 2010, p. 113.
30. Ferdinand Tönnies, *Communauté et Société*, trad. de l'allemand par Joseph Leif, Paris, Les Classiques des sciences humaines, 1977, éd. originale *Gemeinschaft und Gesellschaft* [1887], Aufgabe 8, Leipzig, Buske, 1935.
31. Bruno Delmas et Étienne Le Roy, *Les Communs, aujourd'hui ! Enjeux planétaires d'une gestion locale des ressources renouvelables*, préface de Gaël Giraud, Paris, Karthala, 2019 ; Perrine Michon (dir.), *Les Biens communs. Un modèle alternatif pour habiter nos territoires au XXIe siècle*, Rennes, Presses universitaires de Rennes, 2019 ; Jean-Benoît Zimmermann, *Les Communs. Des jardins partagés à Wikipédia*, Paris, Libre et solidaire, 2020.
32. Voir la liste des personnes interviewées et la grille d'entretien en annexes.

Cette enquête questionne la cohabitation paradoxale de la prise de conscience de la nécessité de faire alliance pour être efficace et de la méfiance vis-à-vis d'une convergence des luttes potentiellement source d'occultation des divergences entre militant·e·s et revendications dans la recomposition de hiérarchies et d'hégémonies. Cette méfiance provient à la fois des leçons tirées de l'histoire des mobilisations, marquée par la tentation de hiérarchiser les luttes, et du constat des difficultés, voire de l'impossibilité, d'échanger entre militant·e·s dénonçant pourtant les mêmes injustices et défendant les mêmes principes. Ces difficultés sont notamment présentes entre féministes lorsqu'il y a désaccord concernant des sujets tels que le rapport à la transidentité ou au consentement dans son application en particulier au port du voile ou à la prostitution, le refus de considérer l'autre comme un interlocuteur ou une interlocutrice légitime rendant impossible un échange fondé sur le respect du pluralisme et de l'intégrité de chacun·e.

Cette enquête ne prétend pas réaliser une cartographie des mobilisations contemporaines, mais les aborder à travers un questionnement particulier à un moment qui l'est aussi : celui des conditions et des modalités d'une émancipation commune dans une société française en temps d'urgences sociale, écologique et sanitaire. Elle exige de prendre au sérieux la dimension située du point de vue, en tenant compte notamment du fait que mon identification à des catégories[33] détermine mon rapport au terrain, aussi bien

---

33. Susan Hekman, « Truth and Method : Feminist Standpoint Theory Revisited », *Signs*, 22 (2), 1997, p. 341-365.

dans la manière de le mener que de l'analyser. Être chercheuse à Sciences Po induit que je puisse être associée à l'élite, au pouvoir. Une telle identification facilite l'accès à certains types d'acteur·trice·s, mais peut aussi expliquer pourquoi certain·e·s interlocuteur·trice·s ont été réticent·e·s à faire partie de cette enquête. En plus de mon statut d'universitaire, le fait que je ne subisse pas un certain nombre de discriminations, dont celles fondées sur l'appartenance réelle ou supposée à un groupe ethno-racial, à une religion, sur le lieu de résidence ou l'apparence physique, m'inscrit dans plusieurs communautés de dominant·e·s. Là encore, une telle identification a pu contribuer à me rendre légitime à mener cette recherche, mais également à mettre en doute ma capacité à pouvoir analyser des inégalités, des injustices que je n'expérimente pas. Même si ce sont des héritages moins visibles, le fait d'être issue d'un milieu populaire et rural, et d'avoir des origines immigrées me permet de comprendre ces réticences et m'alerte sur la tentation de se poser en voix scientifique objective, en posture de neutralité toute en autorité et de reproduire ainsi des rapports de domination et des occultations.

C'est l'une des raisons pour laquelle, avant toute publication, j'envoie pour relecture et validation à chaque personne interviewée les passages où elle·il est cité·e, et non pas seulement les extraits de son entretien, afin de m'assurer de ne pas trahir la cohérence et la complexité des propos recueillis à l'oral par le choix des passages cités à l'écrit et par l'analyse que j'en fais. Je ne considère pas cette démarche comme une limitation de ma liberté de chercheuse. Au contraire, m'assurer que j'ai bien compris le sens des propos tenus par les personnes interviewées est une condition pour que je ne fasse pas de contresens et que je ne tombe pas dans le piège consistant à utiliser les citations d'entretien comme des illustrations validant une hypothèse qui est alors en réalité un postulat. Le fait de faire relire les passages d'interview aux personnes un à deux ans après que celle-ci ait été effectuée permet aussi d'intégrer une dimension longitudinale à leur propos. Certain·e·s d'entre elles·ils ont en effet ajouté des éléments en lien avec des changements dans leurs pratiques militantes, et leur appréhension des enjeux soulevés par cette enquête, qui ont eu lieu depuis l'entretien. Par exemple, une activiste qui promouvait les atouts du militantisme 2.0 a souhaité préciser que depuis l'interview elle a quitté les réseaux sociaux à la suite des violentes attaques qu'elle y a subies.

Avec l'aide précieuse de Sarah Delabrière, Xavier Kamaky, Aymeric Leroy et Emma Rousseau, étudiant·e·s en troisième année de collège universitaire, dans le cadre de leur stage d'initiation à la recherche, et de Marie Royal, étudiante en master de théorie politique, dans le cadre d'un stage de recherche, j'ai analysé les 130 entretiens effectués à partir de retranscriptions thématiques structurées autour des thèmes clés de la grille d'entretien et des enjeux transversaux émergeant dans l'écoute croisée des entretiens. En écho aux travaux d'Irène Pereira sur les grammaires de la contestation, c'est à partir de ce matériau que j'ai analysé les logiques philosophiques sous-jacentes aux engagements. En reprenant la typologie idéal-typique qu'elle élabore entre grammaires républicaine, socialiste et nietzschéenne, la question posée ici est celle de la place que les responsables d'association et activistes interviewé·e·s donnent au principe d'égalité pour relever les défis posés par la remise en cause des injustices. Comment portent-elles·ils « un système économique qui soit égalitaire et démocratique ? Est-il possible de penser l'autonomie des revendications des minorités tout en conservant le projet d'émancipation globale, c'est-à-dire de penser à la fois les droits des minorités et l'universalité de l'émancipation politique et économique[34] ? »

L'hypothèse discutée est celle de savoir si le principe d'égalité, malgré ses ambivalences passées et présentes[35], peut constituer la base d'un langage et d'un projet communs. L'enjeu est d'examiner la manière dont les mobilisations contemporaines se positionnent non pas seulement *contre* un ennemi commun, mais aussi *pour* un horizon, voire un bien, commun. Il s'agit d'appréhender l'expression contemporaine, et peut-être la résolution, des apories constitutives de l'énonciation d'un universel[36] à travers la place donnée au principe d'égalité dans l'élaboration d'un commun des luttes émancipatrices. Comme le souligne en particulier Étienne Balibar, l'universalité est la formulation d'une solution toujours problématique dans la mesure où « constituer des communautés, énoncer l'universel, ou développer une idéologie dominante sous laquelle des individus se rassemblent pour y "réconcilier" leurs intérêts divergents et leurs convictions incompatibles,

---

34. Irène Pereira, *Les Grammaires de la contestation. Un guide de la gauche radicale*, Paris, La Découverte/Les Empêcheurs de penser en rond, 2010, p. 24.
35. Réjane Sénac, *Les Non-Frères au pays de l'égalité*, Paris, Presses de Sciences Po, 2017 ; *L'Égalité sous conditions. Genre, parité, diversité*, Paris, Presses de Sciences Po, 2015 ; *L'Égalité sans condition. Osons nous imaginer et être semblables*, Paris, Rue de l'échiquier, 2019.
36. Concernant le diagnostic d'un retour de l'universel, voir Linda Zerelli, « Cet universalisme qui n'est pas un. À propos d'*Émancipation(s)* d'Ernesto Laclau », *Revue du MAUSS*, 17, 2001, p. 332-354.

c'est en fait la même chose[37] ». Dans cette perspective critique, la distinction dans les colonies françaises entre « sujets » et « citoyen·ne·s » n'est pas une « monstruosité juridique[38] », comme l'avance la sociologue Dominique Schnapper, mais elle révèle « les tensions profondes entre les tendances inclusives et exclusives[39] » des modes d'appartenance à la société française en tant que national·e ou citoyen·ne. La prise en compte de la généalogie sexuée et raciale de la nation française est ainsi essentielle pour dénouer les paradoxes[40] d'une société française contemporaine dans laquelle coexiste un consensus égalitaire apparent avec la persistance d'inégalités.

Comme explicité en particulier dans *Féminisme pour les 99 %. Un manifeste*, « les différences, les inégalités et les hiérarchies induites par les relations sociales capitalistes donnent *réellement* lieu à des conflits d'intérêts parmi les opprimé·e·s et les exploité·e·s[41] ». Ce manifeste se termine en lançant un défi plein de dilemmes : celui de tenir compte de ces divergences tout en se battant contre leur exacerbation et leur instrumentalisation, en faisant émerger un universalisme « toujours en formation, toujours ouvert aux transformations et aux contestations et toujours renouvelé par la

---

37. Étienne Balibar, « Constructions et déconstructions de l'universel », dans id., *Des universels. Essais et conférences*, Paris, Galilée, 2016, p. 63.

38. Dominique Schnapper, *La Communauté des citoyens*, Paris, Gallimard, 1994.

39. Emmanuelle Saada, « Nationalité et citoyenneté en situation coloniale et postcoloniale », *Pouvoirs*, 160, 2017, p. 123.

40. Joan Scott, *La Citoyenne paradoxale. Les féministes françaises et les droits de l'homme*, trad. de l'anglais par Marie Boudé et Colette Pratt, Paris, Albin Michel, 1998, éd. originale *Only Paradoxes to Offer : French Feminists and the Rights of Man*, Cambridge (Mass.), Harvard University Press, 1996.

41. Cinzia Arruzza, Tithi Bhattacharya et Nancy Fraser, *Féminisme pour les 99 %. Un manifeste*, Paris, La Découverte, 2019, p. 124.

solidarité[42] ». La proposition d'un nouvel « universalisme façonné par la multiplicité des luttes venant d'en bas » est présentée comme la réponse à l'échec de la prolifération de luttes fragmentaires à faire émerger « des alliances suffisamment larges et robustes pour transformer la société[43] ». Dans ce manifeste, le féminisme dit anticapitaliste, prenant notamment la forme de grèves de militantes ayant notamment paralysé l'Espagne le 8 mars 2018, est pris comme exemple d'un mouvement pouvant relever les défis contemporains « en s'alliant avec les antiracistes, les écologistes, les militant·e·s pour les droits des travailleurs, des travailleuses et des migrant·e·s[44] ». Le fait d'associer l'horizon des « 99 % » à la construction d'un commun qui ne nie pas les différences, voire les divergences, entre ses composantes donne une épaisseur théorique et pratique à une expression qui, sans cela, est un « signifiant vide »[45] permettant certes au plus grand nombre de s'y reconnaître, mais d'une manière dépolitisée.

La dépolitisation renvoie ici non pas à la crise de la participation politique, s'exprimant notamment à travers la désaffection des citoyen·ne·s vis-à-vis des élections et leur méfiance vis-à-vis des élu·e·s, mais à l'occultation des divergences – d'identité/identification, d'intérêt, et d'idéologie – et des rapports de domination, de pouvoir. Les processus de politisation/dépolitisation seront ainsi appréhendés au regard de la question des frontières du politique. Ils interrogent ce

---

42. Cinzia Arruzza, Tithi Bhattacharya et Nancy Fraser, *Féminisme pour les 99 %, op. cit.*
43. *Ibid.*
44. *Ibid.*, p. 16.
45. Ernesto Laclau, *La Guerre des identités. Grammaire de l'émancipation*, Paris, La Découverte/MAUSS, 2000.

qui est considéré comme légitimement sujet de la politique – entre *politics, policies* et *polity* – et ce qui est perçu comme spécifiquement politique. Nancy Fraser associe « la spécificité du politique » à la troisième dimension de la justice et la pense dans l'articulation entre l'économique et le culturel. Elle précise en effet que cette dimension « est le politique » dans la mesure où, « bien sûr, la distribution et la reconnaissance sont elles-mêmes politiques au sens où elles sont contestées et chargées de pouvoir ; et elles sont généralement perçues comme des questions devant être tranchées par l'État. Mais, ici, "politique" revêt un sens plus spécifique, plus essentiel, qui touche à la nature de la compétence de l'État et aux règles de décision avec lesquelles il structure la controverse. Le politique ainsi conçu établit la scène des luttes dont l'enjeu est la distribution et la reconnaissance. Posant les critères d'appartenance sociale et déterminant ainsi qui compte comme membre, la dimension politique de la justice spécifie la portée des autres dimensions : elle nous dit qui est inclus et qui est exclu du cercle des individus pouvant prétendre à une juste distribution et à une reconnaissance réciproque[46]. » Dans cette perspective, dire que la dimension politique est « à côté » du culturel et de l'économique signifie qu'elle en constitue une condition transcendantale, au sens où elle définit les conditions de possibilité de la formulation des revendications de redistribution et de reconnaissance.

---

46. Nancy Fraser, « Le cadre de la justice dans un monde globalisé », dans id., *Le Féminisme en mouvements. Des années 1960 à l'ère néolibérale*, Paris, La Découverte, 2012, p. 264.

Le questionnement porte ainsi sur ce que recouvre concrètement cette union des « 99 % », en termes idéologique et pratique, au-delà d'une homogénéisation stratégique, mais aussi sur la signification et la portée de la désignation d'un ennemi commun à travers l'opposition au « 1 % »[47] des riches ou à un système qualifié de capitaliste et/ou de néolibéral. L'opposition entre les 1 % les plus riches et les 99 % restants remet-elle en cause, ou reformule-t-elle, la dichotomie entre les inégalités socio-économiques considérées comme politiques et les autres formes d'oppression – dont le sexisme et le racisme – associées à des inégalités dites culturelles ? Comment discute-t-elle les deux postulats au cœur de cette approche matérialiste-historique, à savoir celui de l'économicisme expliquant tout phénomène social par son infrastructure économique, et celui du monisme, entendu comme le fait de ramener toute lutte contre la domination à une lutte contre l'exploitation et d'ériger les prolétaires/ ouvrier·ère·s/« pauvres » en agent unique du changement social et politique ?

Quelle transversalité des luttes ?

Les travaux en sciences sociales ont rassemblé sous le terme « nouveaux mouvements sociaux »[48] les formes d'action collective apparues au milieu des

---

47. Vandana Shiva, *1 %. Reprendre le pouvoir face à la toute-puissance des riches*, Paris, Rue de l'échiquier, 2019.
48. Alain Touraine, *La Voix et le Regard*, Paris, Seuil, 1978 ; Alain Touraine, Zsuzsa Hegedus, François Dubet et Michel Wievorka, *La Prophétie anti-nucléaire*, Paris, Seuil, 1980 ; Alberto Melucci, « Mouvements sociaux, mouvements post-politiques », *International Review of Community Development / Revue internationale d'action communautaire*, 10, 1983, p. 13-30.

années 1960. Ils ont interprété leur émergence comme la traduction d'un détachement par rapport aux clivages de classe qui avaient structuré les conflits des sociétés industrielles, symbolisés par le syndicalisme et le mouvement ouvrier. L'unification de ce dernier, malgré les différences de situation et d'intérêt – en particulier en fonction du sexe, de l'origine, du type et secteur d'activité (ouvrier·ère·s spécialisé·e·s, artisan·e·s, construction, agro-alimentaire, service) ou du lieu d'exercice (urbain, rural) –, a reposé sur la valorisation du sentiment d'appartenance à une communauté, un « nous » de conscience de classe, dans le partage du vécu quotidien d'une opposition au « eux »[49] des possédant·e·s, de la bourgeoisie. L'homogénéisation de la classe ouvrière, de l'après-guerre jusqu'aux années 1980, « participe d'une héroïsation du groupe et à la consécration du rôle historique que lui avait prophétisé Karl Marx[50] », notamment dans les conquêtes sociales.

Si, avec la désindustrialisation[51], les ouvrier·ère·s semblent appartenir à un « monde défait »[52] et au passé, l'expression « classes populaires », au pluriel, permet de dire à la fois la persistance du rôle du travail dans la re-production des inégalités[53] et la pluralité du

---

49. Richard Hoggart, *La Culture du pauvre*, Paris, Minuit, 1970.
50. Martin Thibault, « La fin du monde ouvrier, vraiment ? », dans Philippe Boursier et Willy Pelletier (dir.), *Manuel indocile de sciences sociales*, Paris, La Découverte, 2019, p. 500.
51. François Bost et Dalila Messaoudi, « La désindustrialisation : quelles réalités dans le cas français ? », *Revue géographique de l'Est*, 57 (1-2), 2017.
52. Gérard Mauger, « Les ouvriers : un monde défait », *Actes de la recherche en sciences sociales*, 115, décembre 1996, p. 38-43.
53. Paul Bouffartigues (dir.), *Le Retour des classes sociales. Inégalités, dominations, conflits*, Paris, La Dispute, 2004 ; Louis Chauvel, « Le retour des classes sociales ? », *Revue de l'OFCE*, 79, 2001, p. 315-359.

rapport au travail, qu'il s'agisse de globalisation de la production (délocalisation), de statut (employé·e, indépendant·e), de type de métier et de secteur d'emploi (augmentation de la part des métiers dans le service et le soin). En 2017, les ouvrier·ère·s représentent 20 % des personnes en emploi et les employé·e·s 27 %. Elles·ils sont respectivement 15 % et 12,5 % à vivre sous le seuil de pauvreté, fixé à 60 % du revenu médian, contre 3,1 % des cadres et professions intellectuelles supérieures et 5,1 % des professions intermédiaires[54]. Comme le soulignent ces chiffres – à analyser en prenant aussi en compte la composition des familles et l'activité professionnelle de la/du conjoint·e –, les classes sociales et leurs implications matérielles n'ont pas disparu. La question est de savoir quelle place leur donner vis-à-vis des autres catégories d'identification et de position sociales. Sont-elles, pour reprendre la typologie de Pierre Bourdieu, le critère premier par rapport auquel s'articulent les « caractéristiques auxiliaires », qu'il qualifie de « propriétés secondaires », dont le sexe, l'âge, le lieu de vie ou l'appartenance ethnique, « aussi indissociables des propriétés de classe que le jaune du citron »[55], ou un critère imbriqué aux autres ?

Les controverses contemporaines, aussi bien dans l'arène académique que dans le débat public et politique[56], opposant l'appréhension des inégalités par la question sociale et

---

54. *Insee Références*, édition 2019, « Revenus, Salaires ».
55. Pierre Bourdieu, *La Distinction. Critique sociale du jugement*, Paris, Minuit, 1979, p. 113, 119-120.
56. Pour une synthèse et une analyse des enjeux qui se sont cristallisés autour de l'expression d'« islamo-gauchisme », voir Samuel Hayat, « L'islamo-gauchisme : comment (ne) naît (pas) une idéologie », *L'Obs*, 27 octobre 2020 ; Stéphane Dufoix, « Enquête sur l'"islamo-gauchisme" dans la recherche : l'impossible décolonialisation de l'Université », *JDD*, 17 février 2021 ; Corinne Torrekens, « Islamo-gauchisme,

par la question raciale[57], voire discréditant toute approche ne portant pas la primauté du critère économique et social, témoignent de l'actualité de cette question. Mon enquête cherche à comprendre le rapport contemporain à l'engagement, en questionnant la place et le rôle du principe d'égalité dans l'appréhension du commun. Il ne s'agit pas de déterminer la nature ou le degré de « nouveauté »[58] du rapport à l'engagement, mais d'interroger la manière dont la tendance « à la fragmentation, voire à l'atomisation des formes d'action collective et au-delà du corps social[59] » s'articule avec une transversalité de la remise en cause de l'ordre social/politique hérité. Dans ses entretiens avec Hubert Dreyfus et Paul Rabinow, Michel Foucault souligne ainsi que la série d'oppositions « au pouvoir des hommes sur les femmes, des parents sur leurs enfants, de la psychiatrie sur les malades mentaux, de la médecine sur la population, de l'administration sur la manière dont les gens vivent » ne peut pas seulement être comprise comme « des luttes contre l'autorité », mais aussi comme l'expression de « luttes "transversales" », car celles-ci « ne se limitent pas à un pays particulier [...] elles ne sont pas restreintes à un type particulier de gouvernement politique ou économique »[60].

histoire d'un glissement sémantique », *AOC*, 22 février 2021 ; Didier Fassin, « Un vent de réaction souffle sur la vie intellectuelle », *AOC*, 23 février 2021 ; Bruno Karsenti, « La ministre, la science et l'idéologie », *AOC*, 24 février 2021.
57. Voir les débats autour de l'ouvrage de Gérard Noiriel et Stéphane Beaud, *Race et sciences sociales*, Paris, Agone, 2021 ; Didier Fassin et Éric Fassin, *De la question sociale à la question raciale ? Représenter la société française*, Paris, La Découverte, 2009.
58. Erik Neveu, « De "nouveaux" mouvements sociaux ? », dans id., *Sociologie des mouvements sociaux*, Paris, La Découverte, 2015, p. 60-69.
59. Didier Chabanet, « Nouveaux mouvements sociaux », dans Olivier Fillieule *et al.*, *Dictionnaire des mouvements sociaux*, Paris, Presses de Sciences Po, 2020.
60. Michel Foucault, « Deux essais sur le sujet et le pouvoir », dans Hubert Dreyfus et Paul Rabinow, *Michel Foucault, un parcours philosophique*, Paris, Gallimard 1984 [éd. originale 1982], p. 301.

Tout en ayant conscience de la dimension globale des problématiques posées, cette recherche se concentre sur la manière dont cette transversalité des luttes s'incarne dans le cas français. Son objectif est de déterminer comment celles-ci entrent en synergie dans une société marquée par la libération de la parole et de l'écoute, et des modalités d'actions multiples, en particulier dans le sillage de Nuit debout, #MeToo et des Gilets jaunes. Comment l'entrecroisement des urgences sociale, écologique et sanitaire questionne-t-il le rapport à l'engagement, entre défiance vis-à-vis de la rigidité des idéologies et des structures de représentation et aspiration à un avenir plus juste pour tou·te·s et chacun·e ?

Après avoir examiné en quoi et comment l'hypothèse de la centralité du principe d'égalité dans la synergie des mobilisations contre les injustices se trouve nuancée et complexifiée par la présente recherche, j'analyserai la manière dont l'horizon d'émancipation commune est associé à la réhabilitation d'une radicalité politique et sociale à la fois dans le diagnostic et les réponses à apporter. Cette réhabilitation amène à dépasser la quasi-réduction, au XXIᵉ siècle, de la radicalité au danger du radicalisme entendu comme la prise de pouvoir d'un autoritarisme religieux par la violence, en particulier lié au phénomène djihadiste. La dimension radicale de l'engagement se distingue clairement du paradigme explicatif de la radicalisation « recouvrant à la fois les dérives individuelles, le passage à l'acte terroriste ou l'usage de la violence politique[61] ». Pour reprendre les

---

61. Loïc Le Pape, « Radicalisation », dans Olivier Fillieule *et al.*, *Dictionnaire des mouvements sociaux*, Paris, Presses de Sciences Po, 2020, p. 485.

travaux de la sociologue Isabelle Sommier, les engagements sont revendiqués comme radicaux au sens où ils s'inscrivent dans « une posture de rupture vis-à-vis de la société d'appartenance, acceptent au moins en théorie le recours à des formes non conventionnelles d'action politique éventuellement illégales, voire violentes[62] ».

Nous examinerons la manière dont les responsables d'association et activistes abordent la question de comment faire nombre et synergie sans perdre la spécificité des mobilisations, en particulier en termes de revendication et de répertoire d'action. Pour ce faire, nous analyserons la manière dont l'articulation entre le « qui », le « quoi » et le « comment » des mobilisations interroge si – et sous quelles modalités – le diagnostic de l'interdépendance des dominations sexistes, racistes, économiques, sociales et écologiques débouche sur l'interdépendance des émancipations. Comment passer de la dénonciation d'un système capitaliste structurellement patriarcal, colonial et écocidaire à l'élaboration de propositions alternatives partagées dans l'imbrication des émancipations féministes, écologistes et décoloniales ?

Mon enquête qualitative s'inscrit dans un moment de renouvellement du rapport à l'utopie. La période au cours de laquelle j'ai mené les entretiens se caractérise en effet par la prise de conscience de l'entremêlement des urgences sociales et écologiques, accélérée par la confrontation à l'expérience de la pandémie[63]. La crise de Covid-19 est globale, non seulement parce que cette

---

62. Isabelle Sommier, « Engagement radical, désengagement et déradicalisation. Continuum et lignes de fracture », *Lien social et Politiques*, 68, automne 2012, p. 15.
63. Bruno Latour, *Où suis-je ? Leçons du confinement à l'usage des terrestres*, Paris, La Découverte/Les Empêcheurs de penser en rond, 2021 ; Barbara Stiegel, *De la démocratie en pandémie. Santé, recherche, éducation*, Paris, Gallimard, coll. « Tracts », 2021.

expression recouvre des interrogations sur les causes, la gestion et les implications d'une pandémie mondiale, mais aussi parce qu'elle contraint à aborder ces questions dans l'imbrication des dimensions économique, sociale, politique, écologique et sanitaire. Cette crise constitue un « événement » au sens que donne Alain Badiou[64] à ce terme car dans son surgissement, elle est un bouleversement invitant à un processus de vérité sur ce qui constitue l'humain dans son interdépendance avec le non-humain, sur le sens de la vie et sur la pertinence et le rôle des frontières identitaires et géopolitiques. Cet événement fait crise car il nous contraint à porter un jugement sur la signification et la légitimité des catégories, des hiérarchies et des objectifs qui structurent notre monde et conditionnent nos interactions et nos choix. Il ne se réduit pas au moment de la pandémie et de sa gestion, mais exprime plus largement l'expérience d'une vulnérabilité partagée et la nécessité d'y répondre[65]. L'analyse de mon enquête qualitative éclaire ainsi comment dans un contexte de dystopie et de discrédit de l'approche réformiste, jugée trop lente, voire trompeuse, l'utopie en actes est valorisée comme une repolitisation nécessaire et même, paradoxalement, comme le seul réalisme.

---

64. Alain Badiou, *Saint Paul*, Paris, PUF, 1997.
65. Frédéric Worms, *Sidération et résistance. Face à l'événement (2015-2020)*, Paris, Desclée de Brouwer, 2020.

Partie I

Le principe d'égalité dans les mobilisations et leur convergence

« Je dirai, plutôt, que les individus et les groupes, l'égalité et la différence, ne sont pas des concepts opposés, mais qu'ils sont interdépendants et nécessairement en tension. Les tensions s'exercent selon des modalités historiquement déterminées et il est préférable de les analyser dans leurs configurations politiques spécifiques, et non en tant que choix intemporels d'ordre moral ou éthique.

Les paradoxes qui sont au cœur de mon raisonnement peuvent sembler très abstraits au premier regard, mais ils prennent sens à la lumière de divers exemples historiques que j'entends évoquer ici. Ces paradoxes sont les suivants :
- L'égalité est un principe absolu et une pratique historique contingente.
- Les identités de groupe définissent les individus et dénient la pleine expression ou la pleine réalisation de leur individualité.
- Les revendications d'égalité impliquent l'acceptation et le rejet de l'identité de groupe découlant de discriminations. Ou pour le dire d'une autre manière : les termes de l'exclusion sur lesquels se fonde la discrimination sont, en même temps, refusés et reproduits dans les revendications d'inclusion. [...]

Actuellement, les solutions politiques les meilleures ne peuvent que reconnaître les dangers que représente l'insistance sur une solution définitive, totalisante – soit les groupes, soit les individus, l'égalité ou la différence. D'une certaine manière, les paradoxes du type de ceux décrits plus haut sont le matériau même à partir duquel se construit la politique et dont est faite l'histoire. »

Joan W. Scott, « L'énigme de l'égalité », *Cahiers du genre*, 33, 2002, p. 21-22, 40.

À travers ses travaux sur les paradoxes de la citoyenneté, Joan W. Scott nous invite à appréhender le principe d'égalité comme un processus historique toujours en mouvement et en contradiction, à la fois proclamé comme un fondement politique et juridique, et appliqué comme un moyen d'exclure de la communauté politique, et des droits qu'elle implique, celles et ceux qui ne sont pas reconnu·e·s comme légitimes à y appartenir. Les critiques, portées dans l'espace public et médiatique, envers les revendications d'égalité ne reposent pas sur cette lecture processuelle et complexe de ce principe, mais sur son association à un danger pour la liberté et la démocratie, à une passion destructrice participant d'une inflation des demandes individualistes[1] et multiculturalistes contradictoires avec l'unité politique.

La présente recherche inverse le regard en interrogeant, non pas les détracteurs des mobilisations contemporaines, mais celles et ceux qui les mènent sur la manière dont elles et ils appréhendent l'égalité comme émancipatrice – ou au contraire sclérosante.

Pour ce faire, la première question de l'entretien semi-directif, aussi appelée question clé ou consigne[2], posée aux responsables d'association et activistes interviewé·e·s, est de savoir si et comment le principe d'égalité est fondateur de leur engagement. Il leur a ensuite été demandé si ce principe pouvait constituer la base d'une convergence des mobilisations vers une émancipation commune. Et ce qui émerge de l'analyse de cette enquête, c'est l'importance et la profondeur des critiques adressées au principe d'égalité.

Afin de comprendre ces critiques, il est essentiel de les inscrire dans un contexte qui est celui d'un héritage ambivalent. En effet, lors de la seconde moitié du XXᵉ siècle, des progrès indéniables ont été réalisés

---

1. Marcel Gauchet, *La Démocratie contre elle-même*, Paris, Gallimard, 2002.
2. Voir la grille d'entretien en annexe 2.

concernant le périmètre d'application du principe d'égalité. Ces avancées, notamment juridiques, et l'adhésion apparemment partagée à ce principe[3] ont pour corollaire la tentation de considérer que l'égalité n'est plus un sujet de controverse, mais un but consensuel dont la mise en œuvre est à parfaire. En ce début de XXIᵉ siècle, le fait que « l'égalité proclamée des droits du citoyen contraste singulièrement avec l'inégalité effective des conditions de vie[4] » est ainsi souvent interprété non pas comme l'expression de paradoxes internes au principe d'égalité, mais comme un dysfonctionnement dans l'application de droits fondamentaux indiscutables. La persistance des inégalités[5], notamment au regard des caractéristiques sexuées, sociales et ethnoculturelles des individus, n'est alors pas perçue comme contradictoire avec le fait d'ériger l'égalité comme le principe premier dans l'« ordre lexical[6] » politique et juridique français. La distinction établie entre l'égalité *de jure* et les inégalités *de facto* est révélatrice d'une focalisation sur le « comment » – les modalités d'application – de l'égalité pour éviter d'interroger

---

3. Patrick Savidan, *Voulons-nous vraiment l'égalité ?*, Paris, Albin Michel, 2015.
4. Thomas Piketty, « Les inégalités économiques sur longue période », dans Robert Castel *et al.*, *Les Mutations de la société française aujourd'hui. Les grandes questions économiques et sociales II*, Paris, La Découverte, 2007, p. 56.
5. Voir de nombreux rapports et enquêtes, dont celles du Défenseur des droits, de l'Institut national d'études démographiques (INED) avec « Trajectoires et Origines », de l'Institut national de la statistique et des études économiques (Insee) sur les inégalités femmes-hommes, du Commissariat général à l'égalité des territoires sur l'effet d'une résidence dans un « quartier de la politique de la ville » ou de l'Institut Montaigne sur les discriminations à l'embauche en raison de la religion.
6. John Rawls, *Théorie de la justice*, Paris, Seuil, 1987, p. 68 : « C'est un ordre qui demande que l'on satisfasse d'abord le principe classé premier avant de passer au second, le second avant de considérer le troisième, et ainsi de suite. On ne fait pas entrer en jeu un (nouveau) principe avant que ceux qui le précèdent aient été entièrement satisfaits ou bien reconnus inapplicables. »

le « qui » – les individus à qui on l'applique légitimement – et le « quoi » – son sens, à la fois signification
et objectif. Les débats sur les arbitrages à opérer en
termes de stratégie d'action ou d'instrument de politique publique pour mettre en œuvre le principe d'égalité font alors écran aux discussions sur sa définition,
ses limites, voire ses contradictions.

La levée du tabou sur la dimension exclusive[7], puis
discriminante, de la République française repose sur la
mise en visibilité et la dénonciation des catégorisations
identitaires, en particulier sexuées et racialisées,
construites en négatif par rapport à la rationalité
moderne[8], et de leurs implications sur les individus qui
y sont assignés. Définis par leur dépendance à leurs
missions et leurs vocations naturelles, leur renvoi à leurs
instincts et leurs émotions, ces individus ont pour point
commun d'avoir été associés à l'impossibilité d'être
rationnel et donc autonome. Cette construction sociale,
historique et politique a justifié leur exclusion de
l'application des principes d'égalité et de liberté. Inscrire les inégalités de la société française contemporaine dans cet héritage, c'est faire un pas de côté par
rapport à la prétendue neutralité de l'universalisme
républicain et du libéralisme politique. Si nous décli-
nons la devise républicaine prétendument universelle
du masculin au féminin, les biais de cette fiction politique deviennent visibles : le triptyque « Liberté, Égalité, Sororité » et la place privilégiée des sœurs qu'il

---

7. Geneviève Fraisse, « La démocratie exclusive : un paradigme français », *Pouvoirs*, 82, 1997, p. 5-16.
8. Anne Plaignaud, « "Cherchez la femme" : dans les non-dits de la philosophie des Lumières et de l'autonomie moderne », *Recherches féministes*, 31 (2), 2018, p. 35-50.

symboliserait ne manqueraient pas de faire débat dans l'espace public et académique[9]. Or, pas plus que la sororité, la fraternité n'a été ou n'est neutre et universelle.

Poser la question, pourtant fondamentale, de savoir qui est un « frère » et qui est un·e « non-frère »[10] bouscule la sacralisation d'une narration politique et historique associant la France à un universalisme exemplaire alors qu'il est problématique. J'utilise l'expression « non-frère » pour exprimer l'association de catégories d'individus à un négatif fondamental car lié à un jugement sur ce qu'elles·ils sont ou plutôt sur ce qu'elles·ils ne peuvent pas être : des citoyen·ne·s autonomes et actif·ve·s. Qu'elles·ils soient singularisé·e·s par leur identification à un sexe – les femmes mais aussi les personnes remettant en cause la binarité sexuée – ou à une couleur de peau, les non-frères ont en effet pour point commun d'avoir été sorti·e·s de l'universel au nom d'une ou de plusieurs particularités considérées incompatibles avec la neutralité censée caractériser l'universel. Dans cet ouvrage, c'est au travers des mobilisations contre les injustices qu'il s'agit de poursuivre le questionnement sur la manière dont les frontières érigées hier entre les frères et les non-frères se recomposent dans les inégalités, mais aussi les émancipations, contemporaines.

---

9. Voir la réaction d'Anne Levade, professeure de droit public, présidente de l'Association des professeurs de droit constitutionnel, à la proposition du Haut Conseil à l'égalité femmes-hommes de remplacer « fraternité » par « adelphité » dans son avis « Pour une Constitution garante de l'égalité femmes-hommes, avril 2018 » : Anne Levade, « La fraternité, nouveau principe constitutionnel ! », *L'Express*, 10 juillet 2018, en ligne sur https://www.lexpress.fr/actualite/politique/la-fraternite-nouveau-principe-constitutionnel_2023890.html

10. Réjane Sénac, *Les Non-Frères au pays de l'égalité*, Paris, Presses de Sciences Po, 2017.

I

De la défiance vis-à-vis du principe d'égalité

À travers le rapport au principe d'égalité se lisent les déceptions et trahisons d'hier et d'aujourd'hui vis-à-vis d'idéaux dévoyés, sources d'injustice et de colère. La méfiance envers ce principe exprime plus largement la défiance à l'égard d'idéologies, de structures et d'acteur·trice·s perçu·e·s comme participant de la reproduction des inégalités. Elle dit l'aspiration à vivre dans une société prenant explicitement ses distances avec un héritage ambivalent. Pour certain·e·s responsables d'association ou pour certain·e·s activistes interviewé·e·s, la défiance vis-à-vis de l'égalité est telle qu'elles·ils se reconnaissent davantage dans d'autres principes comme la défense de la justice, de l'équité ou de la dignité, moins entachés par l'histoire et plus adaptés pour prendre en compte la complexité des situations.

Les travaux de sciences humaines et sociales, en particulier en psychologie et en sociologie expérimentale, se divisent sur la question de savoir ce qui fonde le sentiment d'injustice. Procède-t-il des principes abstraits de justice[1] ou des normes existentielles au sens où elles sont effectivement adoptées dans les interactions sociales[2] ? D'après l'enquête sur le thème « Perception des inégalités et sentiments de justice » (PISJ, 2010-2011), dirigée par Olivier Galland et Michel Forsé, menée par questionnaire auprès d'un échantillon de 1 711 individus majeurs de France métropolitaine représentatif par quota et complétée par 51 entretiens, « le positionnement politique s'avère plus explicatif des représentations du juste que la position sociale[3]. » La philosophe Caroline Guibet Lafaye, membre de l'équipe ayant analysé cette enquête, précise ainsi que « la dénonciation, dans les récits recueillis, des défauts des distributions sociales actuelles ou des normes existentielles, orchestrant certains mécanismes sociaux ou politiques contemporains, se fonde de façon récurrente sur des normes idéales de justice[4]. » Ces recherches soulignent l'importance des positionnements politiques, au sens d'idéologiques, dans la perception du juste et de l'injuste.

---

1. Bernd Wegener, « Relative Deprivation and Social Mobility : Structural Constraints on Distributive Justice Judgements », *European Sociological Review*, 7 (1), 1991, p. 3-18.
2. Joseph Berger *et al.*, « A Status Value Formulation », dans Joseph Berger *et al.*, *Sociological Theories in Practice*, tome 1, Boston (Mass.), Houghton Mifflin, 1972, p. 119-146.
3. Caroline Guibet Lafaye, « Sentiments d'injustice, conceptions du juste et positionnement politique », *Daimon Revista Internacional De Filosofía*, 62, 2013, p. 44.
4. *Ibid.*, p. 45.

Aux sources de l'engagement : la dénonciation des injustices

Dans l'enquête que j'ai effectuée, à la première question sur la place de l'égalité dans leur engagement, les responsables d'association et activistes interviewé·e·s répondent, de manière consensuelle, que celui-ci est motivé par le constat d'injustices et la volonté de participer à la remise en cause de ces dernières. Pablo Servigne, ingénieur agronome, conférencier et auteur de plusieurs ouvrages sur la collapsologie et la résilience collective[5], explicite ce lien en affirmant que, pour lui, le moteur de l'engagement est « *depuis le début* » comme pour « *beaucoup de militants [...] une sensibilité à l'injustice. C'est la même chose mais en inversé : la question de la justice, de l'équité et, par extension, de l'égalité.* »[6] La centralité de la sensibilité à l'injustice dans l'engagement est revendiquée comme une démarche d'abord individuelle qu'elle soit en lien avec un vécu personnel des injustices ou avec leur dénonciation, même par celles et ceux qui ne les expérimentent pas, mais en sont témoins et qui se considéreraient comme complices si elles·ils ne s'y opposaient pas.

Ghislain Vedeux, administrateur et président de juin 2018 à juin 2021 du Conseil représentatif des associations noires, le CRAN, correspondant du Conseil des droits de l'homme de l'Organisation des Nations unies (ONU) pour les faits de violence policière en France

---

5. Voir en particulier Pablo Servigne et Raphaël Stevens, *Comment tout peut s'effondrer. Petit manuel de collapsologie à l'usage des générations présentes*, postface d'Yves Cochet, Paris, Seuil, coll. « Anthropocène », 2015.
6. Tous les extraits provenant d'un entretien effectué dans le cadre de mon enquête qualitative sont en italique afin de les distinguer des autres citations.

et vice-président depuis 2019 de l'European Network Against Racism (ENAR), la plus grande fédération d'associations antiracistes d'Europe, se définit d'abord comme un militant de terrain. Il précise que l'action du CRAN et sa structuration autour du triptyque « *nommer, compter et lutter contre les injustices* » prennent en compte l'imbrication de la dimension individuelle et collective du vécu et de la dénonciation des injustices. Selon lui, l'objectif est de passer de revendications « *d'abord d'égalité individuelle par rapport à nos vécus, vers l'aspect collectif* ». C'est dans cette perspective que le recours au droit est, pour lui, un outil fondamental de politisation de l'intime car il permet de « *lutter contre les injustices, de réduire les inégalités* ».

L'entrée dans l'engagement est aussi associée à la dénonciation d'injustices vécues par Emmanuel Gordien, chef de l'unité de virologie de l'hôpital Avicenne à Bobigny, et président du Comité marche du 23 mai 1998 (CM98), une association née au lendemain de la manifestation silencieuse organisée ce jour-là à l'occasion du 150e anniversaire de l'abolition de l'esclavage dans les colonies françaises qui avait mobilisé plus de 40 000 femmes et hommes, antillais·es, réunionnais·es, guyanais·es, métropolitain·e·s, en faveur de la reconnaissance de l'esclavage comme crime contre l'humanité. En me demandant à quelle égalité la question fait référence : « *l'égalité des races, des classes ?* », Emmanuel Gordien établit d'emblée une distanciation par rapport à une conception républicaine de l'égalité comme unifiée et englobante. Il fait ensuite référence à son enfance en Guadeloupe pour souligner un double héritage : celui de son adhésion à une égalité naturelle de tous les humains et celui du vécu de l'injustice causée par le traitement différencié, illégitime, d'individus en raison de leur couleur de peau : « *Quand j'étais jeune gamin, 4-5 ans, mon père m'expliquait que le racisme existait. Il me disait que les hommes étaient égaux parce qu'ils pouvaient penser, avoir un point de vue sur l'ensemble des questions qui existaient.* » Il situe l'origine de son engagement à ses années d'école primaire où il aidait ses camarades à apprendre à lire. Cette contradiction entre l'égalité de principe entre tou·te·s les citoyen·ne·s et les inégalités de fait dénoncées par son père, il l'expérimentait à travers « *l'impression profonde d'une inégalité devant la vie, d'une inégalité liée à la couleur de la peau, d'une inégalité liée au fait qu'on était des noirs* ». Son retour en Guadeloupe comme chef de service du centre de transfusion sanguine entre 1987 et 1995 a été motivé par sa volonté de participer à la lutte contre ces inégalités en faisant de cet établissement « *l'égal de n'importe quel grand centre de métropole* ». En termes d'engagement militant, honorer les victimes de l'esclavage lors de la commémoration de son abolition était pour lui essentiel afin d'œuvrer à leur réhabilitation dans l'histoire et dans leur humanité. « *C'était inimaginable que ces hommes-là ne rentrent pas dans la communauté humaine, c'était le principe simple de l'égalité.* » Il précise utiliser plus souvent le terme d'inégalité que celui d'égalité car son engagement est ancré dans la dénonciation d'un « *système d'injustice* », qu'il qualifie aussi de « *système inégalitaire* », et auquel il est confronté depuis très jeune.

Louiza Belhamici, professeure de lettres, inscrit elle aussi son engagement dans une histoire à la fois personnelle et politique. Elle a été membre de plusieurs collectifs notamment ceux qui se sont constitués pour soutenir les femmes qui portent le foulard au nom de convictions religieuses comme le Collectif des féministes pour l'égalité, dont elle est encore coprésidente, Mamans toutes égales ou encore Une école pour toutes et tous, association engagée auprès des élèves contre la loi du 15 mars 2004[7], « *une loi qui a été à l'origine de la déscolarisation de centaines de jeunes filles* ». Elle est aussi coprésidente de la commission Islam et laïcité adossée à la Ligue des droits de l'homme et milite également dans différentes associations altermondialistes et d'autres luttant contre le racisme et l'islamophobie. Elle se définit comme « *féministe décoloniale antiraciste et anticapitaliste* ». Pour elle, « *prendre en compte l'imbrication des rapports sociaux de sexe, de classe et de race permet d'éclairer les tensions sociales à l'œuvre notamment dans les quartiers populaires* ». Elle précise : « *de par mon vécu, mon expérience en tant que fille de générations de colonisé·e·s, j'ai toujours ressenti inégalité et iniquité de traitement pour moi et pour les miennes et miens.* » Marquée par des souvenirs de toute petite enfance dont l'arrestation et la disparition pendant plusieurs mois de son père et de son oncle maternel engagés dans la lutte pour l'indépendance de l'Algérie, elle revendique « *[sa] détestation absolue des rapports de domination et notamment coloniaux* » qui ont « *produit déshumanisation, violence, désespérance et traumatismes de tous ordres encore non surmontés...* ».

Majdelil, militante du Front uni des immigrations et quartiers populaires (FUIQP), précise elle aussi que « *c'est le sentiment d'injustice qui [l]'a poussée à militer* ». « *Ce*

---

7. Officiellement, loi n° 2004-228 encadrant, en application du principe de laïcité, le port de signes ou de tenues manifestant une appartenance religieuse dans les écoles, collèges et lycées publics.

sentiment d'injustice vient du fait qu'en tant que femme racisée, issue d'une famille ouvrière, de parents étrangers, j'ai subi l'inégalité, mes parents l'ont subie. » Dans la même perspective, Fatima Benomar, cofondatrice des Effronté·es en 2012, explique par un « *sentiment d'urgence et de minorité* » ses engagements, depuis son premier geste militant consistant à héberger des chats torturés lors de son enfance à Rabat, dès ses 8 ans, jusqu'à ses mobilisations féministes et antiracistes actuelles. Selon elle, « *ce n'était pas penser l'égalité, mais réagir à des violences* ». « *La base de mon engagement est la colère et l'action* » face à « *l'expérience de violence mêlée* » du sexisme, du racisme et du spécisme.

Le caractère fondateur du constat et de la dénonciation des injustices dans la mobilisation est aussi revendiqué par des responsables d'association et des activistes qui ont conscience d'être des privilégié·e·s au regard de l'application du principe d'égalité. Ainsi, un membre d'Extinction rébellion, interviewé sous le pseudonyme de Garibaldi, associe son engagement à son vécu, à travers sa prise de conscience d'être un privilégié, parce qu'il a pu faire des études et qu'il a été élevé dans « *un environnement où l'égalité est assez simple à vivre mais j'ai bien compris que ce n'était pas du tout le cas pour de nombreuses catégories sociales en France* ». Son expérience militante aussi bien dans des partis politiques qu'à Extinction rébellion l'amène à noter que « *d'un territoire à un autre, et ce n'est pas nouveau, l'application de la répression est totalement différente* ». Cécile Duflot, ancienne ministre Europe écologie-Les Verts (EELV) et directrice générale d'Oxfam France, situe elle aussi « *fondamentalement [son] engagement autour du principe d'égalité* » en précisant qu'« *il vient d'abord de la lutte contre l'injustice* » dont on est témoin et pas seulement que l'on vit directement. « *Mon premier acte militant autonome c'était en classe de 1ʳᵉ parce que mon professeur de français qui était malade du SIDA avait été interdit de nous faire cours et nous avons organisé avec un de mes amis le refus d'entrer en cours. J'avais trouvé cela complètement injuste.* » Elle associe ce sentiment d'injustice face au « *fait de mettre à part des gens* » à la reconnaissance « *de l'humanité qui existe en chacun d'entre nous. Cette égalité, elle vient du principe que nous sommes tous des humains quels que soient nos parcours de vie, quel que soit notre lieu de naissance.* » Son adhésion à la devise républicaine « Liberté, Égalité, Fraternité » à laquelle elle rajoute « *Sororité* » correspond, pour elle, au fait de « *considérer qu'il y a un lien entre les humains et qu'il n'y en a pas de supérieur à d'autres* ».

Marie-France Eprinchard, présidente d'Emmaüs solidarité, médecin retraitée, voit une continuité naturelle entre son métier, qui consistait à « *aider les gens en difficulté* » et son engagement dans le soutien scolaire des enfants de son quartier lorsqu'elle était jeune et à Emmaüs depuis qu'elle est à la retraite. Le souvenir de l'appel de l'abbé Pierre, fondateur d'Emmaüs, pendant l'hiver 1954, alors qu'elle était très petite, l'a beaucoup marqué car dans son enfance, ses grands-parents et ses parents « *ont souvent relayé ces messages de l'abbé Pierre, c'était un personnage qui [lui] était familier* ». Elle fait elle aussi reposer son engagement sur la reconnaissance d'une commune humanité : « *qu'on soit dans la précarité ou pas, on est un humain d'abord et on a les mêmes besoins, les mêmes rêves et les mêmes envies.* » Jérôme Bar, cofondateur d'AequitaZ, une association créée en 2012 pour mettre en relation des « *artisans de justice sociale* » en expérimentant des actions politiques et poétiques ayant pour but de développer le pouvoir d'agir des personnes qui vivent des situations d'inégalités, associe également le principe d'égalité à « *la question de la commune humanité* » et à « *l'interdépendance entre les êtres humains* ». Il précise que l'enjeu est de « *concilier l'égale dignité des êtres humains et la prise en compte des inégalités de situation, sinon on ne prend pas en compte les rapports sociaux et la nécessité de les modifier* ». Adrien Roux, membre de l'institut Alinsky, fondateur de l'Alliance citoyenne dans les quartiers de Grenoble et du Réseau pour l'action collective transnationale (ReAct), situe l'origine de son engagement dans ce décalage entre l'horizon d'une humanité commune et « *le constat de l'inégalité de pouvoir entre les citoyens* ». C'est l'expression de « *l'absence d'égalité et le besoin d'égalité que ça traduit* ». S'inspirant du travail de Saul Alinsky, sociologue américain, auteur de *Rules for Radicals*[8], il considère « *l'égalité comme un combat à mener qui impliquait l'organisation collective des personnes concernées qui souffrent d'inégalités dans l'accès au pouvoir : les habitants de quartiers HLM, les femmes musulmanes, les personnes handicapées...* ».

Sarah Durieux, autrice en 2021 de *Changer le monde. Manuel d'activisme pour reprendre le pouvoir*[9], spécialiste des mobilisations citoyennes et d'organisation communautaire et directrice de Change.org France, considère elle aussi essentiel de faciliter l'expression et la mise en relation de la parole des premier·ère·s concerné·e·s. Change.org joue, selon elle, ce rôle dans la mesure où

---

8. Saul Alinsky, *Rules for Radicals : A Pragmatic Primer for Realistic Radicals*, New York (N. Y.), Random House, 1971, traductions françaises : *Manuel de l'animateur social*, Paris, Seuil, coll. « Points Politique », 1976 ; *Être radical. Manuel pragmatique pour radicaux réalistes*, Paris, Aden Éditions, 2011.
9. Sarah Durieux, *Changer le monde. Manuel d'activisme pour reprendre le pouvoir*, Paris, First, 2021.

il s'agit d'« *une plateforme ouverte et sûre* » permettant de créer des « *coalitions entre pétitionnaires qui défendent les mêmes causes* ». Elle précise qu'après avoir été utilisée de 2012 à 2014 comme « *une tribune institutionnelle* » par des associations, la plateforme est devenue le support d'expression « *des témoignages de colère* ». Les pétitions partent d'un cas personnel pour faire le constat d'une injustice puis se fédérer afin de porter des revendications dans une logique de démocratie participative. « *Les pétitions sont un point d'entrée efficace pour créer un contre-pouvoir. Toute la plateforme a été recentrée autour de cet outil en l'adaptant aux différents pays.* » C'est un « *rôle de facilitateur plus que d'advocacy* ». Faire une pétition « *n'est pas une fin en soi, mais une manière de se compter et [de] s'organiser en créant une communauté d'action* ».

Jean-François Julliard, directeur général de Greenpeace France depuis 2012, aborde l'importance contemporaine de l'articulation entre la justice sociale et écologique. Il y a été confronté dans son parcours en travaillant chez Reporters sans frontières à l'âge de 23 ans en Afrique subsaharienne (Togo, Côte d'Ivoire, Burkina Faso). C'est lors de la conférence des parties de Lima de 2014 sur les changements climatiques, la COP20, que la convergence des urgences sociales et écologiques lui est apparue nettement. Il affirme lui aussi qu'« *avant de parler d'égalité, il est essentiel de parler d'inégalité parce que dans [son] parcours personnel, c'est plutôt ça qui a été un moteur. Plus qu'une quête d'égalité, c'était vraiment une lutte contre les inégalités.* » Chez Greenpeace, la réduction des inégalités est portée « *de manière de plus en plus affirmée, en conjuguant à travers les discours, les messages, les campagnes, les activités, l'inégalité environnementale et l'inégalité sociale.*

On ne peut plus isoler le règlement de la crise environnementale et un règlement de la crise sociale. » Jean-Marc Gancille, auteur notamment de *Carnage. Pour en finir avec l'anthropocentrisme*[10], fait aussi de « *l'exigence de justice* » le moteur de ses mobilisations, et l'applique explicitement à la communauté des vivants et non pas seulement à la communauté humaine. Cofondateur de la coopérative La Suite du monde, du collectif anti-captivité Rewild, et de Darwin à Bordeaux, un écosystème dédié à la coopération économique, à la transition écologique et à la citoyenneté active, il est en charge de la communication, de la sensibilisation, des études d'impact et du développement chez Globice Réunion, une organisation non gouvernementale (ONG) dédiée à la conservation des cétacés de l'océan Indien. Son positionnement fait écho aux travaux de la philosophe Corine Pelluchon, auteure de *Les Lumières à l'âge du vivant*. L'idée centrale de cet ouvrage est que « dans le contexte écologique, technologique et géopolitique actuel, une révision [des fondements des principes portés par les Lumières] conduisant au dépassement de leur anthropocentrisme et de leurs dualismes, en particulier de celui qui oppose "la nature"[11] et la culture, est la seule manière de prolonger leur œuvre d'émancipation individuelle et sociale[12] ».

---

10. Jean-Marc Gancille, *Carnage. Pour en finir avec l'anthropocentrisme*, Paris, Rue de l'échiquier, 2020.
11. Le terme de nature est entre guillemets parce qu'il renvoie à un dualisme anthropocentré propre à la modernité occidentale. Voir Philippe Descola, *La Nature domestique. Symbolique et praxis dans l'écologie des Achuars*, Paris, Éditions de la Maison des sciences de l'homme, 1984.
12. Corine Pelluchon, *Les Lumières à l'âge du vivant*, Paris, Seuil, 2021, p. 12.

Ces responsables d'association et activistes ont pour point commun de souligner que les sentiments d'injustice, éprouvés dans des « épreuves existentielles »[13] en tant que premier·ère·s concerné·e·s ou en tant qu'allié·e·s, jouent un rôle déclencheur de la défense de principes de justice bafoués. La dénonciation de l'injuste n'est pas portée comme antérieure à l'énoncé du juste, mais en est le révélateur, l'expression. Comme l'explicite Paul Ricœur, dans son analyse de la manière dont Platon et Aristote abordent cette interaction entre sentiments d'injustice et énoncé du juste, « le mot *adikos* (injuste) vient toujours avant le mot *dikaiosunè* [sentiment et pratique de justice]. Peut-être, en effet, est-ce là que nous entrons d'abord dans le problème de la justice, par le sentiment de l'injustice, par le sentiment qu'il y a des partages injustes... C'est injuste, la première expression de notre sens de la justice[14]. »

L'égalité, un « récit occultant »

Les enquêtes quantitatives, dont le Baromètre de la confiance politique élaboré depuis onze ans par le Centre de recherches politiques de Sciences Po (Cevipof), font état d'une défiance très grande en France vis-à-vis des élites, des institutions et des corps intermédiaires. En ce qui concerne le rapport au sentiment d'appartenance, le politiste Luc Rouban souligne en particulier la nécessité de ne pas limiter le débat à

13. Luc Boltanski, *De la critique. Précis de sociologie de l'émancipation*, Paris, Gallimard, coll. « NRF-Essais », 2009.
14. Paul Ricœur, *La Critique et la Conviction*, Paris, Calmann-Lévy, 1995, p. 183.

« l'alternative entre une République s'appuyant sur une nation unie ou bien sur une démocratie composée de communautés[15] ». Il note que « des enquêtes précédentes ont montré qu'une part non négligeable des Français ne s'attachaient ni à la notion de nation ni à celle de communauté[16] ». La présente recherche qualitative s'est confrontée elle aussi à l'importance de la défiance, cette fois-ci envers le principe d'égalité et l'injonction à la convergence des luttes. En écho aux préventions vis-à-vis des institutions et des élites, tous deux sont perçus comme trop rigides, homogénéisants et sont dénoncés comme participant de la perpétuation des injustices et des inégalités. Qu'est-ce que cette double méfiance exprime-t-elle ?

Vincent Mignerot, essayiste[17], ayant fondé l'association Adrastia en 2014 sur la base de son groupe facebook Transition 2030, affirme que « *les sociétés qui portent le plus haut les valeurs d'égalité ou de liberté, qui sont plus ou moins liées dans les énoncés et dans les récits, mobilisent des récits occultants ayant pour fonction de les détourner de la réalité en arrière-plan qui est toujours celle de l'inégalité, de la destruction et de la spoliation des libertés depuis la sphère animale jusqu'à des populations entières en passant par l'esclavage* ». Selon lui, « *ces récits ont une fonction essentielle : permettre à une société dominante d'assurer au mieux l'exaction environnementale et humaine dont elle profite tout*

---

15. Luc Rouban, « La France : une République désintégrée », *Note de recherche : Le Baromètre de la confiance politique, vague 12*, février 2021, p. 6.
16. Luc Rouban, « La démocratie en mode privatif ou l'envers du populisme », dans Piero Ignazi et Dominique Reynié (dir.), *La Vie politique, pour Pascal Perrineau*, Paris, Presses de Sciences Po, 2021, p. 205-216.
17. Voir dans Manon Commaret et Pierrot Pantel (dir.), *L'Effondrement de l'empire humain. Regards croisés*, Paris, Rue de l'échiquier, 2020.

en ne la voyant pas». Il précise que ces récits «*qui ont fait beaucoup de promesses ces dernières décennies, comme celui de l'égalité – absolue, ou la plus grande possible –, de liberté, ou de croissance infinie, sont disqualifiés par le réel, par le retour du principe de réalité*». Il développe l'hypothèse que lorsqu'ils s'inscrivent dans un double contexte de crise écologique et économique, les anciens récits de «*greenwashing*» peuvent se convertir en récits de «*collapsowashing*»[18].

Corinne Morel-Darleux, conseillère régionale d'Auvergne-Rhône-Alpes à la date de l'entretien, anciennement coordinatrice des assises pour l'écosocialisme au Parti de gauche et membre du bureau de la fondation Copernic et du Mouvement Utopia, a publié, en 2019, *Plutôt couler en beauté que flotter sans grâce. Réflexions sur l'effondrement*[19]. Elle considère elle aussi que le terme d'égalité «*a beaucoup gommé dans le discours dominant les rapports de domination qui peuvent exister au sein de la société en termes de classe sociale notamment mais pas seulement*». Elle se dit ainsi gênée de «*l'approche par l'égalité des chances, une certaine vision libérale qui consiste à faire penser que tout le monde a la possibilité, par exemple, de faire des études*». Elliot Lepers, directeur du Mouvement à la date de l'entretien, ONG qu'il a créée en 2017 et qui a co-organisé les marches pour le climat en France, qualifie lui aussi le principe d'égalité de «*dévoyé*». Sa polysémie fait, selon lui, de ce terme «*un concept creux*», «*très souvent détourné de sa signification réelle dans la manière dont le mot est utilisé dans l'espace*

---

18. Vincent Mignerot, «Greenwashing versus collapsowashing», en ligne sur https://vincent-mignerot.fr/greenwashing-collapswashing/
19. Corinne Morel-Darleux, *Plutôt couler en beauté que flotter sans grâce. Réflexions sur l'effondrement*, Montreuil, Libertalia, 2019.

public ». Il considère que ce terme a perdu sa portée politique et sa capacité de mobilisation dans la mesure où il est devenu « *mainstream* » : « *Un des problèmes pour nous, les militants, c'est qu'on a tellement parlé d'égalité sans la faire que les gens pensent qu'on l'a déjà obtenue. Les opprimés, à qui on a fait tellement de promesses, n'y croient plus, ils disent : "si c'est ça votre égalité, je n'en veux pas".* »

Dans la même perspective, Céline Piques, porte-parole d'Osez le féminisme ! à la date de l'entretien, associe l'égalité à « *une pensée magique* », un « *mot fourre-tout* ». L'engagement pour l'égalité femmes-hommes ne doit pas « *cacher la structure oppressive* » derrière une « *bonne volonté* » qui amène à vivre dans « *le monde des bisounours* ». L'enjeu est de « *s'émanciper du patriarcat entendu comme une structure de classe hiérarchisante* ». Elle préfère utiliser « *des termes plus chargés* » comme émancipation ou lutte contre l'oppression. Majdelil, militante du Front uni des immigrations et quartiers populaires (FUIQP), dénonce, elle aussi, le principe d'égalité « à la française » comme participant d'un système universaliste qui nie les différences mais aussi les discriminations, au nom de la neutralité. D'après elle, ce principe repose sur un modèle du « *citoyen républicain unique. Ce principe sur le papier est très joli parce qu'on dit que l'État ne voit pas les différences et de fait ne discrimine pas. Mais on voit bien que c'est complétement abstrait. Au contraire, cela vise à nier les réalités sociales, culturelles diverses des personnes qui composent la société.* »

La défiance exprimée envers le principe d'égalité comme récit occultant s'inscrit dans une perspective critique vis-à-vis de l'héritage des droits de l'homme[20]. Il y est accusé d'être partie prenante des contradictions du libéralisme politique et du républicanisme contemporains dont le projet émancipateur a été historiquement et théoriquement réservé à ceux qui sont en position de se définir et de se reconnaître comme des sujets autonomes[21]. L'égalité « à la française » est alors associée à une mythologie dans le sens développé par Roland Barthes, c'est-à-dire comme faisant signe vers un univers de sens occulté et dépolitisé[22]. Cette dépolitisation consiste en une « prestidigitation [qui] s'est opérée, qui a retourné le réel, l'a vidé d'histoire » et qui après l'avoir « rempli de nature »[23] a légitimé les inégalités et dominations sexuées et racisées[24]. En écho aux analyses du philosophe Louis Sala-Molins, le manque de confiance envers le principe d'égalité exprime l'« outrage »[25] passé et présent que représente sa participation à un système injuste et inégal.

---

20. Justine Lacroix et Jean-Yves Pranchère, *Le Procès des droits de l'homme. Généalogie du scepticisme démocratique*, Paris, Seuil, 2015.

21. Carole Pateman, *Le Contrat sexuel*, Paris, La Découverte, 2010 ; Françoise Gaspard, « Du patriarcat au fratriarcat. La parité comme nouvel horizon du féminisme », *Cahiers du genre*, hors-série, 2, 2011, p. 135-155.

22. Roland Barthes, *Mythologies*, Paris, Seuil, 2014 [1957], p. 252.

23. *Ibid.*

24. Elsa Dorlin, *La Matrice de la race. Généalogie sexuelle et coloniale de la Nation française*, Paris, La Découverte, coll. « Textes à l'appui / Genre et sexualité », 2006 ; Évelyne Peyre et Joëlle Wiels, « De la "nature des femmes" et de son incompatibilité avec l'exercice du pouvoir : le poids des discours scientifiques depuis le XVIIIe siècle », dans Éliane Viennot (dir.), *La Démocratie « à la française » ou les femmes indésirables*, Paris, Publications de l'Université Paris 7-Denis Diderot, 1996, p. 127-158.

25. Louis Sala-Molins, *Les Misères des Lumières. Sous la raison, l'outrage*, Paris, Robert Laffont, 1992.

Revendiquer la justice et un autre monde

Pour Solveig Halloin, ex-membre du groupe féministe Femen, fondatrice et porte-parole de Boucherie abolition, l'occultation des inégalités par le récit égalitaire et l'outrage qu'il engendre ne concernent pas seulement les humains, mais tous les individus. Elle considère ainsi l'approche par l'égalité comme incompatible avec une transformation positive car, selon elle, « *le combat de l'égalité est un nivellement par le bas à partir du moment où il cherche à mettre à niveau* » et « *quand ce niveau est éthiquement contestable, c'est une catastrophe non progressive* ». Elle prend l'exemple de la légalisation du mariage pour tous pour affirmer que « *du point de vue de la justice sociale, il aurait été bien plus pertinent d'abolir le mariage* ». Selon elle, l'objectif des mobilisations féministes et animalistes « *n'est pas de mettre à égalité les droits de l'animal humain avec les autres animaux puisque ce sont des concepts extrêmement bâtis sur la survalorisation du rationalisme* ». L'enjeu est de dépasser ce modèle en se repensant « *comme étant de la nature et pas dans la nature* ». En ce qui concerne l'association de la loi à la masculinité, la sociologue Carol Smart considère, pour sa part, qu'« en acceptant les termes de la loi pour contester la loi, le féminisme en concède toujours trop[26] ». Elle prend, elle aussi, l'exemple du mariage pour préciser qu'au lieu de vouloir réformer une institution aussi patriarcale, il est plus stratégique de ne plus y avoir recours. À travers l'analyse des différentes modalités de mise en couple en Angleterre et au Pays de Galles, c'est

---

26. Carol Smart, *Feminism and the Power of Law*, New York (N. Y.), Routledge. 1989.

ce que la juriste Rosemary Auchmuty[27] observe dans les faits : le mariage est devenu un mode de vie parmi d'autres alors qu'il était auparavant le seul modèle. La désaffection pour ce type d'union est, selon elle, une stratégie plus efficace en termes d'émancipation que sa réappropriation.

L'appréhension du féminisme comme remise en cause des catégorisations héritées, notamment la séparation nature/culture et les cadres de la reconnaissance juridique et politique, fait écho aux travaux de la philosophe et biologiste Donna Haraway pour qui la compréhension « de quoi ou de qui se compose le monde[28] » doit être au cœur des théories féministes. Selon le sociologue Albert Ogien, ce questionnement est central dans les activismes contemporains se caractérisant par l'importance donnée « à l'idée selon laquelle les formes de connaissance et de raisonnement de chaque membre d'une entité politique ont une égale valeur[29] ». C'est dans cette perspective qu'il cite la notion d'« injustice épistémique », forgée par Miranda Fricker[30] à la suite de l'observation de la paupérisation programmée de l'État et de l'aggravation des discriminations de genre et d'appartenance ethnique, et dénonce la disqualification des voix des groupes sociaux défavorisés ou subalternes, « dénuées

---

27. Rosemary Auchmuty, « Law and the Power of Feminism : How Marriage Lost its Power to Oppress Women », *Feminist Legal Studies*, 20 (2), 2012, p. 71-87.
28. Donna Haraway, *Manifeste des espèces de compagnie. Chiens, humains et autres partenaires*, Paris, Éditions de l'Éclat, coll. « Terra Incognita », 2010 [2003], p. 16.
29. Albert Ogien, *Politique de l'activisme. Essai sur les mouvements citoyens*, Paris, PUF, 2021, p. 41.
30. Miranda Fricker, *Epistemic Injustice : Power and the Ethics of Knowing*, Oxford, Oxford University Press, 2007.

a priori de toute valeur ou tout bonnement inaudibles dans le débat public[31] ».

Albert Ogien défend l'idée qu'au cours du XXᵉ siècle, les luttes sociales ont fait primer la revendication d'égalité à travers les mobilisations conduites pour « l'instauration du droit syndical, l'institution d'un droit du travail, la généralisation du suffrage universel ou l'obtention des droits civiques[32] ». Il considère que, depuis les années 1970, les priorités s'inversent et que « les combats sont aujourd'hui menés au nom de la justice, que ce soit en matière de droit à l'avortement, de dépénalisation de l'homosexualité, de mariage gay, d'urgence climatique, d'évasion fiscale, de violences policières, de destruction de la biodiversité, d'artificialisation des sols, d'aménagement urbain, de disparité salariale ou de difficulté à vivre, travailler et circuler dans la rue sans être harcelée. Toutes ces luttes reposent sur la réhabilitation du point de vue de ces personnes qui vivent une discrimination et dont la parole est ignorée ou dénigrée, qu'elles soient femmes, jeunes, "racisées", marginalisées ou qu'elles défendent l'idée qu'un autre monde est possible[33] [34]. » Il associe cette priorisation des revendications de justice au passage à un troisième temps de l'égalité, celui des « *conditions épistémiques d'exercice de la citoyenneté*[35] » après « la mise en place des *conditions légales d'exercice de la*

---

31. Miranda Fricker, *Epistemic Injustice, op. cit.*, p. 197.
32. *Ibid.*
33. Sur les questions politiques que posent les luttes pour la réduction de l'injustice épistémique, voir James Bohman, « Domination, Epistemic Injustice and Republican Epistemology », *Social Epistemology*, 26 (2), 2012.
34. Albert Ogien, *Politique de l'activisme, op. cit.*, p. 197.
35. *Ibid.*, italiques dans le texte.

citoyenneté » à travers la fin de l'absolutisme et « la réalisation des *conditions matérielles d'exercice de la citoyenneté* »[36] avec l'État social.

En reprenant une typologie discutée aussi par Albert Ogien, l'activisme de Solveig Halloin « a quelque chose de "sauvage" au sens que [Claude] Lefort donne à cet adjectif[37] : il ne se soucie d'aucune des normes en vigueur dans la politique professionnelle[38] ». Son activisme, qui prend notamment la forme d'intrusion dans des abattoirs, des élevages et des laboratoires pour libérer des animaux et d'happening dans l'espace public, repose sur un discours revendiquant la priorisation du juste sur l'égalité en dénonçant non seulement le piège consistant à s'en tenir à des réformes légales, mais aussi « *le fait que le féminisme historique et contemporain n'a pas déconstruit l'humanisme, une idéologie suprématiste qui pose le* sapiens *comme étant une espèce dominante.* » Selon elle, « *le concept de mizoogynie* » est central car il permet de dépasser l'intériorisation, même par le féminisme, du « *dénigrement des femmes par les hommes par l'assimilation à la nature. Il n'y a pas de dénigrement possible en étant assimilé à la nature puisque nous sommes de la nature.* » C'est pour cette raison que le combat légitime porte à la fois, selon elle, sur « *l'abolition du père de tous les esclavages qu'est l'élevage, le combat pour l'abolition de l'esclavagisme qui est l'effroi porno-prostitutionnel, et le combat pour l'abolition de l'apartheid sexiste, celui du voilement par les voileurs* ». Si elle choisit de s'attaquer à l'élevage, c'est

---

36. Albert Ogien, *Politique de l'activisme, op. cit.*, p. 40, italiques dans le texte.
37. Miguel Abensour, « "Démocratie sauvage" et "principe d'anarchie" », dans id., *La Démocratie contre l'État*, Paris, Le Félin, 2004.
38. Albert Ogien, *Politique de l'activisme, op. cit.*, p. 11.

parce qu'elle priorise les luttes et considère que « *dans [son] évaluation de ce qui détruit le plus et où la violence s'exprime le plus, c'est l'élevage* ». Elle considère que « *tout ce qui est fait aux femelles du monde animal arrive aux femelles humaines* », c'est pourquoi « *il ne peut pas y avoir d'émancipation des femmes sans abolition de l'élevage, et il ne peut pas y avoir d'abolition de l'élevage sans émancipation des femmes* ». Elle précise que « *le terme "*husbandry*" désigne "l'élevage" en contenant la racine patriarcale de la violence* ».

Myriam Bahaffou, fondatrice d'un groupe écoféministe à Paris, critique elle aussi l'anthropocentrisme des mobilisations et exprime sa méfiance vis-à-vis d'une approche institutionnelle promouvant l'égalité entre individus humains aux dépens de la nature pensée comme extérieure. À la différence d'une égalité républicaine associée au fait de « *lisser les différences* », l'écoféminisme est présenté par les activistes interviewées s'en revendiquant comme prenant sens au pluriel, en cultivant différentes approches : la spiritualité, la lecture marxiste des rapports Nord/Sud ou les perspectives queer. Myriam Bahaffou souligne ainsi que face au récit unifiant et donc excluant de l'égalité, « *les écoféminismes rentrent par la diversité des savoirs en cultivant la confrontation entre les façons de penser le monde* ».

Rendre visibles les injustices et la dignité aux invisibles

La défiance vis-à-vis du principe d'égalité est certes à inscrire dans l'histoire française d'un récit de l'exemplarité rendant plus difficile les critiques et les remises en cause, mais elle n'est pas que l'expression d'une spécificité nationale. Inna Shevchenko, militante féministe ukrainienne, cofondatrice des Femen, souligne ainsi que la démarche de ce mouvement consiste à aller « *au-delà de l'égalité, mais certainement pas contre elle* ». Elle revendique la place centrale de la défense de la « *dignité individuelle, de la dignité tout court* » dans son engagement et précise qu'à l'origine des Femen en 2009, à Kiev, l'objectif était de « *clamer sa propre dignité en tant que personne, en tant que femme et aussi de clamer cette dignité collective des femmes* ». Il s'agissait de « *clamer le droit à la voix face au silence qui est le résultat de la peur et de l'ignorance* », et d'ajouter : « *en étant une femme, le bâillon est plus grand encore* ». Faire des performances rendant visibles des revendications féministes sur des corps de femme au buste nu, c'est montrer le corps féminin, mais aussi plus largement l'existence physique des femmes et de leurs revendications dans les lieux publics.

Caroline De Haas, militante féministe, notamment cofondatrice de #NousToutes, exprime un même attachement au terme de dignité qu'elle considère plus conforme à l'objectif vers lequel il lui semble légitime de tendre : « *une société de bonheur, de sérénité, de kiff* » pour chacune et chacun. Elle se méfie du principe d'égalité qui est « *un terme vendeur pour n'importe qui ; même la droite et l'extrême droite peuvent s'en emparer* ». Elle l'utilise dans son activité professionnelle de conseil et de formation ; mais dans son engagement militant, elle préfère les vocables de liberté, d'émancipation ou de colère. Le terme d'égalité s'est, selon elle, « *démonétisé* » par son usage institutionnel : il est « *un peu faible* » et cache souvent le fait de « *faire le minimum* ». Il n'y a certes pas de « *de bonheur possible sans égalité, sécurité et dignité, mais il est possible de traiter des personnes à égalité sans les traiter avec dignité* ». Elle précise que « *ne pas attenter à la dignité de quelqu'un, c'est ne jamais le faire se sentir mal, ne jamais le faire se sentir comme une merde* ». Majdelil, militante du FUIQP, positionne ces principes dans des temporalités différentes de la mobilisation : « *l'égalité est plutôt un objectif à l'horizon, alors que la dignité je la regagne en militant. Ce sont des valeurs à placer à des niveaux différents parce qu'elles sont plus ou moins atteignables.* » Parmi les rares critiques de la dignité en tant qu'alternative à l'égalité, Yves Bonnardel, compagnon de route des *Cahiers antispécistes* et de la Veggie Pride, fait part de ses réserves quant à un terme qui, selon lui, « *fait référence aux dignitaires* » et légitime la possibilité de ne pas reconnaître ceux qui ne le sont pas, « *ceux auxquels précisément on refuse de reconnaître une dignité* ». Selon lui, la défense de « *la dignité humaine est une arme de guerre contre l'égalité animale* ».

Alice Coffin, journaliste, autrice du *Génie lesbien*[39], et élue en 2020 conseillère de Paris, déléguée à l'égalité et à la lutte contre les discriminations dans le 12ᵉ arrondissement, explique que c'est son expérience militante à La Barbe[40] qui l'a amenée à avoir « *une défiance vis-à-vis du terme d'égalité* [...] *pour avoir davantage une focale sur la dénonciation d'une domination* ». Cofondatrice de l'Association des journalistes LGBT (AJL), et membre de la Conférence européenne lesbienne ainsi que des Lesbiennes d'intérêt général, sa participation à la campagne pour l'accès à la procréation médicalement assistée (PMA) pour toutes s'inscrit dans une défense de l'application du principe d'égalité sans discrimination. Mais

---

39. Alice Coffin, *Le Génie lesbien*, Paris, Grasset, 2020.
40. Voir en ligne https://labarbelabarbe.org/Qui-sommes-nous

elle précise qu'elle utilise davantage au quotidien, le « *champ lexical de la domination, du pouvoir, de l'exploitation, de l'oppression* ». S'émanciper du principe d'égalité permet de pointer prioritairement du doigt la domination masculine et « *de laisser aux autres, à ceux qui l'exercent, donc aux hommes, le soin de l'arrêter avec les concepts et les outils qu'ils voudront* ». Elle considère que #MeToo constitue un « *virage* » dans les logiques de mobilisation qui deviennent clairement « *des logiques de visibilité* ». Cette approche est centrale dans son combat aussi bien avec La Barbe pour le partage du pouvoir que pour la représentation des personnes lesbiennes, gays, bisexuelles et transgenres (LGBT). Plus généralement, elle considère que la défiance vis-à-vis des principes énoncés par la devise républicaine est une défiance des militant·e·s envers les institutions[41]. La préférence pour des termes comme visibilité ou exploitation s'explique alors par une volonté de se détacher du discours institutionnel, du cadrage porté par l'appareil politique. Elle souligne néanmoins que « *pour le travail de plaidoyer, l'égalité reste quand même fondamentale et comme une espèce de "clef" pour comprendre* ».

Anaïs Leleux est, à la date de l'entretien, membre du comité de pilotage de #NousToutes, collectif féministe dont l'objectif est d'en finir avec les violences sexistes et sexuelles. Elle a fondé en 2020 Pourvoirfeministe.org, un laboratoire d'idées et d'actions qui vise à sensibiliser à l'idée d'un féminisme politique. Elle se situe elle aussi

---

41. Sur l'ambivalence du rapport des féministes vis-à-vis du droit, voir Laure Bereni, Alice Debauche, Emmanuelle Latour et Anne Revillard, « Entre contrainte et ressource : les mouvements féministes face au droit », *Nouvelles Questions féministes*, 29, 2010, p. 6-15.

dans le registre de la mise en visibilité des injustices en précisant que ce qui est au cœur de son engagement, c'est de participer à « *la prise de conscience des violences que subissent les femmes* », « *à la conscientisation de ces violences* ». L'égalité est essentielle, mais elle lui semble « *si loin* » que ce n'est pas la première chose qu'elle voit dans son engagement. Caroline Rebhi et Sarah Durocher, coprésidentes du Planning familial, font aussi référence à la notion de visibilité, cette fois pour souligner l'importance de donner la parole aux personnes concernées dans la prise en compte de « *la question de la classe sociale, du genre et de la race* » : « *dans l'engagement féministe, la classe majoritairement visible en France aujourd'hui c'est un féminisme blanc, bourgeois et nous avons envie que ça soit quelque chose d'autre, plus large.* »

Kiyémis, activiste afro-féministe, autrice et poétesse, animatrice du podcast « Quoi de meuf », établit, elle aussi, un lien entre son rapport à l'égalité et son parcours militant. Elle note que, si son engagement est parti de la dénonciation du non-respect de la devise « Liberté, Égalité, Fraternité » et que l'horizon reste pour elle « *l'égalité entre les individus* », elle utilise peu ce terme dans sa vie militante. Elle explique cette dissonance par la faible utilisation du principe d'égalité dans la lutte antiraciste où le vocable de la non-discrimination est toujours préféré. Dans l'antiracisme, parler d'égalité ou d'inégalité donne, selon elle, « *une envergure plus systémique au problème alors que les institutions ou même des associations qui ont pignon sur rue individualisent la question antiraciste* ». L'usage du vocable égalitaire est ainsi perçu comme trop polémique car mettant en évidence des inégalités ethno-raciales, inscrites dans des catégorisations historiques et politiques

– encore considérées comme taboues. Cela « *mettrait en lumière qu'il y a une inégalité entre noirs et blancs. Dans la question antiraciste, il ne faut pas visibiliser la blanchité.* » À l'inverse, concernant l'engagement féministe, elle « *regarde l'expression égalité femmes-hommes de manière perplexe* », jugeant qu'elle participe de la rigidification des catégories sexuées en les questionnant peu, voire pas. Selon elle, en validant les catégories de la domination, cette démarche ne bouscule pas l'organisation inégalitaire et hiérarchique de la société. Elle se reconnaît ainsi plus dans des expressions telles que justice sociale et émancipation qui « *visent à détruire ces hiérarchies* ». Elle trouve le terme d'égalité trop « *abstrait* » et « *moins fort* » car moins mobilisant, moins dans l'action. « *Abolition des privilèges, il y a une action, justice sociale, il y a une action, il y a une flamme, égalité, moins.* »

C'est une préférence similaire pour le terme de justice qu'expriment Sarah Zouak et Justine Devillaine, cofondatrices de Lallab, « association féministe et antiraciste dont le but est de faire entendre les voix et de défendre les droits des femmes musulmanes qui sont au cœur d'oppressions sexistes, racistes et islamophobes ». Selon elles, le terme de justice aurait l'avantage d'englober l'égalité, tout en renfermant un potentiel transformateur plus fort. La création de Lallab est leur réponse à un « *besoin de représentativité, de visibilité et de justice* » pour façonner un monde dans lequel les femmes choisissent en toute liberté leurs propres chemins d'émancipation. Si « *l'égalité est comprise comme avoir les mêmes droits, les mêmes opportunités que les hommes* », elles ne se reconnaissent pas dans l'horizon qui serait celui de vivre comme les hommes. En effet, pour elles, « *c'est très problématique, en particulier parce que la masculinité hégémonique, considérée comme la norme à atteindre, est gangrénée de violence* ». En outre, elles proposent un changement de paradigme dans la définition et la pratique de l'égalité par le dépassement de la dichotomie femmes/hommes, enfermant, selon elles, dans un modèle où ces deux groupes seraient homogènes. Elles considèrent ainsi que « *l'égalité ne va pas assez loin car l'objectif est de changer de système, le déconstruire et de sortir des représentations patriarcales du pouvoir, de la hiérarchie et de la domination sous le prisme desquels sont régies toutes les interactions sociales* ». C'est pourquoi au terme d'égalité, elles préfèrent l'idée d'« *une justice sociale et intersectionnelle* ».

Si Christine Le Doaré et Arlette Zilberg, cofondatrices et porte-parole des VigilantEs, associent elles aussi l'égalité à « *une étape* » insuffisante, mais « *nécessaire à condition de vouloir aller plus loin* », elles estiment que l'horizon d'un « féminisme universel et solidaire[42] » est mis en danger par des féminismes comme celui porté par Lallab. L'association Les VigilantEs a été fondée en 2016 dans le but de « créer un réseau pour résister à la montée des intégrismes religieux obscurantistes et misogynes, d'où qu'ils viennent[43] » Selon elles, « *s'adresser principalement aux spécificités nous isole les unes des autres* », l'universalisme ayant un rôle fondateur qui rassemble et protège de la fragmentation du féminisme. L'articulation de la liberté et de l'égalité se fait ainsi, d'après elles, à travers « *l'universalisme, les spécificités viennent après* ». Elles précisent toutes les deux qu'« *on ne peut pas saucissonner les concepts, et qu'il est difficile de parler*

---

42. Voir en ligne sur https://vigilantes2015.wordpress.com/
43. *Ibid.*

d'égalité sans la relier à la liberté et à la solidarité, la fraternité entre tous les humains ». C'est dans cette perspective qu'Arlette Zilberg note qu'« *il y a des privilèges qu'ont certains hommes dont je n'ai aucune envie parce que j'estime qu'ils sont là pour opprimer d'autres personnes* ». Christine Le Doaré, par ailleurs ancienne présidente de SOS Homophobie (1997-2003), considère « *qu'on est tombé dans le travers du conformisme social quand on est passé à la revendication de droits pour le couple alors que pour la personne homosexuelle, l'orientation sexuelle n'est toujours pas une liberté fondamentale, ce qui aurait quand même été une première étape* ». Elle souligne ainsi la nécessité de ne pas aborder la question de l'égalité des droits indépendamment de celle de la liberté de chacun·e d'accéder à ces droits, et ceci dans une perspective internationale et pas seulement nationale.

Dans ces diverses mobilisations, qui manifestent un rapport contrasté, et même défiant, à l'égalité, la question de la visibilisation des luttes pour la justice est centrale. C'est notamment ce qu'explique Augustin Legrand, acteur, militant pour le droit au logement, cofondateur de l'association Les Enfants de Don Quichote. Il qualifie d'« *expérience hors du commun* » le fait d'avoir vécu pendant trois mois avec les sans-abri dans le cadre du documentaire *Enfants de Don Quichotte* réalisé en 2006. L'installation de tentes au bord du canal Saint-Martin a été une manière de rendre visible les sans-abri, placés dans un angle mort de l'action politique car c'est un sujet qui n'est pas rentable politiquement et qui est complexe si on l'aborde à travers la question de la fabrique des sans domicile fixe (SDF), de la direction départementale des Affaires sanitaires et sociales (DDASS) à l'accueil des personnes âgées. En invitant les

« bien logés » à venir partager la vie précaire des « sans-abri », l'objectif de l'association était à la fois de recréer un commun à partir d'une communauté d'expérience et de « *mettre la pression sur les politiques* » pour qu'ils intègrent la question du droit au logement dans leur agenda, et pas seulement de manière ponctuelle dans une logique de sortie de crise. Au regard de ses effets, notamment « *sur l'augmentation du financement des centres d'hébergement* », il qualifie cette action d'« *arme pacifique ultra-puissante* » pour contrecarrer « *la stratégie de désinformation* » menée notamment par les médias.

Comme l'analyse le philosophe Étienne Tassin, la redéfinition des mobilisations comme luttes pour la visibilité amène à appréhender l'espace public, non pas comme le lieu de production des « conditions d'une entente ou d'un consensus en vue de décisions dont la légitimité dépendrait des conditions procédurales d'élaboration », mais comme un « espace d'apparitions », « un espace de luttes »[44]. Dans cette perspective, « les luttes politiques sont le mode sous lequel s'opèrent la singularisation et la distinction des acteurs. [...] Non identitaires puisqu'ils ne visent pas à affirmer ou à réaffirmer des identités forgées hors de ces actions de manifestation selon des appartenances communautaires héritées ou choisies, mais à faire prévaloir un droit d'apparaître, droit à la manifestation – droit d'ailleurs indissociable sans doute d'un droit de disparaître qui est le droit à la discrétion[45]. » La lecture qu'Étienne Tassin fait de la phénoménologie d'Hannah Arendt

---

44. Étienne Tassin, *Pour quoi agissons-nous ? Questionner la politique en compagnie d'Hannah Arendt*, Bordeaux, Le Bord de l'eau, 2018, p. 129.
45. *Ibid.*

l'amène à résoudre les tensions entre égalité et liberté, horizon universaliste et revendications spécifiques en les appréhendant depuis les modalités propres de l'agir politique. Les conflits sociaux et politiques sont alors associés à des processus d'émancipation, à des manifestations « de la liberté et [à] la vérification de l'égalité qui en constitue la dynamique propre[46] ».

La préférence pour l'équité

Les réserves exprimées quant à la capacité du principe d'égalité à remettre en cause les logiques d'exclusion et d'injustice qu'il a contribué à légitimer sont accompagnées d'une méfiance quant à sa faculté à répondre à la complexité des situations et des sentiments d'injustice. Associé à un idéal trop lointain et abstrait, il est alors perçu comme inadéquat parce qu'inefficace et déconnecté du réel. La lutte contre les inégalités et l'engagement pour la justice à travers la défense d'un traitement équitable sont alors considérés comme plus adaptés aux cas concrets. Ainsi que l'analyse le philosophe et théoricien du droit Chaïm Perelman, il s'agit de déterminer s'il faut donner « à chacun la même chose, à chacun selon ses mérites, à chacun selon ses œuvres, à chacun selon ses besoins, à chacun selon son rang, à chacun selon ce que la loi lui attribue[47] ».

Ce diagnostic d'un principe d'égalité éloigné des expériences vécues est notamment posé par Patrick

---

46. Étienne Tassin, *Pour quoi agissons-nous ?*, *op. cit.*, p. 132.
47. Chaïm Perelman, *Justice et Raison*, Bruxelles, Presses universitaires de Bruxelles, 1963, p. 15.

Viveret, militant, essayiste et penseur altermondialiste, conseiller maître honoraire à la Cour des comptes, ayant participé en 2012 à la fondation du collectif Roosevelt, mouvement citoyen s'inspirant de la démarche volontariste du 32ᵉ président américain, également membre de l'Archipel citoyen Osons les jours heureux, reliant depuis 2017 plus de trente organisaitons à travers des groupes-projets qualifiées de « pirogues ». Il associe le faible recours au principe d'égalité parmi les militant·e·s au fait qu'il s'agit d'un objectif trop lointain pour être un horizon efficace. « *Dans la situation française de ces dernières décennies, le rapport à l'égalité était tellement lointain que le seul objectif concret qui s'est organisé, et qui est totalement légitime, c'est la lutte contre les inégalités.* »

Juliette Rousseau, autrice[48] et traductrice[49], coordinatrice et porte-parole de la Coalition climat 21 au moment de la COP21 à Paris et membre d'Initiatives pour un autre monde (IPAM), explique que si elle mobilise peu le principe d'égalité dans ses engagements et si elle lui préfère la justice, c'est parce que cela permet de s'inscrire plus concrètement dans une démarche transformatrice fondée sur l'adaptation aux différences de situation. Elle associe l'égalité « *à un discours étatique, institutionnel, à une approche réformiste* » dans laquelle elle « *se reconnaît peu* ». Elle entend la justice, non pas seulement en tant qu'institution, mais dans le sens politique qui lui est donné « *dans les*

---

48. Juliette Rousseau, *Lutter ensemble. Pour de nouvelles complicités politiques*, Paris, Cambourakis, 2018.
49. Carla Bergman et Nick Montgomery, *Joie militante. Construire des luttes en prise avec leurs mondes*, trad. de l'anglais par Juliette Rousseau, Rennes, Éditions du commun, 2021.

courants de pensée anglophone, états-unien, canadien, etc.,
qui placent la question de la justice de manière très centrale ».
La question de savoir « *comment le militantisme est une*
façon de rendre justice à une partie de la population qui est
minorisée » préside à ses engagements. Ses expériences
militantes l'amènent à se méfier du recours au principe
d'égalité dans l'organisation militante. Il est « *probléma-*
tique pour plusieurs raisons. Dans un premier temps, quand
on essaie de mettre sur un plan d'égalité des personnes – avec
un temps de parole ou une représentativité égale – qui ne sont
pas égales dans la société, ça ne produit pas nécessairement de
l'égalité. Je pense que, quand il y a invisibilisation et oppres-
sion, il faut assumer de redonner plus de parole et plus de
visibilité aux personnes qui en manquent. L'autre aspect sur
lequel la question de l'égalité peut être trompeuse, c'est quand
on parle d'égalité de prise de responsabilité. On est parfois pétri
de cet idéal égalitaire alors qu'en fait, ça se heurte systémati-
quement à une impossibilité. Ce qui est juste, ce n'est pas for-
cément l'égalité entre toutes les personnes du collectif. »
    Si Pierre Mairat, avocat et coprésident du Mouvement
contre le racisme et pour l'amitié entre les peuples
(MRAP) de 2012 à 2021, souligne son attachement au
principe d'égalité devant la loi, qu'il qualifie d'« *ADN du*
MRAP », cela ne l'empêche pas pour autant d'exprimer
de manière tout aussi claire la nécessité de donner la
priorité à la mise en œuvre d'un traitement juste, équitable, à travers notamment le système de la compensa-
tion. Il associe le terme d'égalité à une acception
arithmétique incompatible avec la reconnaissance des
spécificités individuelles et des différences de situation.
Il affirme en particulier que « *personne n'est égal : les*
femmes, les hommes, les petits, les grands, les gros, les minces.
L'égalité, ça ne veut rien dire en soi. En revanche, l'égalité des

droits est la source de l'engagement, en tout cas de ce que l'on ressent douloureusement quand ça n'est pas respecté. » D'après lui, la défense de l'égalité est une réponse à des sentiments d'injustice d'autant plus forts en France que ce pays est présenté « *comme le pays des droits de l'Homme, un pays où la législation contre le racisme par exemple [...] est l'une des législations les plus élaborées en Europe. Un pays où il n'y a jamais eu autant d'institutions, comme la Commission nationale consultative des Droits de l'Homme (CNCDH), la Délégation interministérielle contre le racisme, l'antisémitisme et la haine anti-LGBT (DILCRAH), le Défenseur des droits, qui participent à l'éveil des consciences dans la lutte contre le racisme et donc la lutte pour l'égalité. Malgré tout, on voit bien qu'il existe des plafonds de verre, de très grandes inégalités structurelles, institutionnelles liées à des discriminations racistes.* » Le contrôle au faciès est, selon lui, un élément qui permet de mesurer la persistance du racisme. L'équité joue, toujours selon lui, un rôle central pour dépasser le « *paradoxe* » de ce décalage entre une forte implication juridique et institutionnelle en faveur de l'égalité et la persistance des inégalités. C'est au regard de ce constat que l'équité présente l'avantage de dire d'emblée la nécessité de s'adapter aux contextes pour être juste : « *il serait équitable de favoriser quelqu'un qui est défavorisé, qui est handicapé. Il serait équitable de l'aider un peu plus que les autres pour pouvoir lui permettre d'avoir les mêmes droits.* »

Laurence Rossignol, présidente de l'Assemblée des femmes et sénatrice de l'Oise, anciennement ministre chargée de la famille, des personnes âgées, de l'autonomie et de l'enfance (2014-2016) puis des familles, de l'enfance et des droits des femmes (2016-2017), revendique, elle aussi, son attachement au principe d'égalité qu'elle qualifie de « *socle* » tout en affirmant qu'il n'est pas suffisant et qu'elle est « *plus sensible au principe de justice* ». Elle reconnaît un lien entre les injustices et l'inégalité de traitement, mais elle « *intègre une diversité, une non-uniformité qui [l]'amène à ne pas être totalement collée au principe d'égalité* ». Selon elle, la justice intègre d'autres éléments « *qui individualisent davantage que le principe d'égalité* ». En termes de traduction en politique publique, elle défend depuis longtemps l'idée que la justice nécessite des traitements différenciés. Et d'expliquer : « *Dans l'égalité, il y a une neutralité qui peut parfois être défavorable à la justice.* »

C'est d'une tout autre façon que Pablo Servigne justifie le nécessaire dépassement du principe d'égalité par la recherche d'équité : il associe « *le désir d'égalité* » au temps de l'enfance, alors qu'avec « *l'adolescence, vient l'équité* ». Il réduit l'égalité à une forme de naïveté immature et injuste car incapable de prendre en compte les différences et la complexité des situations. L'équité est, au contraire, pensée chez lui comme un instrument de mise en œuvre de la « fairness, *à travers la proportionnalité, qui apporte un sentiment de justice très bénéfique pour les relations sociales* ». Cette affirmation fait écho à la place donnée par Aristote à la justice, notamment dans le livre V de *L'Éthique à Nicomaque* où il la qualifie de « vertu absolument complète parce que sa pratique est celle de la vertu accomplie. Or ce caractère de vertu accomplie provient du fait suivant : celui qui la possède peut manifester sa vertu également à l'égard d'autrui et non seulement par rapport à lui-même[50]. » Pour Aristote, si la justice contient toutes les autres

---

50. Aristote, *Éthique à Nicomaque*, Paris, Flammarion, 1992, livre V, 1, p. 138-139.

vertus, ce n'est pas seulement parce que le juste prescrit par la loi contient un très grand nombre de prescriptions morales qui encouragent et commandent les autres vertus, mais aussi et surtout parce que le juste est « ce qui est susceptible de créer ou de sauvegarder, en totalité ou en partie, le bonheur de la communauté politique[51] ».

Marie-France Eprinchard, présidente d'Emmaüs solidarité, explicite le lien entre la recherche du bonheur pour le plus grand nombre, y compris les plus vulnérables, et la nécessité d'adapter les réponses au contexte en précisant que l'enjeu est de « *donner à chacun ce dont il a besoin* ». Elle poursuit : « *Si on est dans un centre d'hébergement, peut-être que ce qui va être le plus important, c'est que vous puissiez sortir de ce centre et d'avoir un jour un logement. Peut-être que si vous êtes à la rue, l'égalité ça va être qu'on vous aide à accepter d'entrer dans un logement. Les gens qui sont à la rue, ils ne sont pas tous partants pour être dans des structures d'accueil. [...] Chacun à son chemin en réalité.* » En affirmant que « *l'égalité, ce n'est pas pour tout le monde la même chose* », elle évite la réduction du principe d'égalité au traitement identique. Pour permettre aux individus d'accéder au bonheur, il faut prendre en compte leurs envies et leurs besoins, ce qui nécessite des différences légitimes de traitement et correspond à une acception dite géométrique de l'égalité. C'est la raison pour laquelle Marie-France Eprinchard qualifie l'égalité de « *mot difficile* ». Cette difficulté est double : elle concerne la compréhension de ce terme comme son application. Sur ce dernier point, Guillaume

---

51. Aristote, *Éthique à Nicomaque*, *op. cit.*, p. 137.

Capelle, entrepreneur social, cofondateur de SINGA France qui aide les citoyen·ne·s et les entrepreneur·e·s à créer des projets en lien avec l'asile et la migration, considère que, si « *le partage égalitaire* » est « *une évidence* », l'égalité « *ne marche pas toujours* ». Il en appelle à la vigilance pour ne pas se perdre « *à essayer de rendre les choses égalitaires alors qu'elles peuvent difficilement l'être parce que les personnes ont des vécus différents ou des capacités différentes* ». Le principe d'équité lui semble plus adapté pour concilier égalité et liberté, notamment la « *libération des talents* », pour mettre en relation des personnes vivant des situations différentes et pour accompagner des échanges solidaires.

Si la justice, l'équité, la visibilité ou la dignité sont considérées comme plus adaptées pour qualifier le rapport à l'engagement contre les injustices que l'égalité, c'est parce que ce dernier terme est dénoncé comme participant de l'occultation et de la reproduction des rapports de domination. Ses usages contemporains, notamment par les élites politiques et économiques, sont ainsi paradoxalement considérés comme une ruse faisant obstacle à la remise en cause réelle des injustices et des inégalités. L'hypothèse selon laquelle l'attachement au et/ou la réappropriation du principe d'égalité pouvaient constituer la base d'un langage et d'un projet communs entre les différentes mobilisations est ainsi remise en cause. Y a-t-il des responsables d'association et des activistes qui considèrent le principe d'égalité comme pertinent pour incarner l'horizon d'émancipation, et si oui pourquoi ?

II

La réhabilitation de l'égalité, un horizon stratégique

Les responsables d'association et activistes interviewé·e·s qui critiquent le principe d'égalité le font au nom de son incapacité à porter une conception suffisamment pluraliste du traitement des situations d'injustice. Les travaux du philosophe et théoricien du politique Philip Pettit, en abordant la complexité de la dialectique contemporaine entre égalité, liberté et justice, entre approches individuelle et communautaire, éclairent cette position. En ajoutant « la liberté de non-domination »[1] à la distinction d'Isaiah Berlin entre la

---

1. Jean-Fabien Spitz, *Philip Pettit. Le républicanisme*, Paris, Michalon, 2010, p. 85 : « La philosophie politique républicaine cherche le point d'équilibre entre deux exigences qui restent distinctes sans être de même rang : d'une part éliminer les obstacles à l'idéal formel de non-domination, ce qui n'est possible que par l'interférence non arbitraire d'une puissance collective ; et de l'autre côté, maximiser l'ère d'exercice de la liberté comme absence de domination, ce qui suppose la réduction de l'intervention de l'État au point le moins élevé où elle demeure compatible avec la garantie égale de l'idéal lui-même. »

liberté « négative », qui correspond à l'absence d'interférence émanant d'autrui associée aux Modernes, et la
liberté « positive », qui se déploie dans la maîtrise de
soi et est associée aux Anciens[2], il souligne la nécessité
d'appréhender ensemble et de manière imbriquée la
liberté et l'égalité. En effet, la liberté de non-domination consiste « en une absence, comme le veut la
conception négative, une absence toutefois non pas
d'interférence, mais de maîtrise exercée par les
autres[3] ». L'auteur qualifie de communautaire cette
conception républicaine de la liberté au sens où « si un
individu est dominé, c'est-à-dire s'il est exposé à l'interférence arbitraire d'autrui, c'est toujours en vertu du
fait qu'il appartient à un certain genre ou une certaine
classe ; les individus sont vulnérables en tant qu'ils sont
noirs, ou en tant qu'ils sont de sexe féminin, ou qu'ils
sont âgés, ou pauvres, etc. Cela signifie que, lorsque
nous augmentons la liberté comme non-domination
d'un individu, nous augmentons également la liberté
comme non-domination de tous les membres de la
classe – ou des classes – de vulnérabilité auxquelles cet
individu appartient[4]. » Dans cette perspective, le sentiment d'injustice renvoie à celui d'appartenir à une ou
des « classe(s) de vulnérabilité », notamment sociale,
raciale, sexuée et/ou sexuelle, reposant sur la
conscience qu'ont les sujets en position[5] de minorité

---

2. Isaiah Berlin, *Four Essays on Liberty*, Oxford, Oxford University Press, 1969 ; id., *Éloge de la liberté*, Paris, Calmann-Lévy, 1988. Cette typologie est notamment nuancée par les travaux d'Amartya Sen et Martha Nussbaum sur les capabilités.
3. Jean-Fabien Spitz, *Philip Pettit. Le républicanisme, op. cit.*, p. 41.
4. *Ibid.*, p. 189-190.
5. Chantal Mouffe utilise l'expression de « position de sujet » pour rendre compte de la pluralisation des espaces de contestation et des fronts de lutte, et du défi de leur articulation critique autour d'une « chaîne d'équivalence démocratique » afin qu'elles

sociale d'être vulnérables à la domination et de ne pas appartenir à la « classe des égaux ». Dès lors la remise en cause des processus de domination est un « bien commun de la citoyenneté ». « Il ne suffit pas d'affirmer que l'on se préoccupe du sort des individus relevant de cette culture minoritaire, sans faire aucune référence spécifique à ce qui les unit[6]. » L'enjeu est donc de redonner une signification à ce qui fait lien politique dans l'analyse et la critique de ce qui fait exclusion de la communauté des égaux.

Tout en comprenant, voire en partageant, la méfiance à l'encontre du principe d'égalité, certain·e·s responsables d'association et activistes interviewé·e·s considèrent néanmoins qu'il participe de la lutte contre les injustices. Sa réappropriation, voire sa réhabilitation, est portée comme une stratégie pour amener les acteur·trice·s politiques et institutionnel·le·s à se mettre en cohérence avec les principes qu'elles·ils proclament. L'égalité est aussi revendiquée comme un élément fondateur et moteur de leurs mobilisations par celles et ceux qui la définissent, à l'instar de Philip Pettit, comme un horizon de non-domination. De façon similaire, les responsables d'association et activistes défendant l'inclusion de nouveaux groupes dans la « classe des égaux » – c'est en particulier le cas des antispécistes vis-à-vis des individus sentients non humains, c'est-à-dire

se fortifient et non qu'elles s'affaiblissent : voir en particulier Chantal Mouffe, *Le Politique et ses enjeux. Pour une démocratie plurielle*, Paris, La Découverte, 1994. En parlant de « position » plutôt que de « culture », Amartya Sen souligne la complexité et la pluralité des relations d'appartenance des individus aux différentes structures collectives : Amartya Sen, « Positional Objectivity », *Philosophy and Public Affairs*, 22 (2), 1993, p. 126-145.
6. Jean-Fabien Spitz, *Philip Pettit. Le républicanisme, op. cit.*, p. 190.

des êtres vivants en capacité de ressentir des émotions, dont la douleur et le bien-être – revendiquent une rupture avec un passé et un présent caractérisés par leur exclusion de la communauté politique et morale.

Une exigence de mise en cohérence de la République française

Sans nier le discrédit entachant le principe d'égalité, des responsables d'association et activistes défendent son potentiel transformatif, à l'articulation d'une démarche réformiste et révolutionnaire[7]. Malgré la façon dont elle a été et est toujours dévoyée, l'égalité est perçue comme devant être réappropriée comme un levier central pour remettre en cause les injustices. Son application à tou·te·s et chacun·e est ainsi posée comme une exigence de mise en cohérence de la République française dans l'application des principes qu'elle revendique[8].

Le président de la Ligue des droits de l'homme, Malik Salemkour, rappelle que cette association « *a été créée [en 1898] pour défendre les valeurs de la déclaration de 1789* », « *de fait, elle posait, dans son principe même, cette suprématie [de l'égalité]. Sauf qu'un siècle après, ce qui était d'évidence, aujourd'hui ne l'est plus.* » Selon lui, les principes fondateurs d'égalité et de liberté, et d'égale dignité sont interrogés « *non pas parce qu'ils sont théoriquement infondés, mais parce qu'ils sont pratiquement violés* ». Ils ne pourront donc être réappropriés qu'à

---

7. André Gorz, *Stratégie ouvrière et néocapitalisme*, Paris, Seuil, 1964.
8. Cécile Laborde, *Français, encore un effort pour être républicains !*, Paris, Seuil, 2010.

travers « *un combat pour leur effectivité* » dans la reconnaissance des spécificités de celles et ceux à qui les principes dits universels n'ont pas été appliqués. Il y a, selon lui, un bouleversement des questionnements car le socle des valeurs de la Troisième République, notamment la socialisation au primat du collectif sur l'individuel, « *est aujourd'hui mis en doute au nom de l'échec, justement, de cette universalité. Quand quelque chose échoue, soit c'est la cible qui était mauvaise, soit c'est le chemin. Je veux croire que c'était le chemin, mais on ne peut plus, seuls, s'interroger là-dessus. [...] La question est : comment on emporte le plus large nombre de personnes [...] pour partager ce combat ?* » Il souligne que l'approche par la spécificité des situations est « *nécessaire pour poser l'égalité* ». La reconnaissance des raisons pour lesquelles l'individu et le groupe auquel il est associé ne sont pas traités comme des égaux est un préalable à la discussion sur le commun. « *Avant, on pouvait justifier la non-discrimination par : "quelle que soit ta couleur de peau, quelle que soit ta façon de t'habiller, tu as le droit à un emploi et un logement." Aujourd'hui, c'est : "je suis voilée et je veux un logement ou je veux accéder à l'école." Il y a une affirmation identitaire, qui peut être croisée, ambiguë, multi-identitaire, qui est là alors qu'avant, elle avait plutôt vocation à être mise de côté pour mettre au contraire en avant ce qui était commun.* » Concrètement, cela oblige les organisations universalistes à renouer un dialogue avec les populations qui, victimes de discrimination, de racisme, se sentent trahies par les promesses républicaines ; et des intermédiaires de confiance sont utiles pour refaire des ponts. Malik Salemkour cite l'exemple du projet Citoyenneté, quartiers, fraternité, droits (CQFD) mis en place notamment à Toulouse qui s'adresse aux habitant·e·s des quartiers populaires en s'appuyant sur les mères d'enfants victimes de discrimination, de contrôle au faciès et des travailleur·euse·s sociaux·les ou des associations culturelles afin de « *poser ensemble les questions de laïcité, d'égalité femmes/hommes mais aussi tout simplement de citoyenneté, de citoyenneté partagée* ». L'objectif est de faire du « *lien entre ceux qui n'y croient plus et l'institution républicaine.* »

Mohamed Mechmache est fondateur et président du collectif Pas sans nous, plateforme associative concrétisant l'une des trente propositions du rapport *Pour une réforme radicale de la politique de la ville. Ça ne se fera plus sans nous* qu'il a corédigé avec Marie-Hélène Bacqué, professeure en études urbaines à l'université Paris-Nanterre, et remis à François Lamy, alors ministre de la Ville, en juillet 2013. Il participe à construire le lien entre les habitant·e·s des quartiers populaires et les institutions à travers différents groupes et réalisations, parmi lesquels l'Association collectif liberté égalité fraternité ensemble unis (ACLeFeu), créée après les émeutes de 2005 et dont il est membre fondateur et porte-parole. Il affirme lui aussi son attachement au principe d'égalité en soulignant que l'enjeu demeure « *de le mettre en application* ». Son propos est « *de convaincre que, tout simplement, il y a encore du travail à faire sur cette question d'égalité* ». Face au constat des inégalités de traitement, ce qu'il demande pour les habitant·e·s des quartiers populaires, à travers l'interpellation de responsables politiques, « *ce n'est pas d'être des citoyens à part, c'est d'être des citoyens à part entière. Et pour cela, il faut absolument équilibrer la balance que ce soit en termes d'éducation, de logement, d'emploi, de santé, de culture et de sécurité.* » S'il associe les principes structurant prioritairement son engagement à « *la justice sociale, à la lutte contre les inégalités et contre les discriminations avec une attention à l'éthique humaine et aux conditions de vie* », il utilise le terme d'égalité dans certains contextes, essentiellement « *pour interpeller des journalistes ou des responsables politiques* ». Le message central qu'il porte c'est qu'il faut « *mettre au cœur des politiques publiques les citoyens car "faire pour nous sans nous, c'est faire contre nous"* ».

Dans la même perspective, Jawad Bachare, directeur exécutif du Collectif contre l'islamophobie en France (CCIF) à la date de l'entretien, inscrit les missions et l'objectif du CCIF dans la défense de « *l'égalité des droits, le respect des droits* » face au diagnostic d'« *une rupture d'égalité dont font l'objet une partie de nos concitoyens en raison de leur appartenance réelle ou supposée à la religion musulmane* ». Il précise que « *pour vivre ensemble, il faut respecter les libertés individuelles et surtout l'égalité de traitement* ». Selon lui, le principe d'égalité est un moteur de l'engagement car « *dès le départ, il y a un déficit* ». Il souligne de plus que « *par ailleurs, la situation tend à être préoccupante en raison du glissement progressif d'une laïcité originelle et inclusive vers une laïcité identitaire et source d'exclusion* ». L'égalité est comprise et réappropriée comme permettant de dénoncer en tant qu'incohérences républicaines les injustices engendrées au nom de principes prétendument neutres, mais discriminatoires du point de vue de leur mise en œuvre différenciée en fonction des publics. Le CCIF dénonce « *un phénomène systémique d'exclusion et de discrimination* » vis-à-vis des musulman·e·s, notamment quant à l'application de la laïcité, entendue comme la liberté de croire ou de ne pas croire. Accusé par le gouvernement de propager « avec constance une action de propagande islamiste », de « partager » et de « cautionner » les idées terroristes en critiquant la politique antiterroriste française, le CCIF a été dissous par décret le 2 décembre 2020. L'ex-CCIF a déposé un recours devant le Conseil d'État pour excès de pouvoir demandant son annulation au nom d'« une motivation politique ». Il a été soutenu dans cette démarche par des collectifs de défense des droits humains, notamment par Amnesty International.

Rokhaya Diallo, écrivaine, journaliste, réalisatrice et cofondatrice en 2007 de l'association Les Indivisibles portant la déconstruction des préjugés et clichés ethnoraciaux en utilisant l'humour et l'ironie, considère, elle aussi, légitime et stratégique de « *rappeler que l'égalité est un des principes de la devise républicaine, que la République française a des obligations et des principes avec lesquels elle a à se mettre en conformité avec ce qu'elle invoque* ». C'est « *un principe de droit qui garantit à chacun, à chacune, l'égalité de traitement devant la loi et l'égale faculté à disposer de bien, de service, de son corps, de l'espace* ». Il est, selon elle, à appréhender dans sa dimension internationale en prenant en compte les « *inégalités de développement, les inégalités Nord/Sud* », en particulier les « *relations inégalitaires entre la France et ses anciennes colonies, que cela soit sur le plan des relations internationales ou sur le plan interne des discriminations subies par les populations issues de l'immigration postcoloniale et des Outre-mer* ». Si ce principe est « *structurant dans [son] engagement* » explique-t-elle, c'est parce qu'il est « *le point commun* » entre ses différentes mobilisations et actions, notamment contre le racisme et le sexisme.

Delphine Batho, ancienne ministre déléguée à la Justice puis à l'Écologie, au développement durable et à l'énergie, présidente du mouvement politique Génération écologie et députée des Deux-Sèvres, attribue elle aussi un rôle fondateur au principe d'égalité dans son engagement. Elle y voit l'expression d'une continuité par rapport à l'esprit de « *révolte* » de l'héritage républicain. Elle précise que si elle a été marquée « *par la Révolution française depuis [son] enfance* », à la différence du XVIIIe siècle, sa conception de l'égalité ne s'applique pas qu'à « *quelques-uns* », mais selon « *une vision absolue* » à toutes et tous. Pour elle, « *le principe d'égalité* » exprime « *le refus de l'injustice, le refus de la destruction, de la guerre, de la haine, de la destruction de la nature, tout ce qui fait mal. C'est en miroir l'un par rapport à l'autre.* » On retrouve dans les mots de Delphine Batho la démarche d'autocritique prônée par la philosophe Corine Pelluchon pour « renouer avec les Lumières dans un processus d'émancipation qui concerne à la fois l'autonomie de la pensée, le gouvernement de soi et les conditions de la liberté politique[9] ». La réappropriation du principe d'égalité comme stratégie de mobilisation et d'action n'est ainsi pas contradictoire, mais revendiquée comme cohérente et stratégique, avec une lecture critique de ce principe.

Lors de la campagne en faveur de l'accès à la PMA pour toutes au moment des débats sur le mariage pour tous en 2012-2013, Alice Coffin se rappelle qu'un des « *panneaux du collectif Égalité Oui oui oui [Oui au mariage, oui à la filiation, oui à la PMA] était "Oui Oui Oui égalité"* ».

---

9. Corine Pelluchon, *Les Lumières à l'âge du vivant*, *op. cit.*, p. 14.

Elle explique que la mise en cohérence du droit vis-à-vis de l'égalité de traitement et de la non-discrimination a été « *un argument politique très fort dans la revendication pour le mariage pour tous* ». Aurore Foursy, présidente de l'Inter LGBT, le confirme en précisant que dans la campagne en faveur du mariage pour tous, la « *communication était autour du mot égalité. On avait mis inégalité et on barrait le "in" devant pour faire apparaître égalité. C'est par ce biais-là qu'on a gagné le combat, en expliquant qu'on n'était pas des sous-citoyens mais qu'il est normal d'avoir accès aux mêmes droits.* » Elle précise néanmoins que la défense de la liberté et de l'égalité en droit de toutes les personnes humaines « *doit être complétée par la prise en compte des besoins spécifiques des individus* », les personnes intersexes n'ayant par exemple pas les mêmes besoins que les personnes cisgenres dont l'identité de genre ressentie correspond au sexe assigné à la naissance. Il est donc fondamental, selon elle, de ne pas s'en tenir à une « *égalité toute simple* », mais de reconnaître et de respecter la dignité de chaque personne en fonction de sa spécificité et de sa singularité.

Emmanuel Bodinier et Jérôme Bar, cofondateurs d'AequitaZ, revendiquent aussi la centralité du principe d'égalité, considéré comme « *fondateur* » de leurs engagements, sans l'opposer, mais en l'articulant, avec l'équité. Le parcours qui les a menés à choisir le nom de l'association est révélateur de leur conception dynamique et fluide du principe d'égalité. D'abord attirés par le terme latin « *aequitas* », ils ont été amenés à réfléchir au-delà de ce terme très courant sur internet pour désigner des organisations. Leur lecture d'Hakim Bey, connu pour ses écrits sur la culture pirate, ses incitations au terrorisme poétique, et sa théorisation des

« zones d'autonomie temporaires »[10], les TAZ – selon la dénomination anglo-saxonne, Temporary Autonomous Zones –, les a amenés à prendre conscience que « *l'égalité se crée dans des zones d'autonomie jamais stabilisées* ». Selon eux, « *il y a une dimension de recherche active qui est un horizon qu'on n'atteint jamais totalement, comme sur la mer, mais qui nous donne la direction dans laquelle on a envie d'aller. L'équité et les zones d'autonomie temporaires, cela a donné de A à Z. [...] On voulait faire se rencontrer des mondes qui vivaient à deux bouts de l'alphabet différents, aux deux bouts de la société. On avait envie de croiser les savoirs sans présumer qu'un savoir était au-dessus d'un autre et sans mettre à plat des opinions.* » L'attachement au principe d'égalité est aussi revendiqué par Inès Seddiki, présidente-fondatrice de Ghett'up, une association pensée par et pour des jeunes de quartiers, afin de dépasser leur écosystème local. Elle le qualifie d'« *aussi important que le principe de justice sociale et d'équité* » et affirme que « *pour que l'égalité soit réelle, il faut qu'elle le soit des deux côtés, c'est-à-dire qu'il faut porter des plaidoyers auprès des populations dominantes et faire un travail avec les jeunes pour qu'ils comprennent qu'ils sont égaux, sinon c'est du paternalisme* ». Elle défend « *la nécessité de réhabiliter la notion d'égalité car elle n'a pas la dimension morale de la dignité et c'est un argument puissant puisque c'est un principe de droit ancré dans notre histoire républicaine* ».

---

10. Hakim Bey, *Zone d'autonomie temporaire, TAZ*, Paris, Éditions de l'Éclat, 1997.

Une émancipation dans la non-domination

Un détour par la théorie de l'instruction publique de Nicolas de Condorcet permet de comprendre le dépassement du dilemme égalité/différence en explicitant la centralité de l'égalité dans le projet politique consistant, non pas à rendre les êtres humains identiques, mais à en faire des citoyen·ne·s. Selon ce mathématicien philosophe engagé pour l'égalité[11], membre en particulier de la Société des amis des Noirs, « l'égalité ne se juge pas à la limitation et à la parcimonie du savoir dispensé par l'Instruction publique, elle s'apprécie au degré d'indépendance intellectuelle et à la dignité qu'elle accorde à chaque citoyen (instruction élémentaire), quel que soit le niveau de connaissance atteint[12] ». Conscient de l'existence de disparités entre les individus, il ne considère pas que l'instruction publique puisse les effacer, mais qu'elle doit faire en sorte qu'elles ne se convertissent pas en moyen de domination. L'enjeu est « que chacun soit assez instruit pour exercer par lui-même, et sans se soumettre aveuglément à la raison d'autrui, [ce] dont la loi lui a garanti la jouissance[13] ».

C'est parce qu'il comprend l'égalité dans cette acception émancipatrice que Saïd Bouamama, sociologue, auteur de nombreux ouvrages dont en 2008 *La France. Autopsie d'un mythe national*[14], cofondateur du Front uni des immigrations et des quartiers populaires (FUIQP),

11. Jean-Antoine-Nicolas de Caritat de Condorcet, « Sur l'admission des femmes au droit de cité », *Journal de la société de 1789*, 3 juillet 1790.
12. Catherine Kintzler, *Condorcet. L'instruction publique et la naissance du citoyen*, Paris, Sycomore, 1984, p. 184.
13. Jean-Antoine-Nicolas de Caritat Condorcet, *Cinq mémoires sur l'instruction publique*, Paris, Flammarion, 1994, p. 61-62.
14. Saïd Bouamama, *La France. Autopsie d'un mythe national*, Paris, Larousse, 2008.

appelle à la vigilance face à la tentation de remplacer ce principe par un terme moins fort. Cette tentation est, selon lui, un « *piège* » qui ne tient pas compte du fait que la force de l'égalité réside dans sa transversalité. L'égalité prend sens dans le « *refus de la domination.* [...] *Il n'y a pas de domination qui ne soit pas suivie d'inégalités, et il n'y a pas d'émancipation qui ne soit pas corrélée à l'égalité* ». Conscient des critiques faites envers l'usage du terme d'égalité, il note que cette dernière a été instrumentalisée par des approches réformistes participant de la reproduction des dominations. Cependant, il soutient qu'« *il est hors de question d'associer le terme d'égalité à ceux qui ont tenté de l'instrumentaliser, de le déformer, de le dévitaliser. Au contraire, il faut lui redonner le sens qu'il a eu au cours de l'histoire des dominations, car c'est autour de cette notion d'égalité que les gens se sont mobilisés et ont fait l'histoire.* » Vouloir remplacer ce terme ne résoudrait rien, selon lui, et n'empêcherait pas de « *tomber dans les mêmes pièges* ». Il lui semble certes légitime de revendiquer la dignité face au « *mépris, à l'invisibilisation et à la négation* » ; toutefois, « *la dignité est une condition nécessaire mais pas suffisante de l'égalité* ». Ne pas se satisfaire de la dignité et vouloir l'égalité, c'est « *vouloir plus* ». C'est cet objectif qu'explicite Majdelil, elle aussi militante du FUIQP, en l'associant à une recherche de l'égalité « *au quotidien* » : « *que mon action puisse avoir un effet sur le réel des personnes racisées et que l'égalité nous soit accordée.* » La prise en compte des différences de situation est, pour elle, une étape vers « *un objectif de long terme* », « *une utopie* » : la société égalitaire. « *Une société qui, peu importe les différences des individus, peu importe leur appartenance, peu importe leurs choix individuels, leur origine ou leur orientation sexuelle, etc., [...] apporte un même traitement.* »

Dans la même perspective, Dominique Sopo, président de SOS Racisme, affirme que « *l'antiracisme tel qu'on le conçoit est évidemment fondé fortement sur le principe d'égalité puisqu'avant tout, ce que nous percevons du racisme et ce que nous en dénonçons, c'est le fait que nous soyons sur des idéologies qui peuvent se transformer en pratique, qui remettent en cause l'égalité des droits et de traitement des personnes dans la société* ». L'antiracisme agit au niveau structurel pour « *la destruction de la puissance classificatoire de la notion de race* » et participe d'« *un mouvement d'émancipation, d'épanouissement des individus* ».

Renard, qui habitait la zone à défendre (ZAD) de la Dune à la date de l'entretien, appréhende lui aussi l'égalité et la liberté de manière conjointe et imbriquée. Cette ZAD, qui s'opposait à la construction d'un port de plaisance à Brétignolles-sur-Mer, a été évacuée et incendiée le 8 avril 2020 pendant le confinement[15]. Iel[16] qualifie l'égalité de « *primordiale même si on cherche tous aussi la liberté* ». Iel explique sa priorisation de l'égalité en précisant : « *je pars du principe que je ne peux pas être libre si tout le monde autour de moi n'est pas libre.* » Son engagement en tant que « militant·e » pour différentes causes s'inscrit ainsi clairement dans la liberté de non-domination théorisée par Philip Pettit. L'articulation entre les principes d'égalité et de liberté est aussi défendue par Patrick Viveret, membre de l'Archipel citoyen Osons les jours heureux, qui souligne à la fois le « *rôle important* » joué par le principe d'égalité et la

---

15. Laurie Debove, « La ZAD de la Dune expulsée et brûlée en plein confinement, ses habitants rejetés dehors sans protection sanitaire », *La Relève et la Peste*, 9 avril 2020, en ligne sur https://lareleveetlapeste.fr/la-zad-de-la-dune-expulsee-et-brulee-en-plein-confinement-ses-habitants-rejetes-dehors-sans-protection-sanitaire/
16. Ce pronom neutre a été choisi par la personne interviewée.

nécessité de le penser et le porter en articulation avec « *d'autres principes* », notamment celui de liberté, pour qu'il participe d'un horizon d'émancipation. Il précise que « *d'une façon générale, tout principe absolutisé et qui n'est pas mis en rapport avec d'autres principes court ce risque. C'est encore plus net avec un principe tel que celui de liberté. On voit bien que l'instrumentation est possible si l'égalité est en quelque sorte absolutisée.* »

Isabelle Attard, archéozoologue, directrice de musée, ancienne députée EELV puis Nouvelle Donne de la 5ᵉ circonscription du Calvados (2012-2017) a publié en 2019 *Comment je suis devenue anarchiste*[17]. Le principe d'égalité se comprend, pour elle « *forcément en lien* », notamment avec celui de liberté. Elle qualifie ce lien du « *plus fort qui existe* » car « *l'un ne va pas sans l'autre* ». Le principe d'égalité fonde celui de lutte contre les dominations, central dans son projet anarchiste. En effet, du principe d'égalité procède « *tout ce qui est lutte contre les dominations ou contre les oppressions, et qui dit lutte contre les dominations dit féminisme, écologie, respect des êtres vivants et une réflexion qui découle de notre place sur cette Terre, nous en tant qu'espèce humaine* ». Elle souligne l'importance « *de ne pas mettre d'échelle ou de priorité parce que, [...] tout est lié dans une même philosophie de vie. Je ne place pas un combat au-dessus de l'autre, mais encourage une réflexion globale, incluant la domination patriarcale et la déconstruction de l'omniprésence du pouvoir de l'homme sur la nature amenant à la réflexion sur le rapport aux ressources naturelles.* » L'imbrication des engagements écologistes et d'émancipation est aussi abordée par Maxime de

---

17. Isabelle Attard, *Comment je suis devenue anarchiste*, Paris, Seuil, 2019.

Rostolan, initiateur de l'archipel La Bascule, à travers sa prise de conscience que la préservation et le partage des communs, au sens de ressources communes et vitales, s'inscrivent dans l'élaboration d'un nouveau commun démocratique associé à une exigence de justice sociale. Il explique que l'initiative de l'archipel La Bascule veut, en s'inspirant du poète Édouard Glissant, mettre en relation des collectifs autonomes se définissant en faveur du basculement vers un modèle de société résilient et respectueux du vivant. Il précise que c'est en se « *frottant aux questions de l'eau, de l'agriculture, et de l'alimentation* », qu'il a « *compris, petit à petit, qu'on n'aurait pas de transition écologique ou sociale sans transition démocratique* ». Il souligne que « *les vrais soucis de notre démocratie, en tout cas de notre système démocratique, c'est effectivement une injuste répartition des richesses. On est loin, loin, loin de l'égalité et clairement cette valeur ou cette notion, on voit que c'est une des valeurs qui a été le plus perdue.* »

Gustave Massiah, dit « Gus », membre du conseil scientifique d'Attac France et du conseil international du Forum social mondial (FSM), éclaire l'articulation entre les principes et entre les différents types de lutte contre les injustices à travers une analyse longitudinale de l'évolution de la narration de l'engagement. Ancien président du Centre de recherche et d'information pour le développement (CRID) et ancien vice-président d'Attac (2003-2006), il affirme que « *dans la période 45-80, et même dès la fin de la Première Guerre mondiale, la question de l'égalité était devenue une question centrale. Elle avait donné naissance à une nouvelle vision, la proposition fordiste et keynésienne, c'est-à-dire le New Deal, adopté par Roosevelt en 1933 mais appliqué en 1945. Dans le New Deal, il y a l'idée d'une négociation entre les classes sociales dans le cadre de l'affrontement*

*avec l'Union soviétique. Il y a un narratif d'égalité, et de déco-
lonisation qui a repris ce narratif du rôle de l'État pour instaurer l'égalité.* » Ainsi, dans les années 1968, « *la question
des discriminations et du racisme n'était pas la question qui
apparaissait comme principale [...]. Elle était considérée comme
fondamentale mais devant être résolue par le passage au socialisme.* » Il considère que la fin des années 1970 marque
« *une rupture complète* » dans la mesure où « *l'indépendance
[des anciennes colonies] est liée à la prise de conscience des
énormes inégalités et on se rend compte que la libération politique
ne suffit pas à résoudre la question des inégalités* ». Il associe
le passage de la question de la décolonisation à celle des
discriminations à deux moments politiques forts : la
Déclaration universelle des droits des peuples faite à
Alger en 1976 et la création du Tribunal permanent des
peuples en 1979, tribunal d'opinion indépendant des
États dont le but est de restaurer l'autorité des peuples
lorsque les États et les organisations internationales ont
échoué à protéger les droits des peuples[18]. C'est pendant cette période qu'il considère que « *la question de
l'égalité est devenue une question tout à fait centrale avec la
prise de conscience de la relation extrêmement forte entre inégalité et discrimination* ». La fin des années 1970 correspond aussi « *à une nouvelle phase du capitalisme avec le
néo-libéralisme* ». Avec la remise en cause du keynésia-
nisme, le nouveau narratif du capitalisme est alors celui
« *de la réussite individuelle et de la liberté des capitaux* ». La
présidence de Jimmy Carter (1977-1981) rend explicite,

---

18. Les sentences du tribunal sont, aujourd'hui encore, remises à des instances telles
que la Cour européenne des droits de l'homme, des commissions de l'Organisation
des Nations unies (ONU) ou des organisations humanitaires. La dernière session a eu
lieu à Paris en janvier 2018 et portait sur les violations des droits économiques, sociaux
et culturels des migrant·e·s, notamment sur le territoire français.

selon lui, « *que la démocratie, c'est le marché, ce n'est plus l'égalité. Il faut accepter que les inégalités soient une preuve de bonne santé économique.* » Cette analyse historique l'amène à considérer que « *la montée du néo-libéralisme se fait contre l'égalité, sous le masque de la liberté* ». Un tel constat lui a fait prendre conscience, au début des années 1980, de la nécessité de ne pas tomber dans le piège de la mise en concurrence de la liberté et de l'égalité. Sa réponse a été de considérer cette dernière dans son acception forte de remise en cause des dominations politiques et individuelles.

Cette méfiance à l'égard d'un langage de la liberté utilisé pour masquer des inégalités, des discriminations et même des violences, Emmanuelle Piet, médecin de protection maternelle et infantile en Seine-Saint-Denis, présidente du Collectif féministe contre le viol, l'exprime tout autant. Malgré la centralité des liens entre égalité et liberté, il importe, d'après elle, de « *ne pas travestir en liberté les violences bien apprises* ». Elle avance ainsi une lecture critique du terme de consentement, qu'elle associe à la liberté de consentir à la domination. Elle affirme que « *se battre pour le consentement, en particulier au port du voile et à la prostitution, c'est être un allié objectif du dominant, c'est ne rien comprendre à l'emprise, au post-traumatisme* ». Si elle considère que « *le féminisme est mieux porté qu'il y a cinquante ans* », « *qu'il a progressé au point de vue international* », elle rappelle que ce qui est en jeu, c'est la lutte « *contre la domination masculine et l'oppression des femmes, pour l'égalité* ». Elle fait une distinction claire entre l'égalité pensée comme émancipation et la liberté réduite à des bricolages individuels ne remettant pas en cause la domination structurelle. Dans la même perspective, Monique Dental a fondé le Collectif de pratiques et de réflexions féministes Ruptures dans les années 1980[19] en cherchant à mettre en œuvre le principe bourdieusien selon lequel « *il ne peut pas y avoir de réflexion sans pratique et inversement* ». Elle considère que si l'égalité n'est abordée que comme un horizon « *intrinsèque aux rapports avec les hommes, le droit est bloqué car on court après un rattrapage de l'égalité formelle* ». L'enjeu est de penser et porter ensemble l'égalité et la liberté afin de nommer et dépasser le système patriarcal. Selon elle, « *la question de l'articulation liberté/égalité est au cœur du féminisme comme mouvement social organisé. La seule solution pour être transformateur est d'agir en même temps sur les deux aspects* ». Typhaine D, artiste et formatrice féministe, fait elle référence à la féministe américaine Andrea Dworkin pour souligner que « *le mot égalité est trop important pour en faire un enjeu au rabais* ». Cette exigence a des implications pratiques dans la mesure où, notamment, « *il n'y a pas d'égalité tant que le viol subsiste* ». Elle considère que « *l'égalité est la notion la plus importante de la trilogie* », l'enjeu est de « *tout recommencer en éradiquant le virilisme* » et en appréhendant la liberté en lien avec les conditions pour que chacune et chacun puisse « *exercer [ses] capacités en sécurité* ». Concrètement, il s'agit de remettre en cause « *un système d'oppression* », et non de laisser « *dévoyer le concept de liberté par les oppresseurs à leur seul profit* ».

Dans une analyse de l'évolution de l'engagement pour défendre les droits des étranger·ère·s, Danièle Lochak, professeure émérite de droit à l'université Paris-Nanterre, ancienne présidente (1985-2000) et membre du Groupe d'information et de soutien des

---

19. Alban Jacquemart et Jacqueline Laufer, « Monque Dental, féministe en ruptures », *Travail, genre et sociétés*, 42, 2019, p. 5-22.

immigrés (Gisti) et de la Ligue des droits de l'homme, insiste sur l'articulation nécessaire entre la liberté, l'égalité et le droit en vue de donner toute son envergure au principe d'égalité. Elle explique comment « *aujourd'hui, le principe d'égalité est devenu primordial, notamment lorsque nous réclamons [...] la liberté de circulation, expression par excellence du principe d'égalité* ». Elle rappelle que quand le Gisti a été créé en 1972, de la rencontre entre des travailleur·euse·s sociaux·ales, des militant·e·s associatif·ive·s en contact régulier avec des populations étrangères et des juristes, il s'était assigné pour tâche de « *défendre les étrangers sur le terrain du droit, de faire respecter la légalité* ». Il n'entendait pas pour autant abandonner le combat politique pour transformer la condition des étranger·ère·s. Aujourd'hui cette lutte apparaît plus nécessaire que jamais : s'il faut veiller au respect des lois, il faut plus encore exiger leur conformité avec les principes fondamentaux de liberté et d'égalité. Elle précise que « *le principe d'égalité doit s'entendre non seulement comme un principe de non-discrimination et de façon strictement juridique, puisque les différences de traitement peuvent toujours, sur le terrain du droit, être justifiées par une différence de situation ou par l'intérêt général, mais aussi comme un objectif de justice sociale ou de justice tout court* ». Ainsi, ajoute-elle, « *revendiquer la liberté de circulation est bien une façon de tirer toutes les conséquences du principe d'égalité en refusant le partage du monde en deux humanités dont l'une peut circuler librement, tandis que l'autre est assignée à résidence et ne peut se déplacer qu'en risquant son intégrité physique et sa vie* ».

Samuel Grzybowski, fondateur en 2009 de Coexister, une association consacrant ses réflexions et activités aux questions du vivre ensemble et de la création du lien social « pour favoriser la paix pour toutes et tous et l'inclusion pour chacune et chacun[20] », explique que « *le caractère fondamental de l'égalité lui est apparu à travers une prise de conscience, une maturité progressive* ». Il confie avoir compris par l'expérience militante, au bout de dix ans d'engagement, ce que voulait dire cette phrase à laquelle il a été « *biberonné* » : « *pas de paix sans justice* ». Les difficultés dans la croissance de Coexister l'ont amené à comprendre « *qu'il n'y a pas de lien possible dans une relation dissymétrique* ». Aux débuts de l'association, l'objectif était plutôt « *la conciliation de différences que le rétablissement de la symétrie. C'est avec le temps de l'engagement qu'on a pris conscience que dans les liens qu'on essayait de créer il y avait des dissymétries de pouvoir, d'opportunité, de chance, d'expérience... Ce sont ces dissymétries qui nous ont d'abord invité à militer contre l'antisémitisme et l'islamophobie, pour protéger les victimes parmi nous et, dans un second temps, à nommer explicitement l'égalité, et même l'égalité au pluriel, pour nommer les 25 critères d'égalité en miroir des 25 critères de discrimination.* » Par ses rencontres avec des détenus condamnés pour des faits de terrorisme et par sa lecture des rapports du Centre de prévention de la radicalisation menant à la violence (CPRMV), il explique avoir compris que « *le processus de radicalisation est toujours rendu possible parce qu'il y a une promesse d'égalité qui est non tenue* ». Selon lui, il y a une rupture générationnelle dans la conception de l'égalité : tandis que pour les générations précédentes,

---

20. En ligne sur https://www.coexister.fr/notre-plaidoyer/

« *pour nos aînés, c'est l'égalité de dignité, de droit théorique, de valeur* » qui importe, « *pour nous, le principe d'égalité est déjà pris dans son acception augmentée, c'est-à-dire l'égalité des opportunités et l'égalité des pouvoirs symboliques, politiques, culturels, sociaux* ».

L'appréhension de l'égalité par Julien Bayou, secrétaire national EELV, comme un principe central pour porter une émancipation partagée à la fois juste et écologique illustre les limites d'une lecture opposant deux groupes de militant·e·s, les aîné·e·s et les jeunes. Il a participé à la fondation des collectifs Génération précaire en 2005, qui dénoncent la condition des stagiaires, ainsi que Jeudi noir en 2006, qui faisait des visites festives d'appartements à louer ou des « réquisitions citoyennes » de bâtiments vides afin de sensibiliser les médias et l'opinion publique à la crise du logement. S'il considère le triptyque « Liberté, Égalité, Fraternité » comme au fondement de ses engagements, il souligne que « *les défis sont plus forts que l'égalité de droit* » dans la mesure où « *dans une conception écologiste de l'interdépendance, l'égalité ne peut pas être abordée de manière sèche, mais avec la fraternité qui sous-tend la notion de solidarité, à la fois comme attention et soin à l'autre* ». Il se retrouve dans la citation d'Albert Camus selon laquelle « la liberté est un bagne aussi longtemps qu'un seul homme est asservi sur la terre ». Le contexte de la pandémie de Covid-19 participe, selon lui, d'un moment de bousculement et d'une accélération dans la prise de conscience à la fois de notre interdépendance et du fait que « *ce sont les plus vulnérables qui souffrent le plus des dérèglements et des crises que cela soit entre pays ou au sein d'un même pays* ». Selon lui, être écologiste, c'est ainsi « *une question de justice* », comme être féministe ou lutter contre le racisme, dans la mesure où il s'agit, selon le principe à la base du développement durable, « de satisfaire les besoins des plus vulnérables sans compromettre la capacité des générations futures à faire de même ». Fort de cette conviction, il invite à se méfier de « *l'épiphanie égalitaire d'Emmanuel Macron dans sa gestion de la Covid-19* », avant d'affirmer qu'« *à travers une méritocratie aveugle au contexte, ses actions portent l'égalité du loup et de l'agneau dans la bergerie, et que ses aides arrosent là où c'est déjà mouillé* ».

Les responsables d'association et les activistes se réappropriant l'égalité appréhendent ainsi cette dernière comme un principe exigeant une déconstruction des dominations héritées et son imbrication avec la liberté, entendue comme un horizon d'émancipation dans la solidarité. Elles·ils revendiquent de s'inscrire à la fois dans une forme de maturité militante construite dans le temps long et dans une modernité incarnée par les nouvelles générations. Ces positionnements font écho aux études menées dès les années 1970 par Ronald Inglehart[21], ainsi qu'à celles de Pippa Norris[22], montrant l'affaiblissement de la dimension institutionnelle du rapport à la politique affectant les liens aux partis politiques et de la participation électorale des générations après le *baby-boom*, lesquelles privilégient de nouvelles formes d'activisme ou de participation. Russel Dalton insiste lui aussi sur cette différence générationnelle, et sur l'effacement de ce qu'il appelle une citoyenneté du devoir,

21. Ronald Inglehart, *The Silent Revolution*, Princeton (N. J.), Princeton University Press, 1977.
22. Pippa Norris, *Critical Citizen : Global Support For Democratic Governance*, Oxford, Oxford University Press, 1999.

duty-based citizenship, au profit d'une citoyenneté d'engagement, *engaged citizenship*, marquée par une autonomisation de répertoires et de formes d'expression[23]. Dans la même perspective, la politiste Anne Muxel souligne que « les "enfants du désenchantement" n'ont pas quitté le terrain politique. Ils ne sont pas dépolitisés. Ils sont politisés autrement[24] ». La « reconnaissance des clivages et des fractures sociales et politiques qui traversent la jeunesse française n'empêche pas d'identifier certains grands traits communs et spécifiques à leur génération. Le rejet des médiations politiques traditionnelles n'est pas sans répercussions sur leur conception de la citoyenneté qui fait appel, d'une part, à plus de démocratie directe et participative et, d'autre part, légitime la protestation tout autant que l'abstention[25]. » L'analyse de mon enquête qualitative met en évidence la complexité du rapport au principe d'égalité qui ne se réduit pas à une grille de lecture générationnelle[26].

Égalité de considération et égalitarisme dans l'antispécisme

Lorsque les mobilisations ont pour objectif d'appliquer le principe d'égalité à des individus historiquement exclus de la communauté politique, celui-ci a

23. Russel Dalton, *The Good Citizens : How a Younger Generation is Reshaping American Politics*, Washington (D. C.), CQ Press, 2007.
24. Anne Muxel, *Avoir 20 ans en politique. Les enfants du désenchantement*, Paris, Seuil, 2010.
25. Anne Muxel, *Politiquement jeune*, La Tour-d'Aigues et Paris, Éditions de l'Aube et Fondation Jean Jaurès, 2018, p. 52.
26. Voir en particulier Olivier Fillieule (dir.), *Le Désengagement militant*, Paris, Belin, 2005.

d'emblée une portée transformative. C'est en particulier le cas pour les mobilisations antispécistes dans lesquelles il est appréhendé comme un horizon d'égale considération pour tou·te·s les individu·e·s sentient·e·s quelle que soit l'espèce animale à laquelle elle·il appartient[27]. Le principe d'égalité est alors perçu non pas comme une novlangue participant de l'occultation, voire de la perpétuation, des dominations, mais comme central à la transformation profonde des rapports entre individus humains et non humains.

Yves Bonnardel, compagnon de route de la première heure des *Cahiers antispécistes* et de la Veggie Pride, se définit ainsi comme un égalitariste, au sens de la philosophie morale de Peter Singer[28], pour la prise en compte égale des intérêts de chacun·e : « *C'est un égalitarisme qui va au-delà de la sphère de l'espèce humaine, qui concerne l'ensemble des êtres qui ont des intérêts à défendre c'est-à-dire l'ensemble des êtres sentients, qui ressentent des sensations et des émotions.* » Élevé par un père maoïste, « *très engagé dans la lutte des classes et pour une égalité réelle – au sens marxiste du terme – au-delà d'une égalité formelle, c'est-à-dire pour le fait que la société soit organisée de façon à ce que les individus puissent, d'une façon similaire, s'épanouir, réaliser leurs rêves* », il découvre les luttes contre la domination adulte[29] – c'est-à-dire la remise en cause de la structuration sociale et juridique

---

27. Yves Bonnardel, Thomas Lepeltier et Pierre Sigler (dir.), *La Révolution antispéciste*, Paris, PUF, 2018.
28. Peter Singer, *Animal Liberation : A New Ethics for Our Treatment of Animals*, New York (N. Y.), Harper Collins, 2015 [1975] ; trad. fr. par Louise Rousselle relue par David Olivier, *La Libération animale*, Paris Grasset, 1993.
29. Yves Bonnardel, *La Domination adulte. L'oppression des mineurs*, avant-propos de Christine Delphy, Méréville, Le Hêtre-Myriadis, 2015.

autour de la minoration des enfants légitimant leur domination par les majeurs, les adultes – aussi bien que l'antispécisme[30]. L'égalité « *articule [ses] différents combats autour de la notion de prise en compte égale des intérêts des uns et des autres* ». Il la considère « *juste en soi, au niveau éthique, mais ce n'est pas pour cela qu'[il se] bat pour elle, c'est parce que c'est un moyen privilégié pour aller vers moins de souffrance et plus de plaisir, de bonheur pour tout le monde* ». Il analyse la perte d'intérêt, la méfiance, voire la dépolitisation paradoxale de l'idée d'égalité comme le fait de « *personnes qui sont dans des luttes où l'égalité est censée être acquise* », tout au moins juridiquement, « *à un niveau formel* » comme pour l'égalité femmes-hommes et l'origine ethnique, et non dans des « *luttes où les personnes restent fondamentalement dominées, de façon écrasante : les animaux, les enfants et les luttes pour une égale répartition des richesses au niveau mondial* ». Selon lui, un autre problème est que l'égalité est souvent appréhendée et pensée comme l'égalité entre les dominé·e·s et les dominant·e·s. Cette revendication est, pour lui, un « *non-sens* » puisque l'égalité « *nécessite une refonte des rapports sociaux* ». Il prend l'exemple de l'égalité femmes-hommes pour affirmer qu'elle est pensée comme « *l'accession des femmes au statut social des hommes, alors que la revendication est plutôt l'abolition du patriarcat, et un certain nombre de changements sociétaux* ».

David Olivier, fondateur des *Cahiers antispécistes* et de la Veggie Pride, se place dans la perspective utilitariste

---

30. Axelle Playoust-Braure et Yves Bonnardel, *Solidarité animale. Défaire la société spéciste*, Paris, La Découverte, 2020.

initiée par Jeremy Bentham[31]. « *L'utilitarisme, plutôt que d'affirmer une égalité d'essence ou de dignité des individus, défend l'égalité de prise en compte de leurs intérêts : ni la naissance (noblesse...), ni le sexe, la classe sociale, la nationalité, l'ethnie, l'orientation sexuelle, les capacités intellectuelles, ni encore l'espèce, ne sont en soi des raisons valables pour moins compter les intérêts d'un être sentient.* » Cette « *égalité négative* », dit-il, « *n'a nul besoin de l'affirmation d'une fictive et forcément fragile égalité d'essence des individus, et constitue la seule forme d'égalité que peut reconnaître l'antispécisme* ». Elle lui semble « *être à même de fédérer l'ensemble des luttes contre les injustices, qu'elles soient antiracistes, antisexistes, anti-capacitistes et ainsi de suite..., avec la lutte antispéciste, sous une même logique anti-essentialiste* ».

On retrouve dans cette analyse l'un des diagnostics posés par le philosophe Will Kymlicka sur les limites des mobilisations de gauche qui n'arrivent pas à s'émanciper de l'anthropocentrisme et du suprémacisme humain[32]. Le dépassement de la dichotomie humain/non-humain est alors présenté comme une étape nécessaire pour porter une société libérée des dominations et oppressions entre humains. La déconstruction des catégories de la domination doit se faire conjointement pour les individus qui se trouvent assignés à des groupes humains associés à la *presque-humanité* par leur animalisation, et pour les individus animaux non humains, définis comme

---

31. Jeremy Bentham, *An Introduction to the Principles of Morals and Legislation*, New York (N. Y.), Dover Publications, 2007 [1780].
32. Will Kymlicka, « Pourquoi les animalistes sont-ils toujours les orphelins de la gauche ? », *L'Amorce*, 21 juin 2019, en ligne sur https://lamorce.co/pourquoi-les-animalistes-sont-ils-toujours-les-orphelins-de-la-gauche/

sous-humains[33]. À propos de la difficulté, voire de l'incapacité, à penser et porter ensemble l'émancipation des
presque-humains et des sous-humains en unissant ces
luttes, Mata'i Souchon, co-organisateur de la Journée
mondiale pour la fin de la pêche et des Estivales de la
question animale, rattache la difficile réception de
l'antispécisme par les milieux militants féministes, antiracistes et LGBT au fait qu'« *à gauche, l'égalité cela veut
dire l'égalité entre humains* ». D'après lui, « *l'égalité entre
humains est revendiquée en oubliant des milliards d'individus* », plus encore en s'en démarquant. Les féministes
vont ainsi dire « *on n'est pas des poules* » et les personnes
subissant le racisme « *on n'est pas des singes* ». Lorsqu'à
l'inverse des antispécistes font des comparaisons entre
les violences subies par les animaux et les humains, cela
va être perçu – explique-t-il – comme une indécence
qui vient discréditer la lutte commune. Mata'i Souchon
donne ainsi l'exemple de la Veggie Pride lancée
en 2001, qui avait été bien accueillie alors par l'Inter
LGBT, mais qui, quelques années plus tard, a dû faire
face à un torrent d'insultes *via* les réseaux sociaux
dénonçant comme « *insupportable* » la comparaison
entre les personnes LGBT et les animaux. Aussi
conclut-il à l'existence d'une « *végéphobie dans les milieux
égalitaristes* », qui correspond, selon lui, à « *une hiérarchisation des victimes et des causes* ».

Cette situation est perçue comme d'autant plus
regrettable qu'elle bloque la possibilité d'alliance entre
mobilisations, comme le souligne Axelle Playoust-
Braure, elle aussi co-organisatrice des Estivales de la

---

33. Will Kymlicka « Human Rights Without Human Supremacism », *Canadian Journal
of Philosophy*, 48 (6), 2018, p. 763-792.

question animale, et corédactrice en chef de *L'Amorce.
Revue contre le spécisme*. C'est de manière évidente
qu'existe d'après elle « *une convergence théorique* » entre
féminisme, antiracisme et antispécisme dans la mesure
où « *le sexe, l'espèce comme la race sont des critères arbitraires
qui ne peuvent en eux-mêmes être pertinents pour discri-
miner* ». La notion d'égalité est fondamentale dans son
militantisme au sens d'égalité de considération : « *l'idée
n'est pas d'être aveugle aux différences et de défendre une stricte
égalité de traitement* » car « *les animaux et les humains ne
sont pas semblables en tout point, mais plutôt de défendre une
égalité de considération des intérêts partagés, comme l'intérêt
à vivre ou à ne pas souffrir* ». Face aux critiques visant les
antispécistes qui comparent les expériences de violences envers les animaux et les humains, notamment
en parlant de viol ou d'holocauste, elle répond que
« *quand on parle d'antispécisme, on parle de rapports sociaux
entre des classes : les humanisés et les animalisés. L'antispécisme concerne tous ceux qui sont animalisés. Les femmes, en
tant qu'animalisées, sont donc elles aussi les premières concernées du spécisme.* » Pour elle, les dominant·e·s sont aussi
concerné·e·s par la domination, en ce qu'elles·ils en
retirent des privilèges et qu'elles·ils peuvent faire le
choix « *par solidarité* » de les remettre en cause. Tandis
que « *la gauche a tendance à ne compter que sur la conscience
de classe des dominés* », son propos est de souligner
l'importance parfois cruciale, et particulièrement dans
le cas de l'antispécisme, de « *la conscience de classe des
dominants pour faire évoluer les choses* ».

C'est également ce sur quoi insiste fortement Pia
Shazar, porte-parole de Pour l'égalité animale (PEA),
une association basée en Suisse romande et à l'initiative
de campagnes internationales comme la Journée

mondiale pour la fin du spécisme et la Journée mondiale pour la fin de la pêche. D'après elle, il importe de comprendre l'antispécisme comme une mobilisation politique pour l'avènement d'une société égalitaire, au sens d'égalité de considération de tous les individus sentients, et pas seulement comme une philosophie morale ou une exigence individuelle de cohérence avec soi-même. C'est pour atteindre ce but que, dans le contexte suisse, « *le mouvement animaliste s'empare des outils de la démocratie directe* ». Elle cite « *l'initiative populaire pour l'interdiction des abattages sans étourdissement* » approuvée par le peuple et les cantons le 20 août 1893. Soulignant qu'il ne faut pas avoir une « *vision idéalisée de la démocratie directe* » et que, dans un pays conservateur comme la Suisse, les votations visant la justice sociale sont refusées, elle appréhende cet outil comme utile « *pour implanter une question dans le débat public* ».

Dans un même registre stratégique, Melvin Josse et Nicolas Bureau, respectivement directeur et responsable des affaires publiques de Convergence animaux politique, associent leur travail de lobby pour les associations animalistes abolitionnistes ou welfaristes[34] à une « *première étape réformiste et pragmatique pour que le politique rattrape l'opinion publique en termes de prise en considération des intérêts des animaux* ». À travers des rencontres entre les parlementaires et les associations, leur objectif est de faire émerger la condition animale comme un sujet politique et d'identifier un collectif

---

34. Jean-Baptiste Jeangène Vilmer, « Chapitre 1. Diversité de l'éthique animale », *Journal international de bioéthique*, 24, 2013, p. 21-22 : « Certains s'opposent au *fait* d'exploiter les animaux (abolitionnistes), d'autres à la *manière* de le faire (welfarisme). Le but des premiers est d'abolir l'exploitation, celui des seconds d'améliorer le bien-être animal. »

portant cette cause. Ils s'attachent ainsi à créer des synergies, notamment à travers des « *coalitions d'intérêt avec des écologistes et des défenseurs des droits humains* ». Ce faisant, comme un grand nombre d'activistes interviewé·e·s, ils s'inscrivent dans une diversité de tactiques, se donnant cependant pour « *ligne politique [...] celle des petits pas* », avec pour arguments principaux l'opinion publique et l'éthique. Concernant la présence dans le débat public, Melvin Josse souligne que le bon score électoral du Parti animaliste, dont il est l'un des cofondateurs, a contribué à créer un rapport de force, d'autant plus difficile à établir que les opposants à la condition animale, comme les chasseurs, ont un pouvoir financier et un maillage territorial qui leur assure une position importante, en tant que groupe d'intérêt, auprès des élu·e·s et des décideur·e·s politiques.

La politisation de l'antispécisme est aussi abordée par Willène Pilate, militante animaliste, féministe et antiraciste, organisatrice de la Veggie Pride. Elle place l'antispécisme à la jonction de ses différents engagements, en précisant que le principe d'égalité doit être imbriqué avec la libération, que cela soit pour les femmes, les personnes racisées ou les animaux. L'objectif est pour elle, non seulement d'avoir les mêmes droits, mais aussi de se libérer de la domination systémique, relative aussi bien au patriarcat, au racisme qu'au spécisme. Elle place ainsi le principe d'égalité au fondement de ses engagements. En ce qui concerne les animaux, elle affirme que les considérer comme des égaux « *c'est tenir compte de leur propre vie* », avant d'ajouter : « *Oui, leur vie mérite d'être vécue pour eux-mêmes* », et il faut « *qu'il y ait une égale considération de leur bien-être* ».

Brigitte Gothière, cofondatrice et porte-parole de L214 éthique & animaux, inscrit elle aussi son militantisme dans un engagement transversal contre les injustices. Elle a d'abord été engagée à la Croix-Rouge sur les questions humanitaires, contre le racisme et les discriminations, avant de co-créer en 2008 l'association L214 en référence à l'article du code rural reconnaissant pour la première fois en 1976 que « tout animal est un être sensible [qui] doit être placé par son propriétaire dans des conditions compatibles avec les impératifs biologiques de son espèce ». Elle définit l'égalité comme « *la prise en compte des intérêts en partant du principe que les individus, à partir du moment où ils sont sentients, peuvent éprouver des émotions, des sensations, expriment le désir de vivre* ». Elle note que « *dans le cadre de la question animale, la notion d'égalité est souvent utilisée comme repoussoir par ses détracteurs* » qui comprennent les demandes d'égalité comme une exigence d'uniformisation des modes de vie des humains et non-humains. Il s'ensuit, d'après elle, un discrédit des mobilisations pour la défense des droits des animaux « *raillées comme demandant le droit de vote pour les poules* », comme le souligne aussi Mathilde Dorbessan, porte-parole pour la France de l'association Pour une éthique dans le traitement des animaux (PETA). Pourtant, souligne Brigitte Gothière, « *avec plus de mille milliards d'animaux qui sont tués chaque année dans le monde, c'est un enjeu majeur des questions de justice, d'égalité, de compassion, de bienveillance* ».

Concernant les liens entre la justice et l'égalité, Amandine Sanvisens, cofondatrice de l'association Paris animaux zoopolis (PAZ) en 2017, souligne que si « *le principe le plus fondamental, c'est la notion de justice, il n'y a pas de justice sans égalité.* » Tirant son nom de l'ouvrage de Sue Donaldson et Will Kymlicka, *Zoopolis. Une théorie politique des droits des animaux*[35], cette association mène des campagnes notamment au niveau de la ville de Paris pour appliquer les conceptions renouvelées de la citoyenneté portées par ce livre, en particulier pour les animaux liminaires qui vivent à proximité des humains sans pour autant être domestiqués (les rats, les pigeons, les moineaux...). La campagne « Stop au massacre des rats » a ainsi pris la forme d'une sensibilisation des Parisien·ne·s à la situation de cette population animale au moyen d'une campagne d'affichage effectuée en octobre 2018 sur les murs des quais du métro parisien, et de l'envoi d'un courrier collectif signé par dix associations, dont L214 et la Société protectrice des animaux (SPA), et adressé à la mairie de Paris. Cette initiative repose sur une remise en cause de ce qu'ils qualifient de clichés et de préjugés sur les rats, notamment leur nombre ou le fait qu'ils seraient sales ou commettraient des dégradations[36]. Cette approche par la sensibilisation et la déconstruction des stéréotypes au niveau local est portée comme une étape ayant pour objectif de montrer par l'expérimentation qu'une cohabitation entre animaux humains et non humains est non seulement souhaitable, mais aussi possible.

Incarnant une convergence entre engagement LGBT et animaliste, Morgan Zoberman, homme trans engagé dans le milieu queer, a co-organisé les Estivales de la

---

35. Sue Donaldson et Will Kymlicka, *Zoopolis. Une théorie politique des droits des animaux*, Paris, Alma éditeur, 2016.
36. Voir les informations en ligne sur https://zoopolis.fr/nos-campagnes/cohabitons-avec-les-animaux-liminaires/stop-au-massacre-des-rats/

question animale avant de cofonder l'Université d'été de la libération animale (UELA) en avril 2018 afin de créer « un événement animaliste réfléchissant à l'articulation des luttes et refusant toutes les oppressions, reprenant la devise "libération animale – libération humaine"[37]. » L'UELA est définie sur son site internet comme « un espace qui se veut égalitaire, bienveillant et accueillant pour toutes les personnes voulant y participer ». Son objectif est de permettre le développement d'« un mouvement de société global vers plus de justice pour tous les animaux, humains et non-humains ». En ce qui concerne le principe d'égalité, Morgan Zoberman considère que si « *dans l'antispécisme, on fait souvent appel à ce principe, c'est parce qu'on n'a que ça qui nous permette de faire un rempart éthique [contre] la maltraitance animale* ». Après des années de militantisme, il a « *fini par [se] méfier des gens qui font trop souvent appel aux grands concepts* » et émet des doutes sur le fait que les principes, très présents dans les discours antispécistes, régissent « *vraiment nos actions au quotidien* ». S'il y a un domaine où le principe d'égalité doit, selon lui, être central, c'est celui de la convergence des luttes, au sens où « *il s'agit de ne pas prioriser les intérêts d'une lutte sur une autre* ». Adrian Debord, qui a fondé l'UELA à ses côtés et est par ailleurs membre de l'association trans militante lyonnaise Chrysalide, précise que cette université d'été a été mise en place en réponse à certaines organisations du mouvement antispéciste, telles que les Estivales de la question animale, qui – selon lui et d'autres militant·e·s – abordent la question animale

---

37. Voir le site de l'Université d'été de la libération animale, en ligne sur https://uela.fr/a-propos/

en se déconnectant des autres luttes, en particulier anti-racistes, féministes et LGBT. Il qualifie cette division de politique dans la mesure où il y a « *d'un côté des personnes socialement très minorisées, qui vivent des oppressions au quotidien, et l'équipe des Estivales qui est majoritairement composée de personnes appartenant aux groupes sociaux dominants* ». Pour reprendre la typologie de Will Kymlicka, le fait d'expérimenter le renvoi à la presque-humanité amène, selon lui, les minorités sociales à appréhender différemment l'association des animaux non humains à la sous-humanité. Il affirme ainsi que « *l'expérience sociale de l'inégalité conditionne notre approche des inégalités* », « *ce ne sont pas seulement des postures politiques mais aussi des postures humaines* », au sens de ce que chacun·e expérimente.

Au-delà de leurs différences d'approche, voire de leurs divergences, les antispécistes interviewé·e·s appréhendent leur engagement comme participant de la construction d'un commun en devenir, « un devenir avec l'animal »[38], dans/avec la « natureculture » comme y invitent notamment les travaux de la philosophe et biologiste Donna Haraway[39].

L'analyse des usages du principe d'égalité comme levier pour porter un horizon d'émancipation montre que s'il n'est pas consensuel, ce principe est considéré par certain·e·s responsables d'association et activistes

---

38. Dans l'article d'Ana Peterson « Donna J. Haraway. When Species Meet », *Journal of Agricultural and Environmental Ethics*, 21 (6), 2008, Donna Haraway précise que son concept de « *becoming with* » est une reprise du « devenir avec l'animal » de la philosophe des sciences Vinciane Despret.
39. Delphine Gardet, « Au cœur à corps avec le *Manifeste cyborg* de Donna Haraway », *Esprit*, 353, mars-avril 2009, p. 208-217.

comme le plus adapté pour désigner la mise en œuvre de rapports de non-domination. Elles·ils partent d'un constat commun avec celles et ceux qui le rejettent comme trop biaisé et blessé, à savoir celui de son instrumentalisation pour occulter la reproduction des dominations et des exclusions. La différence est qu'elles·ils n'en tirent pas la conclusion que l'égalité ne peut plus porter une démarche transformative, mais défendent au contraire la pertinence idéologique et/ou stratégique de sa réappropriation comme un levier pour tendre vers une société sans exclusions ou discriminations. L'enjeu est de visibiliser les contradictions au cœur des principes républicains, l'égalité mais aussi la liberté et la laïcité en particulier, pour participer de leur mise en cohérence.

Les divergences quant à la place et au rôle donnés au principe d'égalité dans l'engagement ne doivent ainsi pas occulter le fait que les responsables d'association et activistes interviewé·e·s partagent une grille de lecture commune vis-à-vis à la fois de la centralité de la remise en cause des injustices et de la critique des incohérences d'une société française ayant pour devise des principes proclamés comme universels et neutres alors qu'ils sont appliqués différemment en fonction de l'identification des individus à des groupes considérés comme plus ou moins compatibles avec ces principes.

L'analyse de l'enquête qualitative effectuée auprès de 130 responsables d'association et d'activistes concourt ainsi à appréhender le « commun » des mobilisations féministes, antiracistes, écologistes, antispécistes ou de lutte contre la pauvreté à travers le prisme des demandes de reconnaissance, non pas des identités mais des injustices commises, et de réparation des préjudices[40] subis par des individus du fait de leur assignation à des groupes désavantagés illégitimement, qu'ils soient exclus de la communauté des égaux – comme les animaux non humains – ou discriminés. Faut-il voir dans les critiques du principe d'égalité une « mutation anthropologique des sociétés contemporaines »[41], consistant dans le passage d'une modernité caractérisée par un processus égalitaire niant les différences d'essence entre les individus[42] à une modernité où, sans revenir aux hiérarchies prémodernes, des différences se recomposent autour d'aspirations à la justice ?

Les mobilisations contemporaines contre les injustices n'exaltent pas les différences, mais dénoncent l'implication des différenciations dans l'accès inégal aux biens économiques et sociaux. L'objectif est de tendre vers une redistribution, une reconnaissance et une représentation juste comme nous y invite la philosophe Nancy Fraser[43]. À la suivre, la question qu'il convient alors de poser est celle de savoir « qui compte comme sujet de justice »[44]. Elle fait le lien entre le

---

40. Wendy Brown, *States of Injury : Power and Freedom in Late Modernity*, Princeton (N. J.), Princeton Universiy Press, 1995.

41. Sylvie Mesure et Alain Renaut, *Alter ego. Les paradoxes de l'identité démocratique*, Paris, Aubier, 1999.

42. Voir en particulier les travaux d'Alexis de Tocqueville, dont *De la démocratie en Amérique* où il exprime sa « terreur religieuse » à « la vue de cette révolution irrésistible » vers l'égalisation des conditions et la destruction progressive des hiérarchies sociales caractérisant la société aristocratique et garantes de l'ordre social et politique (Alexis de Tocqueville, *Œuvres complètes*, tome 1, volume 1, Paris, Gallimard, 2002, p. 4). Voir aussi Jean-Fabien Spitz, *L'Amour de l'égalité. Essai sur la critique de l'égalitarisme républicain en France, 1770-1830*, Paris, Vrin, 2000.

43. Nancy Fraser, « Le cadre de la justice dans un monde globalisé », dans id., *Le Féminisme en mouvements. Des années 1960 à l'ère néolibérale*, Paris, La Découverte, 2012, p. 257-280.

44. Nancy Fraser, « Qui compte comme sujet de justice ? La communauté des citoyens, l'humanité toute entière ou la communauté transnationale du risque ? », *Rue Descartes*, 67, 2010, p. 50-59.

« qui », le « quoi » et le « comment » du juste. Elle défend le principe selon lequel nous sommes « tous des assujettis », c'est-à-dire des sujets qui se doivent mutuellement justice en raison de « leur assujettissement commun à une structure de gouvernance qui établit les règles de base qui gouvernent leur interaction[45] ». Nancy Fraser nous invite à aborder le « malcadrage » des règles politiques, que les assujettis n'ont pas – ou peu – contribué à construire, à l'aune des tensions entre « quatre conceptions rivales du "qui" de la justice qui se heurtent l'une contre l'autre dans les conflits sociaux actuels : westphalienne, localiste-communaliste, transnationale-régionale, et mondialiste-cosmopolitique[46] ». Dans l'enquête qualitative, ces quatre conceptions sont considérées comme potentiellement concomitantes dans une perspective de diversité des tactiques, avec une priorité donnée à l'une d'entre elles. Nancy Fraser précise que l'enjeu est de développer un modèle crédible de démocratie radicale dans une combinaison de la lutte pour un multiculturalisme anti-essentialiste et pour l'égalité sociale. Elle formule le cri de ralliement pour ce projet en ces termes : « Pas de redistribution ni de reconnaissance sans représentation[47] ». Elle souligne en effet la nécessité d'appréhender les inégalités économiques et culturelles dans leurs interactions et en lien avec le cadrage politique constituant « la scène des luttes[48] » aussi bien en termes de classe que de statut.

---

45. Nancy Fraser, « Qui compte comme sujet de justice ? », art. cité, p. 57.
46. *Ibid.*, p. 51.
47. Nancy Fraser, « Le cadre de la justice dans un monde globalisé », art. cité., p. 269.
48. *Ibid.*, p. 264.

L'entrée dans l'engagement par la dénonciation des injustices permet de comprendre la place centrale donnée aux premier·ère·s concerné·e·s dans les mobilisations contre les inégalités. Elle explique aussi la méfiance vis-à-vis de réponses institutionnelles reposant sur un cadrage pré-constitué et non sur une co-construction par le partage d'expériences et de vécus valorisant le niveau local. Un soupçon de partialité pèse sur toute tentative pour former des énoncés normatifs à validité universelle[49], y compris le principe d'égalité qui se trouve ainsi questionné, à la fois dans sa légitimité et dans son efficacité. Il est associé à un héritage à aborder de manière critique afin de l'émanciper d'une grille de lecture rigide et sclérosante, s'articulant notamment autour des oppositions universalisme/particularisme, raison/émotion, nature/culture. L'enquête qualitative que nous avons effectuée met en évidence que les responsables d'association et les activistes féministes, antiracistes, écologistes, engagé·e·s dans la lutte contre la pauvreté ainsi que les antispécistes se définissent dans un rapport critique à ces catégories, même lorsqu'elles·ils se les réapproprient de manière stratégique. Le politiste Pierre Muller a montré comment la période contemporaine porte une modernité qui se caractérise par sa capacité à s'autotransformer, et pas seulement à se reproduire dans l'appropriation des catégories qui la constituent[50]. Dans ce qui suit, il s'agit d'examiner comment elles·ils soutiennent cette prétention des sociétés contemporaines à se transformer elles-mêmes. Cette question sera étudiée en analysant la

---

49. Jacques Derrida, *Force de loi*, Paris, Galilée, 2005 [1994].
50. Voir Pierre Muller, *La Société de l'efficacité globale*, Paris, PUF, 2015, p. 216.

manière dont les responsables d'association et les acti-vistes interviewé·e·s abordent le « qui », le « quoi » et le « comment » construire un commun juste.

Partie II

Pour une émancipation commune : radicalité du diagnostic et fluidité des réponses

> « Quand on demande "Pourquoi luttons-nous ?" [...]
> Il nous faut penser ensemble les deux aspects du pro-
> blème : le "à cause de" et le "en vue de". Or il se trouve
> que la visée de nos actions, on l'appelle en français, non
> sans raison : la Cause. On se bat toujours pour une cause.
> [...] L'idée de cause condense à la fois la dimension maté-
> rielle et l'apparence formelle, la technique opératoire et
> la projection finale de l'action politique. Formulée dans
> les termes d'Aristote, on dirait que la cause qui anime un
> combat politique, qui est donc comme l'âme des luttes,
> fait de la matière imposée la forme libre de l'action en
> même temps qu'elle transforme le *modus operandi* (les
> moyens déployés) en fin désirable. »
> Étienne Tassin, *Pour quoi nous agissons ? Questionner la
> politique en compagnie d'Hannah Arendt*, Bordeaux, Le Bord
> de l'eau, 2018, p. 11-12.

Associée aux Lumières, la devise « Liberté, Égalité, Fraternité » participe du récit d'une France des droits de l'homme à la fois exceptionnelle et exemplaire. La défiance vis-à-vis du principe d'égalité exprimée par les responsables d'association et activistes interviewé·e·s énonce une critique, et porte même un discrédit, de ce récit, apparenté à un roman national trompeur. Le décalage entre la proclamation des principes dits universalistes de liberté, d'égalité et de fraternité et leurs applications n'est pas seulement interprété à l'aune des difficultés inhérentes à la mise en œuvre de tout idéal, mais comme l'expression d'ambiguïtés, voire de contradictions, se nichant au cœur même de ces principes.

Les mobilisations contemporaines analysées dans le présent ouvrage contribuent à cette désacralisation de la neutralité républicaine dans la mesure où elles mettent en lumière les apories constitutives de l'institution de l'universel. Comme nous y invite la philosophe Judith Butler, il s'agit de faire de ces apories un objet d'examen en soi, afin « de s'assurer que l'universel reste un site de contestation en crise incessante, d'empêcher sa clôture[1] ». Comment ces mobilisations s'inscrivent-elles dans l'élaboration d'un commun à la fois dans le « contre » de la dénonciation, de la résistance à l'injuste, et dans le « pour » de la revendication, de la défense du juste ? L'élaboration de ce commun sera analysée ici au travers des synergies entre les mobilisations, notamment en termes de publics concernés et de répertoires d'action.

Comme nous le verrons, l'enquête qualitative donne à voir l'importance de la place faite à la radicalité dans le diagnostic, mais aussi dans les actions et le « pour quoi » des mobilisations contre les injustices. Cette radicalité s'inscrit en rupture avec l'ordre existant dénoncé comme injuste. À l'opposé du radicalisme autoritaire, elle appréhende les « principes générateurs[2] » de la démocratie – la liberté et l'égalité – en tant qu'« exigence d'action et de participation populaire à l'exercice du pouvoir[3] ». Ainsi que l'explicite le politiste Audric Vitiello, elle réside dans le dépassement de l'appréhension de la démocratie comme un régime figé dans des fondations métaphysiques ou ontologiques. Cette approche radicale de la démocratie s'oppose à « toute fondation stable, [elle] est l'auto-institution explicite et permanente de la vie sociale[4] ». La fluidité lui est ainsi consubstantielle.

---

1. Judith Butler, « Changer de sujet : la resignification radicale », dans id., *Humain, inhumain. Le travail critique des normes. Entretiens*, Paris, Éditions Amsterdam, 2005, p. 117.
2. Claude Lefort, *Essais sur le politique*, Seuil, Paris, 1986, p. 256.
3. Audric Vitiello, « La démocratie radicale entre action et institution. De la politique adversariale à la politique préfigurative », *Raisons politiques*, 75, 2019, p. 67.
4. Martin Breaugh (dir.), *Thinking Radical Democracy*, Toronto, University of Toronto Press, 2015, p. 19.

III

Le « qui » des mobilisations : singularité des expériences et interdépendance des inégalités

La délimitation des publics concernés et des frontières entre eux est centrale dans la définition du « qui » de l'émancipation. Une question qui s'incarne notamment dans le rapport controversé que les responsables d'association et les activistes interviewé·e·s entretiennent avec le terme d'intersectionnalité. Ce dernier a été introduit pas la juriste afro-féministe Kimberlé Crenshaw[1] pour dire la nécessité d'adapter les modalités de mobilisation et d'action afin de lutter contre les dominations et les discriminations dans leur intersection – notamment entre le sexisme et le racisme, *via* le militantisme

---

1. Kimberlé Crenshaw, « Mapping the Margins : Intersectionality, Identity Politics, and Violence against Women of Color », *Stanford Law Review*, 43 (6), juillet 1991, p. 1241-1299 ; traduction française : « Cartographie des marges : intersectionnalité, politique de l'identité et violences contre les femmes de couleur », *Cahiers du genre*, 39, 2005, p. 51-82. Voir également Éric Fassin (dir.), « Les langages de l'intersectionnalité », *Raisons politiques*, 58, 2015.

et le droit. Le rapport contrasté à l'intersectionnalité de la part des acteur·trice·s de terrain révèle la complexité de la prise en compte de la multiplicité, à la fois, des identités/identifications, des inégalités et de leurs relations mutuelles. C'est en particulier la place respective des premier·ère·s concerné·e·s et des allié·e·s dans les mobilisations qui est soulevée. Elle renvoie aux discussions sur ce que signifie la représentation en démocratie : le fait de représenter un groupe au sens descriptif de *standing for*, c'est-à-dire le fait de partager avec lui une identité, des expériences ou des vécus communs, est-il suffisant pour être garant de la représentation de « ses » intérêts, renvoyant à une dimension substantive de la représentation dans l'*acting for*[2] ? Loin de faire consensus, le lien entre les représentations descriptive et substantive est interrogé au travers d'analyses montrant que des représentant·e·s peuvent prendre en compte l'existence de différences et d'inégalités dans leurs délibérations sans en être porteur·eure·s – et inversement des représentant·e·s peuvent ne pas porter les intérêts d'un groupe auquel elles·ils appartiennent[3]. Jane Mansbridge souligne à ce sujet que « l'efficacité de la représentation descriptive est beaucoup plus liée à la fonction délibérative de la démocratie qu'à sa fonction agrégative » : « c'est avant tout lorsque nous nous proposons d'améliorer la qualité de la délibération – tant

2. Hanna Fenichel Pitkin, *The Concept of Representation*, Berkeley (Calif.), University of California Press, 1967 ; Rian Voet, « Political Representation and Quotas : Hannah Pitkins Concept(s) in the Context of Feminist Politics », *Acta Política*, 27 (4), 1992, p. 389-403 ; Anne Phillips, *The Politics of Presence*, Oxford, Oxford University Press, 1995 et Melissa S. Williams, *Voice, Trust, and Memory : Marginalized Groups and the Failings of Liberal Representation*, Princeton (N. J.), Princeton University Press, 1998.
3. Robert E. Goodin, « Representing Diversity », *British Journal of Political Science*, 34 (3), 2004, p. 453-468.

au niveau vertical, entre les représentants et leurs man-
dants, qu'au niveau horizontal, entre les représentants
eux-mêmes – que les vertus d'une expérience commune,
laquelle est au cœur de la représentation descriptive, se
manifestent le plus clairement »[4].

Les premier·ère·s concerné·e·s et les allié·e·s

« Si tu es venu pour m'aider, tu perds ton temps,
mais si tu es venu parce que tu penses que ta libération est liée à la mienne, alors travaillons ensemble » : nombreuses et nombreux sont les responsables d'association et activistes interviewé·e·s qui citent cette célèbre
phrase attribuée à l'activiste aborigène d'Australie Lisa
Watson pour appeler à la vigilance face à la tentation
de penser le « qui » des mobilisations dans une recomposition des dominations, et non dans une logique
de co-construction avec et pour les premier·ère·s
concerné·e·s. C'est là une démarche que cherche à
suivre Camille Clochon, cofondatrice de l'association
d'éducation populaire L'Ébullition à Romans-sur-Isère
dans la Drôme, en développant l'organisation la plus
horizontale possible de cette association, membre du
réseau national du Théâtre de l'opprimé. Pour mettre
en œuvre l'« *idée de solidarité entre femmes avec toujours
en tête les questions intersectionnelles* », les moments
d'échange ne sont pas structurés autour d'une séparation entre les expertes et les publics à accompagner, à
aider. Dans les ateliers, par exemple, les animatrices ne

---

4. Jane Mansbridge, « Les noirs doivent-ils être représentés par des noirs et les femmes
par des femmes » ? Un oui mesuré », *Raisons politiques*, 50, 2013, p. 54.

se mettent pas en surplomb et parlent aussi de ce qui les touche en tant que « *femmes aux côtés d'autres femmes* » dans les sujets abordés. À partir des éléments émanant de méthodes interactives et incluantes telles que les ateliers théâtre et le théâtre forum, l'objectif pour cette association est d'être « *des porteurs de valise, d'être un soutien lors des revendications de femmes racisées qui vivent des réalités encore différentes des nôtres* ». En termes d'organisation, explique Camille Clochon, cela implique de bousculer « *un peu les carcans où on met les salariés d'un côté et de l'autre côté, les personnes qui subissent des discriminations à qui on demande en plus de leurs heures de ménage de se mobiliser gratos pour faire un travail de fond* ». La possibilité de salarier ses femmes pour leur implication dans certaines activités est notamment un sujet qui est en discussion dans l'association.

Dans la même perspective, Félix, fondateur de Capa-Cités, souligne que le projet de cette association est contenu dans l'affirmation « *"la ville par tous et pour tous" qui est un raccourci pour dire que pour vivre une ville plus juste demain, le chemin le plus court, c'est de la construire ensemble aujourd'hui* ». Pour expliquer sa démarche, il cite la phrase attribuée à Mohandras Karamchand Gandhi : « *Tout ce qui est fait pour moi, sans moi, est fait contre moi.* » CapaCités a rejoint la coordination nationale Pas sans nous créée en septembre 2014 avec pour objectif d'être un syndicat des quartiers populaires c'est-à-dire, tout à la fois, une force de propositions auprès des pouvoirs publics, un porte-voix des habitant·e·s et des acteur·trice·s, et un espace de ressource, de transmission, de formation et d'expérimentation.

Parmi les associations et collectifs donnant la parole aux premier·ère·s concerné·e·s, ATD Quart monde est aussi un mouvement qui en fait un fondement inaugural, sa raison d'être. Claire Hédon, sa présidente à la date de l'entretien, nommée Défenseure des droits le 22 juillet 2020, précise que ce mouvement « *est basé sur la parole des personnes les plus pauvres. C'est assez révolutionnaire d'arrêter de croire que nous pouvons savoir ce qu'il faut pour les personnes en situation de précarité et de ne plus passer notre temps à décider pour elles. Au contraire, on cherche à les laisser exprimer leur pensée et à décider.* » Les universités populaires Quart monde sont l'un des espaces où les personnes solidaires et les personnes en situation de précarité dialoguent, réfléchissent, se forment et travaillent ensemble. Ces moments de mixité cohabitent avec des moments « *entre pairs* » afin que les personnes partageant la même expérience de vulnérabilité puissent faire entendre leurs voix en toute sécurité. Si donner la parole aux plus pauvres est dans « *l'ADN d'ATD Quart monde* », c'est parce que cette association « *a été créée par une personne en situation de pauvreté, Joseph Wresinski, qui a vécu dans la misère avec sa famille. Cela change fondamentalement la donne : c'est le seul mouvement créé par une personne issue de la pauvreté.* » Le rapport à la pauvreté est ainsi appréhendé non pas « *en termes de charité mais de droit et d'injustice* », notamment de lutte contre « *le manque d'accès aux droits que sont le logement, le travail, l'éducation de qualité, l'accès au soin, l'accès à la culture* ».

Cette attention portée aux concerné·e·s ressort également de la manière dont Marie-France Eprinchard, présidente d'Emmaüs solidarité, expose les finalités de cette association. Ainsi rappelle-t-elle que, conformément à son objectif initial, il ne s'agit pas seulement d'être dans une gestion de l'urgence mais dans un accompagnement permettant de dépasser les difficultés inhérentes à la précarité. Pour ce faire, une considération particulière doit être accordée aux demandes et besoins des personnes accueillies dans les centres, en mettant en place par exemple un soutien scolaire pour les enfants. Cela justifie un accueil de tou·te·s celles et ceux qui en ont besoin, sans hiérarchisation ou exclusion. Elle souligne ainsi qu'Emmaüs solidarité « *se bat pour ne pas opposer les précarités et les difficultés des unes contre les autres. Il y a des gens qui sont en situation difficile quelle que soit leur origine, français ou pas français. [...] Nous ne sommes pas là pour faire la police et dire celui-là il a droit et celui-là il n'a pas droit. Nous essayons de répondre à la demande de l'humain qu'on a en face de nous.* »

Le cofondateur d'AequitaZ, Emmanuel Bodinier, souligne que cette association qui a en particulier co-organisé le premier Parlement libre de jeunes en 2013 avec Christiane Taubira et a aidé à créer les conseils Citoyens indépendants à Grenoble la même année, met en place des rencontres entre des personnes qui « *viennent d'un bout à l'autre de l'échelle sociale* » entre celles « *vivant des situations d'inégalités sociales, politiques ou économiques* » et des acteur·trice·s politiques et institutionnel·le·s. L'enjeu est de rendre possibles des discussions égalitaires entre, d'une part les personnes concernées notamment par des situations de vulnérabilité comme le chômage ou les minima sociaux, et d'autre part les expert·e·s et les décideur·e·s que cela soit les maires, les ministres ou les chercheur·e·s. Il précise que cette démarche se distingue des « *mécanismes de démocratie participative, lors desquels on demande aux gens*

de s'exprimer comme habitant, comme allocataire et pas comme
des acteurs politiques avec une scène où on peut délibérer sur
le bien commun en égalité. [...] cette manière d'engager le débat
avec les gens n'est pas d'abord liée à une inégalité économique,
l'égalité politique est liée à une manière de regarder les per-
sonnes comme pouvant expliquer ce qui est important pour elles
dans le cadre de la cité, de notre nation, de notre commune,
pas uniquement dans un groupe d'appartenance présumé ».
Le recours à l'art, en particulier à la poésie ou à la pein-
ture, joue un rôle central dans la création de cette scène
d'échange : « *Quand on invite un conte de tradition orale,*
une poésie de Rimbaud, on est du côté de la création. On amène
dans le collectif une forme de verticalité de l'art, qui nous vient
d'ailleurs. [...] Ce n'est pas un vernis. Des fois, c'est vu comme
une pédagogie, mais là ce n'est pas une pédagogie, c'est
une politique. » L'association AequitaZ applique ainsi
l'approche « *pratico-poiétique* » promue par le philosophe
Cornelius Castoriadis et définie par lui de la sorte :
« poiétique, car elle est créatrice : son issue est (et doit
être) l'auto-altération, c'est-à-dire, à rigoureusement
parler, l'apparition d'un autre être », pratique, au sens
où la *praxis* est « l'activité lucide dont l'objet est l'autonomie humaine et pour laquelle le seul moyen
d'atteindre cette fin est l'autonomie humaine »[5].
Dans la même perspective, Typhaine D, artiste et
formatrice féministe, explique que la création artis-
tique, notamment avec le partage que constituent les
spectacles, lui permet d'« *aller plus loin* » que quand elle
fait des formations. Elle précise qu'« *utiliser les outils de*
l'art via *l'émotion permet de se retrouver en empathie avec ce*

5. Cornelius Castoriadis, « Psychanalyse et politique », dans id., *Le Monde morcelé*, Paris, Seuil, 1990, p. 141-154.

que l'on est pour un projet de société réellement libéré de l'existant, imaginé ». Elle prend l'exemple de sa création *Contes à rebours*, spectacle et livre qui en est issu[6], pour préciser que la réappropriation des héroïnes est « *un outil de résistance, de représailles pour un matrimoine commun. Quand on est féministe et que l'on se bat contre l'ennemi principal, on est en résistance, en dissidence permanente.* »

Jérôme Bar, cofondateur d'AequitaZ, justifie la mise en relation entre l'expression des premier·ère·s concerné·e·s et les décideur·e·s par une conception de la démocratie reposant sur la conviction « *qu'il y a besoin d'institution, qu'il y a besoin de politique publique et que dans toutes les institutions il y a des alliés, il y a des hommes politiques courageux pour porter certaines propositions* ». Stéphane Vincent, délégué général de la 27ᵉ Région, laboratoire de transformation publique, inscrit les actions de son association dans le prolongement de celles d'AequitaZ qui « *invente des méthodes dans lesquelles les citoyens apprennent à enquêter sur leur propre situation, et ainsi à comprendre eux-mêmes, quels mécanismes bureaucratiques, institutionnels et politiques font obstacle à une véritable justice sociale* ». Il s'agit « *de remettre les citoyens, en particulier les plus en difficultés et les plus invisibles, au cœur des politiques publiques et concrètement cela signifie mobiliser une nouvelle façon de construire des politiques publiques* avec *les citoyens plutôt que pour eux.* »

Adrien Roux, membre de l'institut Alinsky, participe de l'expression du pouvoir citoyen en animant une démocratie d'interpellation à partir de l'héritage historique du « *community organizing* » d'Alinsky, ainsi que

---

6. Typhaine D, *Contes à rebours*, Paris, Les Solanées, 2016.

des méthodes telles que l'« *union organizing* » développé par le syndicaliste paysan américain César Chávez. Les méthodes développées par ce dernier sont fondées sur la primauté de la parole des premier·ère·s concerné·e·s dans l'élaboration des demandes à porter et des actions à mener. Quant à la position d'allié·e·s, elle réside dans l'écoute. Les travaux d'Alinsky[7] promeuvent « *la figure du "community organizer" comme un allié actif dans la dynamique d'organisation et avec une fonction définie* ». Ce type d'organisation collective vise à combler les inégalités de pouvoir en pensant « *l'égalité sociale comme un combat* ». Face à « *une situation d'asymétrie de pouvoir avec un bonhomme sur une marche très haute et un bonhomme plus bas, on fait comme un escalier pour combler cela. C'est parce que des personnes ont du pouvoir collectif qu'elles se retrouvent au même niveau pour négocier.* » Il ne s'agit pas de parler à la place de, mais de « devenir pairs »[8] en trouvant sa place dans des espaces de dialogue et de négociation ayant pour objectif d'influer sur des décisions changeant la vie au quotidien, en faisant le lien entre les secteurs de politique publique. Ces derniers correspondent en effet à des versants imbriqués de la vie quotidienne : le travail, le logement, l'école, les transports, l'espace public.

L'idée avancée par Alinsky, celle de promouvoir « *une citoyenne active et tout-terrain* », est présente dans plusieurs entretiens. Buon Tan, député de Paris de La République en marche (LRM), peut être considéré comme un *community organizer* : ayant cofondé en 2015

---

7. Saul Alinsky, *Rules for Radicals : A Pragmatic Primer for Realistic Radicals*, New York (N. Y.), Random House, 1971, traductions françaises : *Manuel de l'animateur social*, Paris, Seuil, coll. « Points Politique », 1976 ; *Être radical. Manuel pragmatique pour radicaux réalistes*, Paris, Aden Éditions, 2011.
8. « Devenir pairs. Entretien avec Nancy Fraser », *Vacarme*, 55 (2), 2011, p. 4-12.

le Haut Conseil des Asiatiques de France (HCAF), association dont il est le président d'honneur à la date de l'entretien, son action est tournée vers la reconnaissance des communautés asiatiques dans l'espace public français. Le HCAF entend contribuer à la lutte contre le racisme et l'ostracisme moyennant la création d'espaces de rencontre et d'échange entre les communautés asiatiques et avec les autres composantes de la population française. En complément des associations se situant dans l'accompagnement juridique, son but est d'agir autrement, à la fois en faisant connaître l'histoire de ces différentes communautés par un volet mémoriel, notamment en ce qui concerne le génocide des Khmers rouges, et en valorisant leur richesse culturelle, à travers des moments festifs tels que le festival des Musiques asiatiques. L'augmentation du niveau d'information, en ce qu'elle permet de faire réfléchir, représente d'après lui une bonne méthode pour qu'un éditorialiste ne puisse plus titrer sur les « *khmers verts* » ou que « *l'on n'oublie plus d'auditionner la communauté asiatique quand on aborde le racisme* ». Il interprète la multiplication d'insultes et d'actes racistes anti-asiatiques depuis le début de la pandémie de Covid-19 non seulement comme « *la recherche de bouc émissaires caractérisant les moments de crise* », mais aussi comme l'exacerbation d'un « *racisme anti-asiatique latent* »[9] qu'il associe, plus particulièrement à une méfiance, voire une jalousie, vis-à-vis de la puissance économique chinoise. Cette analyse fait écho à l'affirmation de Malik Salemkour, président de la Ligue des droits de l'homme, pour qui l'enjeu « *n'est pas de*

---

9. Voir en particulier Ya-Han Chuang, *Une minorité modèle ? Chinois de France et racisme anti-asiatiques*, Paris, La Découverte, 2021.

considérer que la parole de la victime ou de l'intéressé est la vérité, mais de déterminer comment faire de la parole victimaire, une parole sociale ».

Myriam Bahaffou, fondatrice d'un groupe écoféministe à Paris, aborde elle aussi l'articulation entre la place des premier·ère·s concerné·e·s et des allié·e·s. Elle affirme que si « *la parole doit venir des premier·ère·s concerné·e·s* », cela n'invalide pas le fait que « *le discours peut être universalisé* ». Elle illustre la complémentarité de ces rôles respectifs en précisant que les recherches sur les populations concernées et la parole d'un·e autochtone sont « *différentes en termes de prise de conscience* ». Elle cite par exemple la complémentarité concernant la question décoloniale entre les apports d'une universitaire comme la sociologue Jules Falquet travaillant sur la réorganisation du travail et les résistances collectives à la mondialisation néolibérale[10] et d'une militante antiraciste et féministe comme Rokhaya Diallo.

Ce qui se joue dans cette commune insistance sur le besoin de penser l'action à partir des premier·ère·s concerné·e·s, c'est – à suivre ces responsables d'association et activistes – rien moins qu'une réappropriation de la démocratie. Le même objectif est soutenu à partir d'expériences militantes très différentes, comme le montre le plaidoyer formulé par Quitterie de Villepin en vue d'un enrichissement des modalités existantes de décision publique/politique. Après avoir géré la stratégie d'influence digitale de François Bayrou lors de l'élection présidentielle de 2007, elle quitte le

---

10. Voir notamment sa coordination, avec Paola Bacchetta et Noram Alarcon, du numéro « Théories féministes et queers décoloniales : interventions Chicanas et Latinas états-uniennes », *Cahiers du Cedref*, 18, 2011.

Mouvement démocrate (Modem) et tire de cette expérience une méfiance vis-à-vis des partis politiques qu'elle qualifie d'« *école qui broie les gens, qui broie les idéaux, qui broie les convictions* ». Considérant qu'il y a « *une confusion dans les partis entre l'intérêt privé et l'intérêt général* », elle s'engage dans la mise en place d'alternatives telles que le mouvement #MaVoix. Cette initiative visait, en 2015, à faire émerger, à l'occasion de la campagne pour les élections législatives de 2017, « *quelques parlementaires qui ne sont pas là pour être des représentants mais de simples courroies de transmission* ». Elle les présente comme des femmes et des hommes tiré·e·s au sort[11] dans différentes villes de France et dont la mission une fois élu·e·s député·e·s auraient été de « *relayer à l'Assemblée nationale les décisions de tous les autres citoyens à l'extérieur, qui expriment, sans mettre en danger la démocratie, la colère, la frustration, l'humiliation permanente d'être simple électeur une fois tous les cinq ans et qu'entre les deux élections, il ne se passe rien mis à part une dissolution de l'esprit du collectif* ». Selon elle, mettre chacune et chacun en position d'avoir une voix politique est aussi une manière de stimuler chaque citoyen·ne à se renseigner, à apprendre. C'est, d'après elle, un vecteur privilégié de l'éducation populaire : « *on se découvre dans l'action.* » Elle a notamment été à l'impulsion, avec une vingtaine de femmes engagées, d'un « *parcours d'entraînement à la pratique politique* », intitulé « Investies », qui s'est déroulé d'octobre 2020 à juin 2021 pour « *donner les clés nécessaires au déploiement*

---

11. Sur le regain d'intérêt pour le tirage au sort, voir Liliane López-Rabatel et Yves Sintomer, « Introduction. L'histoire du tirage au sort en politique : instruments, pratiques, théories », *Participations*, hors série, 2019, p. 9-34.

de futures responsables politiques en pleine capacité d'agir », « *créer les conditions d'émergence d'une nouvelle génération de femmes politiques ».*

Une conviction similaire est exprimée par Pascal Pavageau, porte-parole du lobby citoyen pour un Modèle universel social émancipateur et solidaire (Muses). Cet ancien secrétaire général de Force ouvrière (FO) souligne, lui aussi, l'importance de sortir des modalités traditionnelles de décision et d'action pour agir en faveur de l'égalité et de l'émancipation. Son expérience en tant qu'ancien responsable syndical l'amène à affirmer la nécessité de ne pas s'en tenir à des modes d'action traditionnels, comme la grève ou la manifestation, ni à des procédures décisionnelles représentatives classiques. L'objectif de ce lobby citoyen, organisé autour d'un conseil d'administration et d'un conseil scientifique composés de personnalités qualifiées (expert·e·s, haut·e·s fonctionnaires, cadres d'entreprise) est de proposer aux décideur·e·s des alternatives redéfinissant le modèle de société souhaitable dans la co-construction avec les citoyen·ne·s, sans que « *l'inscription dans une structure étouffe le fond et la forme ».* Défendant une démocratie participative par la délibération, il précise que l'enjeu de Muses réside dans « *la mise en synergie des compétences et des voix »* pour mettre « *sur la table l'intérêt général et non la somme des intérêts particuliers ».* Il utilise la métaphore de la ruche pour affirmer que l'enjeu est de « *venir butiner ensemble dans une ruche à construire ensemble »,* et non de se contraindre à devenir « *des abeilles à ruche ».*

La réflexion sur la place et le rôle des allié·e·s est très prégnante dans les mobilisations antispécistes, ou plus généralement en faveur des animaux. Mathilde Dorbessan, porte-parole de PETA France à la date de l'entretien, qualifie les mobilisations de défense des droits des animaux de « *mouvements d'alliés* », tout en précisant que cela ne veut pas dire que les animaux non-humains sont sans voix et que les humains ne sont pas concernés. Les animaux non-humains expriment leur désaccord vis-à-vis des traitements que les humains leur infligent, mais « *ils ne peuvent pas directement se battre dans notre cadre, un éléphant ne peut pas monter à la tribune* ». En tant qu'oppresseurs ayant contribué à la violence contre les animaux, les humains ont un rôle de traducteur et de porte-voix qui n'est pas celui « *de victime, mais d'ancien bourreau* ». Le défi est, selon elle, de politiser les enjeux liés au traitement et au droit des animaux en en faisant « *un mouvement de justice sociale et pas seulement une cohérence ou des engagements personnels, un mode de vie* ». La nécessité de représenter les intérêts des animaux, des territoires et des ressources dans les arènes de discussion et de décision politiques est thématisée par Bruno Latour[12]. Ce dernier propose notamment la création d'un sénat onusien représentant les territoires et les ressources, dont les forêts, les pôles, l'atmosphère et les océans. À la différence des antispécistes, il justifie la représentation politique du non-humain au nom de la défense des conditions d'existence des populations humaines dans la prise de conscience que l'on ne peut pas protéger les populations si elles sont pensées « hors

---

12. Bruno Latour, *Face à Gaïa. Huit conférences sur le nouveau régime climatique*, Paris, La Découverte/Les Empêcheurs de penser en rond, 2015.

sol, à peu près comme on cultive des salades hydroponiques[13] ». Dans cette ère géopolitique marquée par l'action humaine qu'est l'Anthropocène, rares sont les propositions remettant en cause l'anthropocentrisme, l'enjeu étant plutôt que ce dernier continue à être vivable sur une terre marquée par le dérèglement climatique et les extinctions de masse.

Controverses sur l'intersectionnalité

Depuis les années 1970, de nombreux travaux discutent de la prise en compte de la dimension située du point de vue (*standing point theory*)[14] dans la démarche scientifique et dans l'engagement militant. Le questionnement sur « qui parle, qui analyse, qui dénonce et agit ? » est ainsi à mettre en relation avec celui sur « qui est analysé, quelle.s domination.s est/sont dénoncée.s et comment ? ». Comme l'illustrent les extraits d'entretiens précédemment analysés, il s'agit de s'interroger sur la place qui est donnée à la parole des premier·ère·s concerné·e·s, et sur les liens entre l'expérience de l'injustice et sa dénonciation. Le fait qu'un individu puisse être à l'intersection[15] de plusieurs discriminations questionne la manière dont

---

13. Bruno Latour, « Comment représenter les forêts, les pôles et les océans », *Le Monde*, 12 janvier 2016.
14. Voir Donna Haraway, « Situated Knowledges : The Science Question in Feminism and the Privilege of Partial Perspective », *Feminist Studies*, 14 (3), automne 1988, p. 575-599 ; Flores Espínola Artemisa, « Subjectivité et connaissance : réflexions sur les épistémologies du "point de vue" », *Cahiers du genre*, 53, 2012, p. 99-120 ; Christian Larivée, « Le standpoint theory : en faveur d'une nouvelle méthode épistémologique », *Ithaque*, 13, 2013, p. 127-149.
15. Alexandre Jaunait et Sébastien Chauvin, « Repenser l'intersection : les théories de l'intersectionnalité à l'épreuve des sciences sociales », *Revue française de science politique*,

les critères de discrimination s'articulent au niveau individuel et collectif, en particulier au regard des débats formalisés par les féministes depuis les années 1970 autour de l'articulation/imbrication des rapports sociaux de sexe, de « race » et de classe[16]. Interroger la façon dont il est légitime de s'émanciper nécessite de se demander qui peut participer à cette émancipation et selon quelles modalités.

Pour Chi-Chi Shi, jeune diplômée en théorie politique de l'université d'Oxford, l'engouement pour l'intersectionnalité est liée « à une analyse de l'oppression qui, bien qu'elle prétende être systémique, est totalement dématérialisée et continuellement individualisée ». « Parce que ce langage présente l'injustice systémique à travers ses effets sur les individus, » elle « soutien[t] l'idée qu'il y a un élan moralisateur dans ce discours qui mène à un rejet du pouvoir »[17]. Chi-Chi Shi considère que la primauté accordée à l'expérience des premier·ère·s concerné·e·s s'inscrit dans un contexte d'individualisation des phénomènes politiques qui les enferme dans un « attachement blessé[18] » à une souffrance et dans un ressentiment nietzschéen

---

62 (1), 2012 ; Sébastien Chauvin et Alexandre Jaunait (dir.), « Les langages de l'intersectionnalité », *Raisons politiques*, 58, 2015 ; Sirma Bilge, « Théorisations féministes de l'intersectionnalité », *Diogène*, 225, 2009, p. 70-88.

16. Elsa Dorlin (dir.), *Sexe, race, classe. Pour une épistémologie de la domination*, Paris, PUF, 2009 ; Xavier Dunezat et Roland Pfefferkorn (dir.), « Articuler les rapports sociaux : classes, sexes, races », *Raison présente*, 178, 2011.

17. Chi-Chi Shi, « La souffrance individuelle (et collective) est-elle un critère politique ? », trad. de l'anglais par Sophie Coudray et Selim Nadi, *revueperiode.net*, en ligne sur http://revueperiode.net/definir-ma-propre-oppression-le-neoliberalisme-et-la-revendication-de-la-condition-de-victime/, éd. originale, « Defining my Own Oppression : Neoliberalism and the demandes of Victimhood », *Historical Materialism*, 26 (2), 2018.

18. Wendy Brown, *States of Inquiry : Power and Freedom in Late Modernity*, Princeton (N. J.), Princeton University Press, 1995.

marquant le « triomphe du faible en tant que faible[19] ». Selon elle, la « réification égocentrée de la condition de victime n'offre aucune perspective cohérente pour créer un futur désirable, au-delà de la reconnaissance universelle de la souffrance[20] ». En continuité avec les analyses de Franz Fanon, elle affirme que « passer d'une politique du "Je suis" à une politique du "Nous voulons" requiert de reconsidérer ce que cela signifie que d'être un "Nous", à travers les particularités des multiples articulations possibles des "Je" ». Et de citer Fanon : « C'est par un effort de reprise sur soi et de dépouillement, c'est par une tension permanente de leur liberté que les hommes peuvent créer les conditions d'existence idéales d'un monde humain[21]. »

Les responsables d'association et activistes interviewé·e·s abordent ces enjeux en explicitant la manière dont leurs pratiques militantes interrogent l'articulation entre les vécus individuels et les revendications collectives. Les coprésidentes du Planning familial, Caroline Rebhi et Sarah Durocher, expliquent ainsi qu'en tant qu'association portant l'égal accès aux droits sexuels et reproductifs comme des droits humains, le Planning familial a vocation à donner la parole aux premier·ère·s concerné·e·s et à la porter auprès des institutions politiques mais aussi des médias et des mouvements féministes. Ainsi, le Planning familial n'a pas une position idéologique *a priori* car il nourrit son plaidoyer des retours du terrain. Elles qualifient cette

---

19. Chi-Chi Shi, « La souffrance individuelle (et collective) est-elle un critère politique ? », art. cité.
20. *Ibid.*
21. Frantz Fanon, *Peau noire, masques blancs*, Paris, Seuil, 1952, p. 188, cité par Chi-Chi Shi, « La souffrance individuelle (et collective) est-elle un critère politique ? », art. cité.

posture d'« *entre-deux* », en prenant soin d'ajouter : « *ce n'est pas qu'on n'a pas d'avis, c'est qu'on répond à une demande* » qui les amène à « *faire entendre une voix qui ne soit pas binaire* ». L'évolution du public venant au Planning familial entraîne celle des sujets portés, et sa diversité amène à « *faire convergence [entre les luttes] par la pratique* ». Elles citent par exemple le nombre de plus en plus important de personnes trans qui se rendent dans les permanences locales. Ainsi, l'intersectionnalité et les identités de genre sont au cœur de l'analyse et des pratiques du Planning familial dans la mesure où « *même si l'objectif est que tout le monde ait les mêmes droits, les différences de situation entraînent des modalités différentes pour y accéder* ».

Dans la même perspective, Violaine Husson, responsable des questions de genre et de protection à la Cimade – à l'origine, en 1939, Comité inter-mouvements auprès des évacués –, insiste sur le fait qu'en tant qu'association de solidarité et de soutien aux migrant·e·s, aux réfugié·e·s et aux déplacé·e·s, celle-ci veille à ne pas mettre en concurrence les publics concernés. Elle est vigilante à ne pas distinguer « *les bons et les mauvais migrants, les bonnes et les mauvaises victimes de violence, les bons et les mauvais pauvres* » qui « *entretiennent les divisions* ». Elle précise que cette exigence de ne pas hiérarchiser et opposer les publics n'est pas spécifique à la Cimade car elle est clairement revendiquée par la Fédération nationale des associations d'accueil et de réinsertion sociale (FNARS) dont la Cimade fait partie. Concernant la prostitution par exemple, la Cimade condamne la traite des êtres humains et le proxénétisme, et accompagne les personnes en situation de prostitution lorsqu'elles ont besoin de soutien en tant que migrant·e·s. C'est pour cela que la Cimade travaille avec des associations très différentes dans leur position, comme Médecins du monde, le Mouvement du Nid ou le Planning familial.

Laurence Rossignol, en tant que présidente de l'Assemblée des femmes, aborde de front les critiques faites aux féministes historiques de ne pas avoir été intersectionnelles et de n'avoir porté que les intérêts des dominantes en promouvant un féminisme blanc et bourgeois. Elle fait un parallèle entre ce « *reproche fait aux féministes historiques de ne pas avoir donné et pris en compte la parole des femmes victimes de racisme dans leur combat et celui fait au socialisme d'avoir secondarisé la lutte des sexes par rapport à la lutte des classes* ». Elle comprend la spécificité et la diversité des expériences à l'intérieur du groupe des femmes : « *les femmes victimes de racisme vivent quelque chose qui est différent de ce que je vis moi qui suis une femme non victime de racisme. Mais ce que je trouve étrange, c'est ce qu'elles pointent comme adversaire : le colonialisme, le post-colonialisme et les féministes blanches et non la domination patriarcale agissant aussi dans leur propre groupe.* » Cette posture secondarise, selon elle, la domination patriarcale dans la mesure où cela n'en fait « *qu'un élément de la domination raciale, comme s'il n'y avait pas au sein des groupes dominés d'autres mécanismes de domination qui se mettent en place sur les femmes* ». Concernant son rapport à la notion même d'intersectionnalité, elle considère que la prise en compte des cumuls et des enchevêtrements de domination ne fait pas débat. De plus, elle trouve stimulant et important le questionnement sur la place respective de la parole des groupes dominants et des groupes dominés dans les mouvements sociaux. D'après elle, « *au même titre que durant l'histoire, le socialisme, tout en proclamant libérer tout le monde, n'a pas libéré les femmes, le féminisme n'a pas libéré toutes les femmes* ». Pour autant, constater que le socialisme n'a pas libéré les femmes ne doit pas amener à « *jeter le socialisme aux orties* » et le fait que le féminisme ait été porté par des avant-gardes plus à l'aise socialement ne doit pas non plus le discréditer dans sa capacité à porter la parole de toutes les femmes. Elle affirme ainsi que « *comme le féminisme s'est imposé dans l'idée socialiste, la parole d'autres femmes peut s'imposer dans le féminisme* ». Pour elle, ce qui fait convergence, c'est de reconnaître, sans nier la spécificité des expériences, que la domination patriarcale constitue l'ennemi commun.

Typhaine D, artiste et formatrice féministe, souligne elle aussi que l'enjeu est d'appréhender « *la réalité matérielle de l'oppression* » et de « *se rassembler dans l'imbrication des oppressions plus que dans leur intersection* ». La synergie des mobilisations est alors à penser dans une logique de « *superposition, d'aggravation* » afin « *de ne pas se tromper d'ennemi, de ne pas faire de transfert de colère* ». Elle considère que les « *femmes blanches hétérosexuelles sont projetées comme toujours dominantes, comme l'ennemi principal* » parce qu'elles « *cristallisent la misogynie en ne subissant pas une oppression partageable avec les hommes* ». Selon elle, nous vivons « *un backlash de géante qui fait suite à un féminisme avec des pas de géante* ». Elle dénonce ce qu'elle considère comme « *le nouveau déguisement du patriarcat, une nouvelle façon d'exprimer la misogynie profonde* ». Elle considère comme insidieux le fait d'« *avoir à prouver que la réalité est la réalité* » face à « *l'arnaque du choix et de la liberté quand on ne peut pas s'en émanciper collectivement* », notamment concernant « *le rapport au consentement dans le port du voile et dans une plus grande autre mesure la porno-graphie et la prostitution ».*

C'est un regard lui aussi critique mais fondé sur des arguments différents que porte Suzy Rotjman, porte-parole du Collectif national pour les droits des femmes, sur les usages de l'intersectionnalité. Elle pré-cise qu'elle n'est pas gênée par « *l'intersectionnalité des rapports de domination, mais par celle des identités* », que « *les féministes "lutte des classes" des années 1970 articu-laient la lutte féministe et la lutte des classes* ». Engagée dans les mouvements féministes depuis les années 1970 et cofondatrice du Collectif féministe contre le viol en 1985, elle déplore que la mémoire des solidarités et des actions communes entre mili-tant·e·s féministes et anticolonialistes n'ait pas été transmise. Selon elle, le terme d'intersectionnalité, très utilisé dans les mouvements féministes contempo-rains, contribue à ce sentiment de rupture entre, d'un côté un féminisme historique associé uniquement aux luttes de femmes privilégiées et blanches, et de l'autre un féminisme moderne à l'intersection de plusieurs revendications et déconstructions, en particulier en lien avec la dénonciation du racisme. De plus, ce terme doit, selon elle, être compris à travers le prisme de l'analyse des spécificités historiques, alors qu'« *aux États-Unis, le maccarthysme avait décapité la lutte des classes et que la lutte essentielle était celle pour les droits civiques des Noir·e·s, en France, la décennie 60 est centrée sur la remontée des luttes ouvrières* ». D'après elle, le terme d'intersec-tionnalité participe de l'occultation d'une histoire dans laquelle, dès les années 1970, l'antiracisme s'est manifesté « *à travers le soutien aux travailleurs immigrés, ouvriers spécialisés, très majoritairement des hommes, pour prendre une dimension plus vaste à partir de la Marche pour l'égalité de 1983. Et les féministes n'en furent pas absentes : par exemple un Collectif féministe contre le racisme se crée en 1984 à la Maison des femmes de Paris. »*

La question de la race a été posée à travers l'analyse de la consubstantialité des rapports sociaux. Suzy Rojtman cite en particulier les travaux de la sociologue Danièle Kergoat où il est montré qu'« en se déployant, les rapports sociaux de classe, de genre, de "race" se reproduisent et se coproduisent mutuellement[22] », et ceux de Claudie Lesselier[23] sur l'histoire des mouvements de femmes de l'immigration depuis 1970. Elle revendique une centralité du principe d'égalité dans ses engagements en précisant que l'objectif est que « *l'égalité formelle devienne réelle* ». Il ne s'agit pas pour elle de nier la multiplicité des dominations, mais d'inscrire leur approche dans « *une vraie intersectionnalité prenant tout en compte et ne faisant pas l'impasse sur la lutte des classes* ». Portant elle aussi un regard rétrospectif, Monique Dental, présidente-fondatrice du Collectif de pratiques et de réflexions féministes Ruptures, déplore cette même faiblesse de « *la transmission entre les luttes passées et présentes* », qui concourt à occulter en particulier la radicalité des féministes dites historiques et leurs engagements contre le racisme et pour l'écologie.

Souad Benani Schweizer, professeure de français et de philosophie, retrace l'histoire de son engagement

---

22. Danièle Kergoat, « Comprendre les rapports sociaux », *Raison présente*, 178, 2011, p. 11.
23. Voir en particulier Claudine Lesselier, « Pour une histoire des mouvements de femmes de l'immigration », *Les Cahiers de critique communiste*, « Femmes, genre, féminisme », 2007, p. 85-104.

en soulignant que les Nanas beurs[24] qu'elle a cofondé en 1985 faisaient partie du mouvement féministe universaliste français, où elles ont contribué à élargir le champ de luttes à des mobilisations contre différentes lois, telles que les lois Pasqua instaurant la restriction du regroupement familial et contre des discriminations spécifiques comme les mariages forcés ou l'accès aux papiers. Elle a cofondé les Nanas beurs avec de jeunes féministes issues de l'immigration maghrébine dans le contexte de la Marche pour l'égalité et contre le racisme de 1983 et de la constitution de nombreuses associations de jeunes des quartiers pour dénoncer les discriminations. Elle précise qu'elles menaient des actions « *avec les différents secteurs des travailleurs immigrés* », qu'elles étaient dans « *des inter-mouvements sociaux et politiques avec des rencontres en particulier à la Maison des travailleurs de Montreuil* ». Forte de cette expérience, elle s'oppose à la fois à la priorisation historique de la lutte des classes sur la lutte des sexes et à la tentation contemporaine d'associer les droits des femmes à une approche ethnique. Selon elle, avoir pour objectif de tendre vers une société égalitaire et libre pour les femmes comme pour les hommes, « *ce n'est pas adopter un modèle occidental car ce sont des droits généraux et universels. Certes, les contextes sont différents, mais l'objectif est le même.* » Elle considère que « *le féminisme décolonial ne se justifie pas* » et qu'« *il n'y a pas de féminisme blanc* », elle les associe tous deux à « *un piège ethnique* ». L'une des priorités, d'après elle, est de « *retrouver le sens de la*

---

24. Souad Benani et Juliette Minces, « Les nanas beurs. Un entretien avec Souad Benani », *Hommes et Migrations*, 1141, « Elles... Femmes en mouvement(s) », mars 1991, p. 52-55.

solidarité, se porter solidaire, c'est apporter un appui, pas voler la place ». Parmi ses engagements, elle s'est aussi mobilisée pour des causes dont elle n'était pas une première concernée. Elle a par exemple milité avec des féministes suisses sur la question de l'égalité femmes-hommes dans les pays à bas et moyen revenu et s'est mobilisée pour les Chiliennes par solidarité.

Concernant le port du voile, Souad Benani Schweizer note que les tensions sont plus vives que lorsqu'elle était jeune fille et elle pose la question : qui sont les premier·ère·s concerné·e·s sur ce sujet ? Elle précise que sa mère et sa grand-mère ne portaient pas le voile, que ses sœurs et elles ont fait des études, alors que son père était théologien et profondément croyant. Elle ne comprend pas que l'on dénonce un féminisme occidental sur ce sujet alors que « *les femmes qui sont en Algérie, en Tunisie, au Maroc ou en Iran portent leurs propres projets* ». Elles combattent le port du voile en tant que « *premières concernées, cela n'a rien à voir avec l'ethnocentrisme, mais avec l'émancipation* ». Selon elle, « *il faut combattre les problèmes ensemble. Si l'on est dos contre dos alors que l'on a le même intérêt, lutte contre lutte, c'est au profit de l'obscurantisme patriarcal.* » Elle considère que la solution est de « *casser la ghettoïsation, les quartiers* » pour lutter à la fois contre la paupérisation et la « *surdétermination de la pratique religieuse* ». La pression sociale pour porter le voile participe, selon elle, de l'injonction à « *montrer que l'on est un sur-musulman* ». Elle invite à aborder ces enjeux en prenant en compte que « *c'est en termes de classe, de travail que cela se passe. Si les parents avaient de quoi vivre, il n'y aurait pas de problème d'intégration et l'immigration ne serait pas visée comme bouc émissaire. C'est le même problème en miroir.* »

Se définissant comme « *féministe engagée dans des luttes antiracistes* », Nadia Chabaane a été secrétaire nationale de l'Association des Tunisiens en France et élue à l'Assemblée constituante de Tunisie en 2011. Elle précise elle aussi que dans les années 1980, l'enjeu était de porter des revendications non pas « *à part, entre associations de migrantes, mais par le mouvement féministe, notamment dans le Collectif national pour les droits des femmes* » où elle s'est « *toujours sentie à [sa] place* ». Avec l'historienne Claudie Lesselier, elle a été à l'initiative du projet « Traces, mémoires, histoire des mouvements de femmes de l'immigration en France depuis 1970 », porté par l'Association des Tunisiens en France qui rend compte de cette histoire où les revendications sont avant tout celles de « *l'accès aux droits fondamentaux et l'égalité de traitement* ». Elle rappelle que les premières associations de femmes dans l'immigration datent des années 1970, avec notamment la Coordination des femmes noires (1976-1980) et la création du Collectif des femmes chiliennes exilées en 1979. Elle ne voit pas « *le besoin du terme d'intersectionnalité* » qui incarne, selon elle, « *la confusion et le décalage entre les féministes universitaires et celles sur le terrain* ». Elle observe que les militant·e·s portent la transversalité, mais n'utilisent pas ce terme. Son propre engagement s'inscrit dans le caractère indissociable de l'égalité et de la liberté, et dans un attachement à un principe de fraternité réinvesti. La fraternité, pensée aussi comme une sororité, va, selon elle, « *au-delà de la solidarité* ». En effet, elle associe la solidarité aux valeurs qui font la·le citoyen·ne, et la fraternité au fait de « *faire société* ».

L'une des difficultés centrales, d'après Nadia Chabaane, est que « *le rapport à l'histoire en France n'est pas simple* ». « *À part pour l'Algérie où le contentieux colonial est lourd et pèse sur les rapports* », elle considère qu'« *il y a des amalgames par rapport à l'histoire coloniale* ». Elle est critique envers les mobilisations se situant sur le registre décolonial et précise : elles « *m'assignent à venir d'une ex-colonie, ce qui est une violence qui me maintient dans l'exclusion, tout l'opposé de mon combat* ». Face à des « *médias qui jouent avec l'opposition entre deux camps, incarnés respectivement par l'association Lallab et Élisabeth Badinter* », elle regrette que « *la majorité silencieuse* » ait du mal à se faire entendre. Selon elle, « *le défi actuel est de revenir à des luttes communes* » en dépassant les limites d'une « *société des individus* » où les prises de position sont faites « *au nom de la liberté individuelle* », par exemple celle de porter le voile, « *sans réfléchir aux problématiques générales* » dans lesquelles elles s'inscrivent. Pour cela, il faut prendre le temps de « *redéfinir ce qui nous unit, ce que l'on a envie de vivre ensemble* » en lien avec l'histoire, l'héritage national avec ses complexités et contradictions, mais aussi dans une perspective internationale. Ce qui est en jeu, « *c'est le devenir commun de l'humanité au croisement des mouvements humanistes et écologistes* ». Elle précise par exemple que le réchauffement climatique doit être appréhendé dans sa complexité en prenant notamment en compte ses impacts sur les populations des pays du Sud, en particulier dans l'accès aux ressources naturelles, et sur l'augmentation du nombre d'exilé·e·s et de demandeur·e·s d'asile.

Rachida Hamdan, présidente-fondatrice des Résilientes, une association « *féministe universaliste et égalitaire* » basée dans les quartiers nord de Saint-Denis, prend, elle aussi, des distances vis-à-vis d'une lecture des inégalités *via* le prisme prioritairement décolonial. Informaticienne de formation, elle insiste sur la nécessité de prendre en compte la dimension socio-économique des inégalités dans les quartiers. Elle a créé, il y a quinze ans, l'association Artis Multimédias pour lutter contre la fracture numérique. Cette expérience lui a permis de se rendre compte qu'il était d'abord nécessaire de faire un travail d'accompagnement sur la maîtrise du français, d'aide aux devoirs et de soutien à la scolarité. C'est à travers cette association qu'elle a aussi pris conscience de la nécessité d'apporter un soutien spécifique aux femmes pour qu'elles soient autonomes et qu'elles ne soient pas enfermées dans une vie de contrôle, voire de violences. Se définissant comme féministe et musulmane, elle considère « *qu'il faut s'émanciper de la religion, simplement vivre sans être contrainte par les dogmes qui ne sont là que pour rabaisser la femme* », elle est « *contre le voile et sa symbolique* », mais « *pas contre les femmes voilées* » qu'elle accompagne au mieux à travers ses deux associations Artis Multimédias et Les Résilientes[25]. Les femmes qui portent le voile dans les quartiers sont « *doublement victimes quand on les agresse parce qu'elles portent le voile à l'extérieur alors que c'est peut-être le seul moyen qu'elles ont de sortir* ». Elle dénonce néanmoins le « *conte de fée* » consistant à dire que « *le voile, c'est émancipateur* » que cela soit à l'international notamment en Iran, en Arabie saoudite et au Pakistan ou en France pour les « *filles issues de ces communautés* ». « *Un outil qui*

---

25. L'association Les Résilientes a un volet philosophique de défense d'un universalisme laïque et égalitaire, et un volet concret d'accompagnement des femmes au quotidien dans leur chemin d'autonomie que cela soit dans leurs démarches administratives, juridiques ou par des groupes de parole.

opprime ailleurs ne peut pas être émancipateur ici. En étant en contact avec les femmes au quotidien, beaucoup le portent par contrainte. Ce que je réfute aussi c'est le concept du libre choix, c'est une fumisterie totale quand on sait la pression qu'il y a de la part de la famille, des voisins, de l'imam de la cité sur le mari. Le libre choix, c'est biaisé comme concept. Il n'y a aucun libre choix. Quand une gamine est formatée dès l'âge de 6 ans et qu'elle voit sa mère voilée, à quel moment c'est émancipateur ? » En tant que féministe et musulmane, elle ne comprend pas comment certaines féministes peuvent « *soutenir un outil qui relègue la femme au rang de chèvre, voire pire* ».

En ce qui concerne les modalités d'action, la question centrale pour Rachida Hamdan est de savoir « *comment on lutte contre les discriminations* », dont elle n'a « *jamais nié* » l'existence, sans tomber dans un « *biais de traitement* » « *en se coupant encore plus, en créant du communautarisme encore plus forcené* ». Elle conclut sur ce point : « *On ne lutte pas contre la haine en rajoutant de la haine, ce n'est pas possible.* » En tant que structure référente concernant la lutte contre le décrochage dans le nord de Saint-Denis, elle reçoit « *des gamins qui sont en pré-décrochage et qui disent : "de toutes façons quoi qu'on fasse on sera toujours discriminés."* » Elle « *trouve ça criminel de leur vendre ça comme message* » ; « *c'est complétement contre-productif* » car cela attise le « *désespoir et la haine dans les quartiers* ». Tout en leur disant « *qu'effectivement ça va être plus compliqué pour eux* », elle les accompagne pour qu'ils sortent du fatalisme par le travail. Elle dénonce celles et ceux qui, dans l'espace public et médiatique, utilisent la « *carte victimaire pour compenser leur médiocrité* » et pour exister. En alimentant la logique communautaire, ils n'aident pas les jeunes sur le terrain qui s'enferment dans ce rôle de victime. La réponse doit, selon elle, prendre la forme d'un repositionnement de l'État pour qu'il reprenne « *sa place dans les cités et arrête de laisser la place aux caïds* » en tenant compte du facteur social et de l'importance d'accompagner les habitant·e·s des quartiers défavorisés vers l'autonomie économique, étant donné que c'est « *le terreau de la misère qui est favorable aux extrêmes* ». Si elle note que « *le féminisme intersectionnel a le vent en poupe* », elle réitère son attachement à « *un féminisme universaliste* » qu'elle considère adapté pour ne pas tomber dans le piège du « *repli communautaire* » et de la division. Assurément, elle ne veut pas se « *retrouver à militer près de personnes qui tiendraient un discours qui soit contraire aux valeurs auxquelles [elle] croi[t]* ». Elle tient cependant à travailler « *avec plein de personnes et d'associations différentes, mais pas forcément avec des collectifs* ».

Ces différents entretiens permettent de rappeler que l'histoire des féminismes[26] se caractérise par la dénonciation des inégalités femmes-hommes dans l'articulation/imbrication des identifications sociales, sexuées et racialisées et de leurs implications en termes de domination. Dans cette enquête, les controverses sur l'intersectionnalité ne portent ainsi pas sur la pertinence d'aborder les inégalités dans leur pluralité et leurs relations, mais sur celle d'utiliser, pour cela, un terme considéré par certaines féministes comme cédant à la tentation d'une réécriture caricaturale de l'histoire faisant écran à la transmission d'une continuité dans les alliances et les synergies entre féminisme et antiracisme.

---

26. Bibia Pavard, Florence Rochefort et Michelle Zancarini-Fournel, *Ne nous libérez pas, on s'en charge. Une histoire des féminismes de 1789 à nos jours*, Paris, La Découverte, 2020.

Le terme d'intersectionnalité est ainsi perçu comme réduisant la prise en compte du questionnement et des mobilisations sur l'imbrication des identifications et des dominations à un seul camp, un seul courant contemporain. Cette séparation entre deux camps – les « bonnes » féministes décoloniales et les « mauvaises » féministes universalistes au sens de civilisationnelles – rend impossible tout échange ou dialogue sur la construction d'une mobilisation commune. Le terme d'intersectionnalité est aussi perçu comme participant à la segmentation, voire à l'individualisation, des revendications dans la mesure où il se situe sur le registre des discriminations et donc au niveau de la reconnaissance des injustices dans les parcours individuels plus que de l'injustice des structures de domination. C'est dans cette perspective que les travaux de la politiste Françoise Vergès sont à la fois salués pour leur apport dans le dépassement d'une narration française occultant la violence de la colonisation, notamment dans son ouvrage *Le Ventre des femmes. Capitalisme, racialisation, féminisme*[27], et critiqués pour leur participation à une division en camps inconciliables entre un féminisme décolonial et un féminisme blanc[28] associé à l'ennemi principal.

Face à cette difficulté à parler la même langue lorsqu'il s'agit de travailler sur l'imbrication des inégalités, le partage du diagnostic des urgences sociales et écologiques constitue-t-il un levier de rencontre, voire de convergence ?

---

27. Françoise Vergès, *Le Ventre des femmes. Capitalisme, racialisation, féminisme*, Paris, Albin Michel, 2017.
28. Françoise Vergès, *Un féminisme décolonial*, Paris, La Fabrique, 2019.

Convergence des agendas de la justice sociale et de la justice écologique

Khaled Gaiji, président des Amis de la Terre France, une fédération d'associations écologiques datant du début des années 1970, inscrit les objectifs de cette fédération dans la défense de la justice sociale dans une perspective de solidarité internationale. Selon lui, la question sociale est centrale pour traiter des sujets d'écologie et d'environnement dans la mesure où « *on ne peut pas être pour l'égalité et contre l'écologie* ». Ayant milité dans le milieu de la décroissance, il estime que ce concept « *rejoint la question de l'égalité car parler de décroissance, c'est avant tout dénoncer les inégalités dans le rapport à la consommation, les 20 % les plus riches consommant 80 % des ressources de la planète* ». L'horizon d'égalité est ici appréhendé comme l'égalité « *devant la loi, c'est un présupposé, mais aussi une égalité sociale au sens économique du terme, en particulier dans le rapport aux ressources en veillant à ne pas en abuser* ». Concrètement, cela justifie des mesures comme le revenu de base soutenu par Les Amis de la Terre, mais aussi un revenu maximum. Menant un projet de « *sociétés soutenables* », il souligne que l'usage du pluriel permet de reconnaître qu'il peut y avoir plusieurs formes de sociétés soutenables et donc souhaitables.

Cécile Ostria, directrice générale de la fondation Nicolas-Hulot pour la nature et l'homme, binationale franco-bolivienne, associe la lutte contre les inégalités et l'écologie : « *la non-prise en compte de l'impact des comportements des pays du Nord sur les pays du Sud* » est « *un problème essentiel* ». La réponse, ou plutôt les réponses, pour « *aller vers une société moins impactante sur les ressources naturelles* » passent, d'après elle, par « *la prise en compte et la compréhension de la manière dont les populations traditionnelles (ou "racines") des pays du Sud organisent leurs vies et leurs liens à la nature* ». Elle précise que les travaux de la fondation Nicolas-Hulot ont beaucoup évolué. Après s'être consacrés à l'explication de la problématique écologique au sens scientifique du terme pour participer à la prise de conscience de l'impact de l'homme, depuis une quinzaine d'années ils abordent « *la problématique sociale en lien avec la problématique environnementale* » puisque « *la transition écologique et la justice sociale ne peuvent en effet pas être déconnectées* ».

L'imbrication entre l'écologie et le social dans l'articulation entre la dimension internationale et locale, la justice sociale et climatique est aussi abordée par Clotilde Bato, présidente de l'association Notre affaire à tous et déléguée générale de SOL - Alternatives agroécologiques et solidaires, une organisation de solidarité internationale menant des actions en France, en Inde, au Sénégal et au Pérou. Selon elle, la mise en perspective internationale permet de comprendre les problèmes car « *rester au niveau eurocentré, c'est ne pas avoir conscience des dégâts climatiques parce que les premiers impacts sont sur les personnes des pays du Sud et encore plus ceux qui vivent en zone rurale, avec en première ligne les femmes et les paysans* ». C'est en travaillant au quotidien avec les femmes et les paysans des pays du Sud qu'elle a pris conscience qu'il était nécessaire d'agir « *sur toute la chaîne, à la fois le terrain et les mobilisations citoyennes, le lien entre les différentes organisations et les différentes cibles qu'elles touchent* ». Pour cette raison, SOL s'implique pour que les associations se mettent autour d'une même table, discutent ensemble et portent des projets communs en rappelant que les pays du Sud ont été des pionniers sur beaucoup de sujets, notamment sur l'écoféminisme.

Pierre Rabhi, fondateur du mouvement Colibris, relie les enjeux globaux et les pratiques locales, en accordant une place primordiale au rapport à la terre. Il associe son installation en tant qu'agriculteur dans les Cévennes[29] au début des années 1960 à sa volonté d'un retour émancipateur à la nature, en rupture avec un système qu'il qualifie d'« *esclavagiste* » dans la mesure où il conduit les êtres humains à vivre « *un itinéraire carcéral de la maternelle à l'université en les faisant travailler dans des boîtes* ». Il promeut « *l'agroécologie s'inspirant des lois de la vie elle-même* » pour résister à un système aliénant l'être humain et la nature. La recherche individuelle de la « *sobriété heureuse* »[30] est, selon lui, un élément essentiel pour « *résoudre les problèmes de l'humanité souffrante* » car le système qui « *instaure le superficiel comme étant l'indispensable gaspille l'humanité* ». Il prend exemple de son expérience au Burkina Faso pour dénoncer les répercussions d'une mondialisation qui aliène les paysans, poussant en particulier ceux du Sud à produire des produits exportables et à ne plus vivre dans un rapport apaisé à leur milieu. En affirmant que « *l'urgence absolue c'est l'humanisme, pas l'humanitaire* », il souligne la nécessité de promouvoir un autre rapport au développement, et non d'exporter dans les pays du tiers monde le modèle occidental. Son engagement est fondé sur « *la reconnaissance des autres, c'est-à-dire la reconnaissance qu'on*

---

29. Pierre Rabhi, *Du Sahara aux Cévennes. Itinéraire d'un homme au service de la Terre-Mère*, Paris, Albin Michel, Paris, 2002 [1983].
30. Pierre Rabhi, *Vers la sobriété heureuse*, Arles, Actes Sud, 2010.

peut pratiquer une agriculture qui respecte la vie, tout en per-
mettant de se nourrir d'une façon très satisfaisante et très saine,
et en transmettant aux générations qui suivent des terres
vivantes, un monde vivant ». Pour cela, l'une des priorités
serait « *qu'au plan international, on décrète que les enfants*
doivent être éduqués à l'écologie afin qu'ils ne soient pas soumis
à l'idéologie qui veut des serviteurs d'un système qui a pour
indicateur le PIB et qui subordonne les êtres humains au
profit ». D'après lui, la modification du système passera
ainsi par des changements et des prises de conscience
au niveau individuel. La métaphore du colibri incarne
cette approche reposant sur l'affirmation que « *si nous*
faisons notre part, nous pouvons faire des miracles, "faire des
oasis en tous lieux" », concept qu'il a porté dans un manifeste édité dans les années 1990. Ces actions fondées sur
la solidarité et la non-violence sont, selon lui, d'autant
plus vitales que, dans le cas contraire, nous « *contribuons*
à notre propre extinction ».

Véronique Andrieux directrice générale de World
Wide Fund for Nature (WWF) France, ayant travaillé
chez Oxfam France ainsi que dans d'autres organisations, en entreprise et au niveau gouvernemental, partage ce constat que ce sont « *les populations les plus*
pauvres et vulnérables qui sont les moins responsables de la
crise écologique et climatique, mais qui sont les plus touchées
par ses effets ». Elle précise que la pandémie de Covid-19
« *exacerbe cette situation préexistante et aiguise les inégalités* ».
Dans ce contexte, « *il y a une véritable convergence des*
agendas thématiques entre la justice sociale et la justice envi-
ronnementale parce que c'est intrinsèquement lié. Et cela est
vrai aussi en France, avec la surreprésentation des ménages à
bas revenus dans les zones les plus exposées à la pollution
atmosphérique, ou une prévalence de l'obésité plus élevée chez

les personnes précaires. » Pour illustrer que justices sociale et environnementale ne sont pas opposées, elle prend l'exemple de la réduction de la consommation de viande et de l'augmentation de celle de protéine végétale « *meilleures pour la santé et l'environnement, sans que cela n'ait d'impact sur le pouvoir d'achat* ». En termes d'aides publiques aux grandes entreprises, WWF France défend l'importance de veiller à ce que « *les investissements qui se font et qui vont se faire en sortie de crise, soient attachés à des éco-conditionnalités sociales et environnementales* ». Véronique Andrieux considère plus largement que face à la gravité et la complexité de la situation, la réponse doit émaner de la concertation entre acteur·trice·s. En effet, « *il n'y a pas un seul acteur ou secteur qui est en mesure d'avoir ou d'apporter toutes les bonnes réponses* ». Il faut ainsi se situer dans une perspective « *multi-acteurs afin de s'inscrire dans une approche beaucoup plus systémique et holistique qui va nous permettre d'aboutir à des réponses pour demain* ».

La perception accrue des urgences sociales et écologiques au niveau international est aussi abordée par Emmanuel Poilane, secrétaire général de la fondation Danielle-Mitterrand France Libertés et président du CRID, collectif d'organisations de solidarité internationale et de mobilisation citoyenne. Il précise en effet que « *l'effondrement* » est perçu non plus comme « *virtuel et lointain* », mais comme un « *péril commun* ». Même s'il y a des désaccords « *sur la façon d'échapper à ce risque, il y a une telle conscience de la concrétisation de ce péril qu'il y a beaucoup d'organisations qui se disent "il faut qu'on fasse masse"* ». Le mouvement des Gilets jaunes a joué, selon lui, un rôle central dans la création de nouveaux espaces et de nouveaux ponts militants en permettant la mobilisation d'une population qui n'était pas engagée et en rapprochant des mobilisations pour la justice sociale avec « *des acteurs des banlieues et de la solidarité internationale.* » Il cite en particulier la dénonciation des violences policières par les Gilets jaunes comme ayant contribué « *à créer des ponts, des passerelles, qui ont fait que les univers se sont croisés* » notamment avec « *les banlieues* » qui les subissent et les dénoncent « *depuis très longtemps.* »

Priscillia Ludosky, l'une des initiatrices du mouvement des Gilets jaunes à travers la pétition du 29 mai 2018 croisant urgences sociales et écologiques, qualifie les liens entre Gilets jaunes et Gilets verts de « *travail collectif plus que de convergence* ». Elle s'est appuyée sur les travaux des associations de défense de l'environnement pour alimenter les débats et sa pétition. Elle précise qu'il y a eu aussi des « *actions communes* », de « *manière organisée* » ou du simple fait que « *les cibles soient les mêmes pour les deux mouvements* ». Elle cite l'exemple des manifestations contre Amazon pour expliquer que si les Gilets jaunes et les écologistes « *se retrouvaient devant les mêmes entrepôts* », c'est parce que « *les responsables des inégalités, des violences sociales et environnementales sont les mêmes [...] et ça s'est vu sur le terrain, sans même s'être forcément concertés* ». Sans nier les divergences au sein de ce mouvement, elle considère important de souligner que les Gilets jaunes ont contribué à rendre plus visibles et plus populaires des revendications auparavant portées exclusivement par les militant·e·s écologistes. La dénonciation de l'utilisation du chlordécone aux Antilles, alors qu'il était reconnu comme dangereux et illégal en métropole, et de ses conséquences sur la santé des habitant·e·s et sur leur environnement est un cas concret d'imbrication des enjeux de justice sociale, écologique et de dénonciation du racisme. Priscillia Ludosky s'est impliquée dans cette mobilisation dans le cadre de son travail « *avec le mouvement international pour les réparations, où est en particulier dénoncé ce qu'il se passe dans les DOM-TOM* ». La mobilisation contre le chlordécone est fréquemment citée pour illustrer l'imbrication des luttes. Ainsi, Ghislain Vedeux, président du CRAN, en fait « *un bel exemple* » d'organisation et de partenariat entre des associations locales portées par les premier·ère·s concerné·e·s en Martinique et en Guadeloupe et des organisations nationales comme le CRAN en soutien pour les recours juridiques et la médiatisation de cette mobilisation. Il considère aussi que c'est un bel exemple parce qu'il a permis de mobiliser des personnes morales, à travers les associations, et des personnes physiques, de « *faire une action collective et individuelle* ».

Professionnelle de santé, membre cofondatrice du collectif « Zéro chlordécone, zéro poison », Sophia Sabine témoigne des modalités d'articulation entre les mobilisations. Elle cite la participation de ce collectif aux actions entreprises par la jeunesse militante martiniquaise anti-chlordécone à partir de novembre 2019 (boycott, blocage...), aux mobilisations contre la répression policière (Komité 13 janvier 2020), ainsi qu'au mouvement des Gilets jaunes pour porter des revendications propres à la Martinique. Elle précise que « *le collectif contre l'épandage aérien et l'empoisonnement des Martiniquais·es a été créé en 2012, et renommé "Zéro chlordécone Zéro poison" en janvier 2018, suite à l'épandage de pesticides tels que le tilt, le banole, le sico et le glyphosate également toxiques sur une terre déjà polluée par le chlordécone entraînant un cocktail de pesticides dans nos terres* ». Le point de départ de ce collectif est un « front commun » composé de Martiniquais·es, d'organisations environnementales, écologiques, de la santé, et de mouvements politiques et syndicaux, auxquels s'ajoute l'Association pour la sauvegarde du patrimoine martiniquais (Assaupamar) coordonnant des actions communes. Avoir conscience que « *nos terres, nos mers et nos eaux arrivent dans nos alimentations* », c'est comprendre que « *l'écologie est liée à la santé humaine, qu'elle implique toujours l'humain* ». L'étude « Kannari » de Santé publique France et de l'Agence nationale de sécurité sanitaire, alimentation, environnement, travail (Anses) sur l'imprégnation de la population antillaise par le chlordécone et certains composés organochlorés a démontré que, malgré leur interdiction, ces polluants sont persistants dans l'environnement et constituent des cancérigènes avérés (lindane) ou suspectés (DDT, PCB). Selon les études de Santé publique France, la contamination au chlordécone est généralisée : plus de 90 % de la population adulte en Guadeloupe et Martinique est contaminée, et les Antillais·es présentent un taux d'incidence du cancer de la prostate parmi les plus élevés au monde.

Pour Sophia Sabine, l'empoisonnement des Antilles par le chlordécone de manière légale jusqu'en 1993 – avec une dérogation ministérielle pour les champs de bananes en Martinique et en Guadeloupe de 1990 à 1993 alors que ce pesticide était interdit en France depuis 1990 – s'inscrit dans la continuité du traitement colonial de l'Outre-mer. L'utilisation du chlordécone est symptomatique, d'après elle, d'une appropriation destructrice des ressources naturelles qui fait « *perdurer une économie de comptoir* » au mépris de la santé et de la vie des Antillais·es. Le fait que les plaintes déposées en 2006 en Guadeloupe, en 2007 et 2018 en Martinique, pour empoisonnement au chlordécone soient encore en instruction quatorze ans après avec le risque d'un non-lieu pour prescription démontre, selon elle, « *la protection encore très forte de l'économie de comptoir par l'État français* ». Elle promeut une réponse par la diversité des tactiques, du recours au droit à la désobéissance civile non violente. « *L'objectif est que toutes les forces se fédèrent* » avec pour condition « *que les choses se fassent pour nous et par nous* ». Les acteur·trice·s politiques sont ainsi associé·e·s, mais en respectant leur place qui est celle « *d'être avec nous, à côté et non pas devant nous* ». Tout l'enjeu est ici d'« *exprimer le commun en sortant de l'individualisme pour le bien de tous* ».

Malcom Ferdinand, chercheur du Centre national de la recherche scientifique (CNRS), auteur d'*Une écologie décoloniale. Penser l'écologie depuis le monde caribéen*[31], est un acteur essentiel de cette mobilisation à la fois par ses publications scientifiques[32] et par son engagement à l'interface des institutions et des publics concernés[33].

---

31. Malcom Ferdinand, *Une écologie décoloniale. Penser l'écologie depuis le monde caribéen*, Paris, Seuil, 2019.
32. Malcom Ferdinand, « Bridging the Divide to Face the Plantationocene : The Chlordecone Contamination and the 2009 Social Events in Martinique and Guadeloupe », dans Adlaï Murdoch (ed.), *The Struggle of Non-Sovereign Caribbean Territories : Neoliberalism Since the French Antillean Uprisings of 2009*, New Brunswick (N. J.), Rutgers University, 2019 ; Malcom Ferdinand, « De l'usage du chlordécone en Martinique et en Guadeloupe : l'égalité en question », *Revue française des affaires sociales*, 1-2, 2015, p. 163-183.
33. Voir en particulier son audition par la commission d'enquête parlementaire en vue de la rédaction du *Rapport fait au nom de la commission d'enquête sur l'impact économique, sanitaire et environnemental de l'utilisation du chlordécone et du paraquat comme insecticides agricoles dans les territoires de Guadeloupe et de Martinique, sur les responsabilités publiques et privées dans la prolongation de leur autorisation et évaluant la nécessité et les modalités d'une indemnisation des préjudices des victimes et de ces territoires*, président Serge Letchimy, rapporteure Justine Benon, enregistré à l'Assemblée nationale le

Il souligne la nécessité de dépasser « *la double fracture instaurée par la modernité* » entre la nature et la culture et entre « *les enjeux écologistes, féministes et antiracistes* » afin de sortir de « *l'invisibilisation de la dimension esclavagiste de la modernité* ». Il dénonce les angles morts racistes d'une écologie qui a longtemps « *mis de côté le fait que les destructions naturelles ont été conditionnées par l'impérialisme et le colonialisme* ». Il remarque que l'articulation entre « *exploitation, appropriation des ressources* » et « *violence envers les peuples autochtones* », portée depuis longtemps dans les Outre-mer, n'est discutée véritablement que récemment dans des mouvements sociaux au niveau national. C'est le cas d'Extinction rébellion qui a créé un groupe sur l'écologie décoloniale et celui du comité Adama qui aborde l'imbrication entre les violences racistes et les violences contre les ressources naturelles et l'environnement. Malcolm Ferdinand souligne l'impossibilité de « *penser et comprendre l'urgence environnementale sans prendre en compte la généalogie coloniale de la modernité* ». Il dénonce la supercherie consistant à « *reconnaître une urgence de la fin du monde sans reconnaître la fin du monde de certains peuples depuis son existence* ». Si les événements climatiques et sanitaires, en particulier la pandémie de Covid-19, entraînent une plus grande reconnaissance de l'imbrication entre urgences sociales et écologiques, « *cela ne préjuge en rien des réponses qui y seront apportées* ». Ce contexte de crise peut en effet entraîner « *un opportunisme sordide du capitalisme* » au détriment des plus vulnérables, en particulier des migrant·e·s, débouchant sur une aggravation

---

26 novembre 2019. Voir également l'entretien de Malcolm Ferdinand, « L'abolition de l'esclavage n'a pas mis fin à l'écologie coloniale », *Bastamag*, 20 janvier 2020.

des inégalités, et sur une remise en cause des droits fondamentaux, notamment des libertés. Il appelle à la vigilance par rapport à une conception téléologique optimiste sur le « monde d'après » car « *ce qu'il adviendra dépendra des luttes* » et il conclut : « *c'est un moment à saisir.* »

Jessica Oublié, autrice en 2017 de *Peyi An Nou*, une bande dessinée documentaire sur le Bureau pour le développement des migrations dans les départements d'outre-mer (Bumidom), a publié en 2020 une BD documentaire sur le chlordécone, intitulée *Tropiques toxiques*[34]. Elle revendique l'entremêlement entre la prise de conscience individuelle et l'engagement collectif. La bande dessinée est un moyen de publiciser des enjeux et des problèmes auprès de publics qui ne sont pas spontanément militants ou engagés, en particulier les jeunes. Ce type de récit « *permet de venir les chercher en leur montrant une réalité qui n'enferme pas dans des identités ou des histoires assignées* ». Il s'agit, pour elle, de porter un engagement à la jonction des histoires personnelles et politiques en « *participant du rééquilibrage des injustices sociales des territoires d'où viennent [ses] parents* ». Née de parents antillais, elle a été élevée à Clichy en banlieue parisienne et a pris la décision de s'installer en Guadeloupe depuis 2018 après avoir travaillé et vécu six ans en Afrique. De son rapport à la création, elle dit : « *le fait de me vivre comme ultrapériphérique me permet de mettre les acteurs au centre* », de leur donner la parole. Le traitement des plaintes pour empoisonnement au chlordécone, notamment leur

---

34. Jessica Oublié et Marie-Ange Rousseau, *Peyi An Nou*, Paris, Steinkis, 2017 ; Jessica Oublié et Nicola Gobbi, *Tropiques toxiques*, Paris, Steinkis, 2020.

délocalisation au tribunal de grande instance de Paris, témoigne, selon elle, de la gestion « *monoculaire* » de ses territoires par un État français centralisateur continuant à monopoliser les décisions pour « *garder la mainmise sur ses bases géostratégiques que sont les Outre-mer* ». Pour sortir de ce modèle qu'elle qualifie de « *hiératique* », elle « *rêve d'un développement rhizomique permettant de dépasser une éducation apprenant à bourgeonner quasi exclusivement vers la métropole* ». Pour cela, l'enjeu est de « *faire en sorte que les racines communes deviennent des passerelles* », notamment en développant des connections avec les Caraïbes.

La valorisation de la figure du rhizome fait écho aux travaux des philosophes Gilles Deleuze et Félix Guattari soulignant qu'« à la différence des arbres ou de leurs racines, le rhizome [...] n'est pas fait d'unités, mais de dimensions, ou plutôt de directions mouvantes[35] ». Le fait d'avancer ensemble vers un horizon commun d'émancipation est alors associé à une utopie prenant la forme, pour Jessica Oublié, d'« *une mise en mouvement* ». Elle se démarque de l'injonction à la convergence perçue comme « *phagocytante* » et donc contradictoire avec le réenchantement du commun dans le faire ensemble. Elle précise qu'« *à partir du moment où on a décidé d'être visible pour un engagement initial, la principale difficulté [est] de concilier la recherche de reconnaissance et le fait de faire alliance* ». « *La création d'un imaginaire commun par les poètes de la négritude* » constitue, selon elle, une inspiration pour dépasser ces écueils « *en faisant tomber les barrières, et pas que mentales* ».

---

35. Gilles Deleuze et Félix Guattari, *Capitalisme et Schizophrénie. 2 : Mille plateaux*, Paris, Minuit, 2013, p. 31.

L'approche esthético-philosophique est alors une « *arme d'autant plus efficace pour réenchanter un système politique qui mérite d'être repensé* ».

Complicités dans la fluidité et ambivalence du militantisme 2.0

Juliette Rousseau dénonce aussi une convergence portée comme « *le seul horizon* » et promeut de « nouvelles complicités politiques »[36]. Elle analyse l'injonction à la convergence des luttes comme l'expression de la « *culture universaliste de la gauche en France qui pense les catégories politiques d'une façon homogène. La logique, c'est qu'à un moment donné on en vienne tous et toutes à avoir les mêmes référentiels, les mêmes pratiques, comme si la vérité allait être une pour tout le monde.* » Elle a « *l'impression que très souvent, quand on converge, c'est au mieux avec cette image-là en tête et, au pire, de façon très instrumentale. L'apparition de revendications issues de catégories de population qui sont minorisées, notamment d'autonomie politique, a généré des réflexes instrumentaux de la part du mouvement social qui a donc décidé de mettre ces populations non blanches autour de la table, pour parler d'écologie par exemple, mais pas tant pour ce qu'elles ont à dire, en recherchant des personnes qui seraient pertinentes pour les questions abordées, mais plutôt en allant chercher des personnes visibles pour ces communautés pour des questions morales.* »

Cofondateur de La Suite du monde et des Communes imaginées, deux coopératives locales autogérées ayant pour but de créer des lieux d'entraide et

---

36. Juliette Rousseau, *Lutter ensemble. Pour de nouvelles complicités politiques*, *op. cit.*

de partage, Nicolas Voisin a lui aussi une lecture critique de la convergence des luttes qu'il qualifie de « *fantasme* ». L'enjeu est, selon lui, de s'inscrire dans une logique de « *coopération des luttes qui est une réalité pratique et tactique consistant à s'entraider, à ne pas se mettre des bâtons dans les roues* ». Il s'agit de « *faire front commun* » sur des causes comme « *le racisme et l'islamophobie* » avec des acteur·trice·s impliqué·e·s que cela soit les syndicats, les associations ou les étudiant·e·s, sans tendre vers l'unité. Il utilise la métaphore de la création « *de ponts* » pour dire cette volonté de « *construire du commun* » sans hégémonie. Concrètement, il observe « *une explosion des organisations* », les mobilisations féministes symbolisant pour lui à la fois la richesse des engagements et leur remise en cause de la représentation qui est considérée comme « *nulle et non avenue* ». Il souligne que cette évolution du rapport à la mobilisation n'est pas à associer qu'à internet, car « *cela raconte des choses sur les formes d'organisation* », le commun étant plutôt appréhendé sous la forme d'une « *complicité éphémère* » que sur le registre de l'appartenance stable à des corps intermédiaires. Il valorise la mise en place de coopérations internationales, en citant Global debout à l'époque de Nuit debout, qui reposent « *avec internet sur une capacité très rapide à s'inspirer de ce que font les autres* » et permet des « *fulgurances partagées* » à défaut d'une mise en agenda commune.

À l'instar de Nicolas Voisin qui associe le rôle d'internet dans l'évolution des mobilisations à la fois à un facilitateur des complicités militantes et à leur caractère éphémère, Anne-Cécile Mailfert, présidente-fondatrice de la Fondation des femmes, soulève un paradoxe caractérisant les mouvements féministes contemporains qui organisent « *des manifestations comme jamais* » alors que « *le militantisme classique, formé et structuré s'essouffle, qu'il y a peu de renouvellement parmi les cadres* ». Elle note par ailleurs que « *l'engagement prend plus la forme d'une mobilisation ponctuelle pour participer à un événement, une performance ou d'un activisme individuel comme celui de la signature d'une pétition, l'animation d'un compte instagram* ».

Face à la montée d'un « *individualisme militant qui s'agglomère pour une action mais ne se retrouve pas ensuite* », Raphaëlle Rémy-Leleu pose aussi la question d'une « *crise de l'engagement ou des structures de l'engagement* ». Le leitmotiv de la nécessité de prendre soin de soi est, selon elle, un « *cheval de Troie* » pour l'engagement militant car ce dernier est par nature violent, comme en témoignent les nombreux « burn out *militants, en particulier féministes* ». La réponse d'Osez le féminisme ! est de s'organiser autour de différents niveaux d'engagement : un noyau très impliqué autour d'un porte-parolat partagé, mais aussi des personnes participant uniquement à certains événements. Face à la dureté du constat des inégalités et la difficulté de la remise en cause du système patriarcal, Osez le féminisme ! privilégie le partage d'espaces de créativité militante, d'objets artistiques tels que des spectacles comme par exemple lors du festival d'Avignon. Face au discrédit du politique et à la tentation du repli dans l'intime, l'enjeu est « *de transformer l'essai en ne changeant pas seulement les mentalités, mais aussi la réalité, les faits* ». Raphaëlle Rémy-Leleu cite en particulier le mouvement #MeToo pour illustrer les avancées portées par une réappropriation collective et politique d'une violence systémique expérimentée individuellement. Mais la prise de conscience et la dénonciation des violences sexistes et sexuelles doivent être accompagnées de changement dans leur prise en charge politique et juridique. Dans la même perspective, Céline Piques, elle aussi porte-parole d'Osez le féminisme ! à la date de l'entretien, s'appuie sur le mouvement #MeToo pour souligner « *le besoin d'avoir des victoires* ». Si « *#MeToo est une victoire culturelle* », il faut aussi – insiste-t-elle – mener des « *batailles institutionnelles* » pour faire évoluer les politiques publiques.

Pour Marie-Noëlle Bas, présidente des Chiennes de garde, l'engagement collectif, associatif mais aussi syndical ou politique, est d'emblée ambitieux et altruiste car il implique « *d'assumer de vouloir changer le monde* » et de contribuer à « *la promesse d'un mieux vivre ensemble* » en donnant de son temps gratuitement. Ce rapport à l'engagement comme fondamentalement idéologique est bousculé dans « *une période d'individualisme forcené où les personnes cliquent et ont l'impression de s'être engagées* ». Elle analyse cette virtualisation de la mobilisation comme l'expression du discrédit de tout ce qui est associé au monde politique, que cela soit la défense d'un programme idéologique rigide ou la représentation des intérêts de la majorité par une minorité à travers des corps intermédiaires, dont les associations. La communication et les effets d'annonce participent, selon elle, de ce discrédit dans la mesure où elles « *pervertissent la politique et la gouvernance de la Cité en mettant un cautère sur une jambe de bois* ». Nadia Chabaane, membre du Collectif national pour les droits des femmes, ancienne secrétaire nationale de l'Association des Tunisiens en France, affirme elle que l'« *on a coupé les ailes des corps intermédiaires* », notamment parce que « *trente ans de consumérisme font une société d'individus* ».

Elle souligne aussi le rôle des réseaux sociaux qui « *métamorphosent la communication* » en l'individualisant. À rebours de cette tendance à la segmentation et à l'individualisation des mobilisations où « *chacun porte sa cause dans son coin* », Marie-Noëlle Bas inscrit son militantisme dans le modèle collectif des années 1970. Elle considère « *l'organisation et la coordination comme essentielles* » afin de porter un engagement qui fasse « *bouger les choses en usant des rapports de force et de la pédagogie* ». C'est à la suite de sa rencontre avec Florence Montreynaud, cofondatrice avec Isabelle Alonso des Chiennes de garde en 1999, que Marie-Noëlle Bas s'est impliquée dans cette « *association de conscientisation, ce* watch dog *constitué en veille du langage et des images, en particulier contre les publicités sexistes* ».

Les changements impliqués par le rôle du web dans les mobilisations sont ambivalents. En effet, si le militantisme virtuel peut être perçu, notamment par les militant·e·s des années 1970, comme un engagement de moindre intensité idéologique, internet est « un nouveau répertoire d'actions collectives », un « symbole d'une réappropriation du débat public par les citoyens les plus politisés »[37], mais aussi une manière de recruter et sensibiliser un public large[38]. L'émergence des réseaux sociaux donne une nouvelle dimension à ces pratiques[39] dans la mesure où ils permettent aux

---

37. Rémy Pieffel, *Révolution numérique, révolution culturelle ?*, Paris, Gallimard, 2014.
38. Olivier Fillieule, « Tombeau pour Charles Tilly. Répertoires, performances et stratégies d'action », dans Éric Agrikolianski, Olivier Fillieule et Isabelle Sommier, *Penser les mouvements sociaux*, Paris, La Découverte, 2010, p. 77-100.
39. Dominique Cardon et Fabien Granjon, *Médiactivistes*, Paris, Presses de Sciences Po, 2010 ; Paola Sedda, « L'internet contestataire comme pratique d'émancipation, des médias alternatifs à la mobilisation numérique », *Les Cahiers du numérique*, 11 (4), 2015, p. 175-196.

individus de publiciser des revendications, de les mettre en commun en contournant les filtres que constituent les groupes intermédiaires tels que les médias, les syndicats et les associations, qui vont être utilisés comme des relais et non plus comme des institutions de délibération. Comme l'analyse l'historienne des médias Claire Blandin, « les applications du web 2.0. déplacent les frontières du militantisme en offrant de nouveaux outils pour faire entendre sa voix. Ils facilitent de nouvelles formes de socialisation et d'engagement, passant par un "like", l'usage du hashtag ou le partage d'un lien[40]. » Cette désintermédiation contribue ainsi concomitamment à la remise en cause et à la réactivation des oppressions et des violences, la portée du cyber-harcèlement en témoigne.

Anaïs Leleux, membre du comité de pilotage de #NousToutes, responsable Agitprop[41] à la date de l'entretien, met « *la conscientisation* » au cœur de son engagement. « *Ce qui [lui] importe vraiment, c'est de déconstruire et de faire de la pédagogie.* » Elle s'y attache en organisant des formations et en étant « *très active sur les réseaux sociaux* ». Ayant une expérience à la fois dans les médias et dans l'agitprop, elle est vigilante, quand elle organise une action, à penser celle-ci comme photogénique car elle sait que c'est essentiel pour avoir une

---

40. Claire Blandin, « Le web : de nouvelles pratiques militantes dans l'histoire du féminisme », *Réseaux*, 201, 2017, p. 13.
41. Le terme « agitprop » est une abréviation d'« agitation propagande », expression utilisée notamment par le Parti communiste de l'Union soviétique pour nommer un de ses départements (Département pour l'agitation et la propagande) et dans laquelle le mot « propagande » n'a pas de connotation péjorative, mais désigne la diffusion d'idées et de tous savoirs utiles. Par extension, « agitprop » désigne l'organisation d'actions de diffusion des revendications et messages politiques, notamment par des actions spectaculaires, voire provocatrices.

couverture médiatique. En termes d'agenda, elle « *rebondi[t] par rapport à une actualité* » qui la dérange en faisant « *un statut facebook où [elle] taggue [s]es copines d'action et pas forcément* via *un groupe organisé, mais des filles avec qui [elle] fonctionne bien* ». L'objectif est « *de faire des actions percutantes et des actions où on rigole aussi un peu car face à toute cette violence qu'on vit au quotidien, on vit des moments joyeux* ». Elle cite par exemple une action au métro Filles du Calvaire où elles étaient allées chanter avec un ukulélé en reprenant la chanson d'Angèle, « Balance ton quoi », qui venait de sortir « *pour parler du calvaire que vivent les femmes dans les transports publics. On avait écrit le mot proie sur notre visage, sur nos t-shirts des petites cibles en papier qu'on avait découpées. On a chanté jusqu'au siège de la RATP.* » La directrice de la communication de la Régie autonome des transports parisiens (RATP) ayant répondu qu'elle ne comprenait pas cette action puisque la RATP faisait tout ce qu'il fallait, « *on a lancé #BalanceTonMétro pour recueillir des témoignages et on s'est amusé à détourner le nom des stations. C'est un peu provoc, mais malheureusement la provoc fonctionne dans les médias.* » Anaïs Leleux associe le caractère fondamentalement joyeux du militantisme[42] à la nécessité de contrer les violences inhérentes à l'engagement militant qui peuvent déboucher sur des *burn out*. Partant du diagnostic d'« *une rupture d'égalité, de violences subies* », et de la volonté de changer le monde, les militant·e·s se confrontent à « *des backslashs, des grands retours de bâton* » : « *cette violence nous renvoie aux violences qu'on a pu subir.* » Cette violence l'a amenée à quitter

---

42. Carla Bergman et Nick Montgomery, *Joie militante, op. cit.*

personnellement les réseaux sociaux face aux raids des masculinistes et au nombre de témoignages reçus à la suite de sa participation au Grenelle contre les violences conjugales à l'automne 2019.

Un militantisme joyeux face à la violence des réseaux sociaux et au risque de *burn out* militant

Promouvoir un militantisme joyeux, c'est s'émanciper d'un modèle unique de militantisme correspondant à une histoire de l'engagement, en particulier à l'extrême gauche, où le critère premier est la pureté du sacrifice de soi pour la cause et l'organisation[43]. Le *burn out* militant est souvent associé à la citation célèbre de l'anarchiste Emma Goldman ayant répondu à un camarade qui venait lui dire, alors qu'elle dansait dans une soirée, que son comportement n'était pas conforme à la décence exigée par la lutte : « une révolution où je ne pourrai pas danser ne sera pas ma révolution. »

À l'instar d'Anaïs Leleux, Ophélie Latil, fondatrice des Georgette Sand, inscrit les mobilisations actuelles, fonctionnant à partir de visuels forts couplés à de l'humour et relayés sur les réseaux sociaux, dans la continuité de mobilisations telles que Génération précaire, Jeudi noir ou Sauvons les riches. Il s'agissait de faire émerger dans le débat public des sujets, comme

---

43. Isabelle Sommier, « Les pathologies du militantisme », laviedesidees.fr, 13 avril 2021, en ligne sur https://laviedesidees.fr/Les-pathologies-du-militantisme.html

l'invisibilité des stagiaires ou la proportion de bâtiments vides non loués, qui n'étaient pas portés par les syndicats ou les associations en conciliant un « *militantisme aérien et humoristique et une maîtrise hyper technique des dossiers, en particulier par la démonstration par les chiffres, les statistiques* ». Selon elle, « *ce qui est daté, c'est la mobilisation de masse qui de toute façon est discréditée* ». Elle considère que les actions efficaces sont pensées pour permettre aux médias de faire une photo scénarisée, ce qui est réalisable avec très peu de militant·e·s. Elle cite l'exemple du mouvement Jeudi noir dans le cadre duquel étaient organisées des fêtes à une quinzaine de personnes dans des appartements vides, notamment en face de l'Élysée. Les militant·e·s s'étaient filmé·e·s avec des perruques puis avaient diffusé les clips pour dénoncer la spéculation immobilière.

Ophélie Latil a cofondé le collectif féministe Georgette Sand en 2013 pour dénoncer le fait qu'encore au XXIe siècle, les femmes « *doivent singer les hommes pour être prises au sérieux* » comme l'a fait George Sand au XIXe siècle. Majoritairement en ligne et collaboratives, ses actions utilisent l'humour comme vecteur de changement. Le collectif a, entre autres, créé une pétition, diffusé un clip « Laissez-moi saigner » en 2015 et fait des interventions et rassemblements avec des tampons géants afin de faire reconnaître les protections périodiques comme des produits de première nécessité. Ces actions inter-associatives et internationales ont débouché sur la suppression de la « taxe tampon » avec le passage de la taxe sur la valeur ajoutée (TVA) de 20 % à 5,5 % en 2016. Les Georgette Sand poursuivent ce mouvement avec la lutte contre la précarité menstruelle en étant vigilantes à la porter de manière intersectionnelle « *sans parler à la place de, mais avec* ». Le militantisme est ainsi pensé comme une pédagogie et un partage à travers l'humour. Sa pratique s'inspire aussi d'un art martial, l'aïkido, pour penser l'engagement comme un « *flux d'énergie qui nourrit un flambeau qui est réapproprié* » dans un esprit de « *sororité* ». Selon Ophélie Latil, cela évite « *l'épuisement militant* » et permet de dépasser la socialisation des filles à la rivalité, et donc à la division, face à l'attente d'une reconnaissance extérieure. « *Il faudrait que l'on se forme à l'alliance* », dans le respect de la position de premier·ère·s concerné·e·s ou d'allié·e·s en retrait, au lieu « *de s'engueuler pas forcément pour les bonnes raisons* », sur le port du voile, la prostitution et la transidentité. Les féministes sont « *un grand mouvement si l'on se concentre sur le fait que nous souhaitons aller vers le même ruisseau* », celui « *de l'émancipation plus que de l'égalité* ».

Vice-présidente de Humans for Women, Loren Noordman explique que cette association étudiante intersectionnelle[44], fondée en 2014, porte l'émancipation à travers l'accompagnement des femmes en situation de vulnérabilité « dans la bienveillance, l'humilité et le respect de la parole des concernées ». Elle a « *une boulimie de projets* », d'actions locales, comme des cours de français pour des femmes et des familles exilées, l'organisation de sorties et d'activités sur les thèmes liés à l'égalité pour des collégien·ne·s d'Aubervilliers (le Collège de l'égalité), la bibliothèque féministe participative (la Féministhèque) et des actions de sensibilisation comme des conférences (les Cafés féministes), des

---

44. En ligne sur http://www.humansforwomen.org/

articles sur leur blog et une veille d'information sur les réseaux sociaux. Elle précise que, pour la majorité des adhérent·e·s, l'engagement passe par le virtuel et qu'en dehors d'un petit groupe constitué depuis deux-trois ans « *comme une famille* », les bénévoles sont comparables à « *des papillons* ». En termes d'organisation du collectif, les échanges s'effectuent *via* Messenger et Slack avec des groupes de conversation. Afin de ne pas partager seulement la dureté des diagnostics et des actions d'accompagnement, elles organisent des moments doux et joyeux, qu'elle qualifie de « *sorores* », que cela soit des ateliers de cuisine animés par les apprenantes des cours de français et les habitantes du Palais de la femme, ou les « *karaokés féministes, des fêteministes* ». Ces moments de légèreté partagée permettent de passer du « *c'est horrible* » à « *mais ensemble cela va aller* ».

Le festival Les Aliennes fondé par Tatyana Razafindrakoto en 2016 s'inscrit dans ce registre de militantisme joyeux. L'association, constituée après la première édition du festival, a pour objectif à la fois « *d'agir sur les représentations et les conséquences que cela a sur l'imaginaire collectif* » et « *de s'enrichir au contact de femmes différentes* ». Cela participe, selon elle, d'un « *nouveau militantisme par l'action qui plus est festive* ». Présidente de l'association Les Aliennes de 2016 à 2021, elle note des différences générationnelles dans le rapport au féminisme, en particulier du fait « *de l'accès à certains outils, dont internet qui donne accès à une dimension internationale, instagram permettant par exemple de suivre des féministes du monde entier* ». Elle considère que « *les réseaux sociaux aident à être moins individualiste, à développer la sororité dans la solidarité en se décentrant* ». Il s'agit « *d'être un groupe de semblables dans la reconnaissance de différences d'expérience et de porter une parole commune en passant d'abord par une forme de communauté».* À la différence des militant·e·s ayant été socialisé·e·s à l'engagement avant les réseaux sociaux et exprimant leur attachement à un collectif délimité par un corpus idéologique et des échanges réguliers, la communauté désigne ici « des réseaux informels d'individus politisés aux frontières fluides, avec des structures décisionnelles flexibles et une division du travail souple[45] ».

Rebecca Amsellem, féministe, fondatrice de la newsletter *Les Glorieuses,* fait écho à cette analyse : alors qu'*« avant on s'engageait dans un combat* via *une organisation, aujourd'hui on n'a pas besoin de groupe pour avoir un impact»* comme le soulignent la multiplication et la portée des blogs et des podcasts. Elle a l'impression qu'*« il n'y a jamais eu autant d'activistes féministes différentes »,* et qu'*« il y a plus de personnes qui travaillent en dehors de groupes hiérarchiques, notamment des associations, et portent un pluralisme d'idées qui n'a pas vocation à cohabiter».* Si elle a choisi de créer une newsletter, c'est parce qu'elle a *« plus d'impact en écrivant une newsletter qu'en agissant sur les syndicats et les partis ».* C'est une *« stratégie d'action »* pour participer à *« l'avènement d'une société plus égalitaire dans un féminisme inclusif et écologique ne hiérarchisant pas les combats à travers une lecture critique et argumentée de l'actualité ».* Dans la même perspective, Irene, activiste féministe, blogueuse, autrice de *La Terreur*

---

45. Steven Buechler, *Women's Movements in the United States. Women Suffrage, Equal Rights, and Beyond,* New Brunswick (N. J.), Rutgers University Press,1990, p. 42 ; traduction française de Laure Bereni et Anne Revillard, « Un mouvement social paradigmatique ? Ce que le mouvement des femmes fait à la sociologie des mouvements sociaux », *Sociétés contemporaines,* 85, 2012, p. 17-41.

féministe. Petit éloge du féminisme extrémiste[46] définit son activité sur instagram comme « *une action de démocratisation d'idée, de connaissance* » car elle y communique des sources et contribue à donner la parole aux premier·ère·s concerné·e·s en valorisant les témoignages. Elle mène aussi des actions telles que des collages, des blocages ou des campagnes de sensibilisation « *en mode militante sauvage pour des actions sauvages* » avec « *un groupe de confiance* », « *des sœurs* » car il faut pouvoir s'adapter même si c'est préparé. « *On ne voit que les résultats, mais pour une action qui dure une minute, c'est une semaine de préparation.* » Explicitant elle aussi les versants positifs du militantisme 2.0, Sarah Durieux, directrice de Change.org France, précise que « *le numérique permet de se mobiliser même quand on est isolé* », de « *créer de la confiance et du lien* ».

Inès Seddiki, présidente-fondatrice de Ghett'up, nuance cette valorisation des effets des réseaux sociaux sur l'engagement en soulignant qu'à l'inverse « *dans la forme, ils peuvent aussi scléroser et être un terrain miné* ». Ainsi, si le militantisme 2.0. participe d'un processus de réappropriation de l'espace par les premier·ère·s concerné·e·s dans une dialectique entre lieux et actions virtuels et physiques, il est aussi vecteur de violence et de clivage. Marguerite Stern, ancienne Femen, militante féministe connue en particulier pour avoir été à l'initiative des collages contre les féminicides, illustre cette ambivalence en se félicitant de la propagation de son initiative, pour « *la plupart par des filles qui sont arrivées* via *des comptes instagram féministes intersectionnelles*

---

46. Irene, *La Terreur féministe. Petit éloge du féminisme extrémiste*, Paris, Divergences, 2021.

alors qu'[elle] est universaliste abolitionniste», tout en dénonçant « *les attaques, les insultes* » dont elle a été la cible de la part d'autres féministes *via* les réseaux sociaux. Elle a notamment été accusée d'être trans-phobe et a reçu des menaces comme « Les Terfs au bûcher » – Terfs pour « *trans-exclusionary radical feminist* ». Malgré les attaques qu'elle a subies, elle relativise leur portée en affirmant que « *sur les réseaux sociaux, on n'est pas dans la réalité* ». Elle en tire comme conclusion que « *prendre soin de l'atmosphère, apprendre la coopération est un enjeu féministe majeur dans la mesure où, alors que la solidarité est apprise aux garçons, les filles sont élevées dans la compétition* ». Elle considère ainsi les réseaux sociaux comme des « *supers outils* » qui permettent de se fédérer, à condition de ne pas tomber dans une « *addiction qui mange le cerveau et donne l'impression que l'on fait alors qu'il faut arrêter de parler et sortir dans la rue, prendre la rue en se voyant et non pas sur les réseaux sociaux* ».

Jocelyne Adriant-Metboul, présidente de la Coordina-tion française du lobby européen des femmes (CLEF), explique l'impression de division, voire d'émiettement, des mobilisations, en particulier des féministes, par « *l'immé-diateté du fait des réseaux sociaux qui font appel à l'émotion plus qu'à la réflexion* », alors que « *par exemple la question récurrente du voile et des polémiques que cela suscite sont anciennes* », l'affaire de Creil datant de 1989, soit plus de trente ans. Ce qui est en jeu, au-delà du miroir déformant des réseaux sociaux est « *le sujet épineux de la conjonction entre le mouve-ment féministe et le mouvement antiraciste* ». Selon elle, « *outre ces points de cristallisation, la question générationnelle traverse le féminisme car si les féministes historiques sont plutôt sur les luttes collectives, les jeunes féministes défendent davantage la liberté indi-viduelle, de porter le voile ou un short* ».

Géraldine Franck, fondatrice du Collectif anti-CRASSE « Classisme, Racisme, cApacitisme, Sexisme, Spécisme - Pour l'Égalité contre toutes les dominations », nuance cette lecture dépolitisante d'un militantisme qu'elle qualifie de « *free lance* » en reprenant l'expression d'Éloïse Bouton, ex-Femen et fondatrice de Madame Rap, association fondée en 2016 pour mettre en lumière les rapeuses et les LGBT+ dans le hip-hop. Tout en reconnaissant les avancées auxquelles elle a pu participer en étant dans des associations comme Les Indivisibles, La Barbe, les Georgette Sand ou encore, à la date de l'entretien, dans le collectif Droits humains pour tou·te·s, elle considère qu'avoir fondé un collectif lui permet de travailler en partenariat avec d'autres militant·e·s, en bénéficiant de plus de liberté à la fois en termes de contenu et de modalité de fonctionnement. Si elle porte deux combats prioritairement, le féminisme et l'antispécisme, ce n'est pas parce qu'elle fait une hiérarchie en termes d'urgence, mais parce que ce sont deux luttes qu'elle considère mieux maîtriser. Elle exprime ainsi un attachement très fort à la liberté dans le militantisme pour que celui-ci soit vecteur d'émancipation, mais elle emploie aussi le terme d'égalité car « *il permet de recouvrir les différents combats contre les dominations* ».

L'analyse du « qui » des mobilisations souligne l'attachement à la reconnaissance de la singularité des expériences en ce qui concerne l'appréhension des injustices. Leur mise en visibilité et leur dénonciation nécessitent ainsi de donner la parole aux premier·ère·s concerné·e·s, en veillant notamment à ne pas reproduire des dominations et des occultations lorsque l'on est en position d'être un·e allié·e. Le lien entre les injustices est avant tout effectué par la dénonciation d'un système, qualifié de capitaliste ou de néolibéral, considéré comme responsable des inégalités et des violences de manière transversale et globale. Le néolibéralisme est ainsi un ennemi commun au sens où il porte structurellement une organisation sexiste, raciste, classiste, écocidaire et spéciste. Face à ce constat d'interdépendance, voire d'imbrication, des inégalités, notamment sociales et écologiques, l'alliance entre « premier·ère·s concerné·e·s » est pensée de manière fluide et respectueuse des spécificités des différentes mobilisations. C'est pour cette raison que les termes de confluence ou de synergie sont préférés à celui de convergence, associé à une unification rigide et homogénéisante incompatible avec la reconnaissance de la spécificité des mobilisations et des mobilisé·e·s.

IV

La radicalité fluide : point de jonction entre le « quoi » et le « comment » des mobilisations

Si la convergence des agendas, en particulier sociaux et écologiques, est abordée par les responsables d'association et activistes interviewé·e·s comme l'expression d'une opposition à un ennemi commun, l'injonction à une convergence des luttes est majoritairement considérée comme trop rigide et homogénéisante, en particulier au regard des échecs passés. Les synergies vers un horizon commun sont présentées comme des rencontres et des alliances qui ne feront pas courir le risque de la recomposition d'une hégémonie d'une lutte, d'une cause sur les autres. Ce qui est promu, à l'image des nouvelles Lumières théorisées par la philosophe Corine Pelluchon, c'est « l'indépendance dans l'interdépendance, le fait de développer des relations horizontales de coopération, de prendre soin des autres

vivants en étant sensibles à leurs besoins[1] ». Le
« comment » des mobilisations est ainsi étroitement lié
au « qui » et au « quoi » du commun. La place centrale
conférée à la parole des premier·ère·s concerné·e·s
débouche en effet sur la valorisation d'une diversité des
tactiques pensée comme l'expression de leurs différences de positionnement et de point de vue : alors que
certain·e·s trouvent légitime et conforme à leur.s reven-
dication.s de faire du plaidoyer, d'autres vont considérer plus cohérent et efficace de porter des actions de
désobéissance civile. Le rôle conféré au droit et à la
remise en cause – ou pas – de la frontière entre désobéissance civile violente ou non violente sont deux
points qui font particulièrement débat. L'enjeu est de
déterminer quelles sont les meilleures stratégies pour
porter une émancipation qui ne se réduise pas à un
moment ou un acte libérateurs, mais qui consiste dans
« la transformation des relations et des identités anté-
rieures, la définition de nouvelles subjectivités[2] ».

Vers des synergies dans l'évitement des questions clivantes

Gwendoline Lefebvre, présidente du Lobby européen des femmes de juin 2018 à juin 2021, valorise la
convergence des luttes entendue comme une alliance
entre groupes pour la défense ou la conquête de droits.
Elle cite en particulier le droit à l'avortement qui, en
Europe, n'est pas reconnu dans certains pays ou le

---

1. Corine Pelluchon, *Les Lumières à l'âge du vivant, op. cit.*, p. 153.
2. Audric Vitiello, « La démocratie radicale entre action et institution », art. cité, p. 79.

mariage pour tou·te·s qui a été porté dans la solidarité entre les mouvements féministes et LGBT. Elle promeut une alliance à la fois entre féministes et avec d'autres groupes mobilisés, mais reste vigilante à « *ne pas reproduire à nouveau l'invisibilisation des inégalités femmes-hommes* ». Elle rappelle que le Lobby européen des femmes, représentant plus de 2 000 organisations dans l'Union européenne mais aussi en Turquie, Serbie, Islande et Macédoine du Nord, constitue un bon point d'observation des « *actions, engagements, organisations, qu'ils soient formels ou informels, féministes ou provenant d'autres mouvements qui fleurissent en Europe* ». Elle se réjouit « *de voir que les gens qui s'investissent semblent plus divers et lient les luttes anticapitalistes, pour la défense de l'environnement, etc.* » Si elle comprend l'importance que « *la diversité des femmes soit représentée, en particulier en termes d'origines, d'âge, de situation de handicap* », elle considère que l'alliance autour de revendications communes permet que les différences de point de vue, d'expérience ne constituent pas « *quelque chose d'irrémédiable qui nous sépare* ». C'est dans cette perspective qu'elle regrette l'usage de l'expression de « *féministe blanche* » qui porte en lui l'idée d'une division indépassable des identités et des luttes. Elle appréhende ses engagements locaux, à l'association Femmes solidaires et comme adjointe au maire du 9ᵉ arrondissement à Lyon, en synergie avec ses engagements internationaux et européens dans la mesure où ils lui permettent de faire remonter des revendications venant du terrain et d'appliquer localement les droits promus par les conventions internationales. Elle a ainsi un rapport direct à la diversité des vécus individuels nécessaire à la compréhension des situations qu'elle n'a « *jamais expérimentées en tant que femme blanche parce que le monde est plus fait pour [elle], ce qui est encore plus le cas pour les hommes blancs».* Au niveau du Lobby européen des femmes, elle applique cette exigence de porter des revendications pour toutes les femmes et pas seulement pour les plus privilégiées en faisant des coalitions avec des mouvements portant des expériences et des demandes complémentaires. Elle cite en particulier le travail mené *« en coalition avec d'autres organisations sur les violences faites aux femmes, en travaillant avec de nombreuses organisations comme l'European Disability Forum, le lobby des familles, le lobby AGE des personnes âgées et retraitées en Europe ».* Il s'agit de *« travailler au sein de coalition selon les sujets ».* Elle note une évolution vers une diversification des coalitions en précisant qu'il *« commence à y avoir des liens avec des organisations dans le domaine de l'environnement aussi ».*

La convergence des mobilisations, ainsi décrite par Gwendoline Lefebvre, dépasse la stratégie d'addition des intérêts particuliers et des mobilisations spécifiques, et résulte d'une dynamique de construction des propositions avec la coalition la plus adaptée pour prendre en compte l'imbrication des dominations et des discriminations. Cette approche par la promotion de revendications communes va au-delà d'une conception de la représentation comme composition d'identités et de revendications préexistantes. Elle autorise la prise en compte conjointe des différences d'expériences et de l'importance de faire coalition autour de revendications communes. Comme analysé par les politistes Virginie Dutoya et Samuel Hayat, « toute prétention à la représentation d'un groupe intrinsèquement divers est ainsi en permanence travaillée par les connexions qu'ouvre cette diversité, et la conceptualisation en termes de *representative claim* est certainement l'une des voies à privilégier pour éviter la fixation identitaire de la relation de représentation[3] ».

Olga Trostianksy, présidente-fondatrice du Laboratoire de l'égalité, explique avoir créé ce dernier comme un espace où les revendications féministes sur l'égalité professionnelle pourraient être discutées dans le dépassement de la segmentation entre les mondes associatif, politique et de l'entreprise. C'est à partir de sa connaissance de « *l'écosystème de l'égalité* », au niveau associatif en tant qu'ancienne présidente de la coordination du Lobby européen des femmes, au niveau politique en tant qu'ancienne adjointe à la maire de Paris et au niveau de l'entreprise en tant que responsable de la diversité, qu'elle a décidé de créer le Laboratoire de l'égalité comme un « *think tank et un think do* » contribuant au travail de diagnostic et de proposition en se concentrant sur l'égalité professionnelle « *dans une approche de réforme par petits pas, par la mise en relation d'interlocuteurs larges* ». Les sujets « *qui fâchent, notamment la laïcité, le voile et la prostitution, sont écartés* » et « *les mots clivants ne sont pas utilisés* » afin de « *pouvoir approcher et parler à tous les acteurs concernés, les associations, les syndicats mais aussi les entreprises* ». La priorité est de faire travailler ensemble des représentant·e·s du monde de l'entreprise, syndicats et employeur·e·s, avec des chercheur·e·s et des journalistes, afin de faire émerger des sujets, tels que « femmes et retraite », et de porter des revendications élaborées en concertation. L'enjeu est

---

3. Virginie Dutoya et Samuel Hayat, « Prétendre représenter. La construction sociale de la représentation politique », *Revue française de science politique*, 26 (1), 2016, p. 15.

« *de créer un espace d'échange et de réflexion pour ensuite proposer des actions concrètes* », d'être un « *accélérateur d'action* » en promouvant des « *choix pragmatiques pour faire avancer l'égalité femmes-hommes dans un combat d'alliance* ». L'objectif est de « *faire bouger les choses gentiment mais fermement* ».

Léa Lejeune, cofondatrice et présidente de Prenons la une, une association de femmes journalistes engagée pour une juste représentation des femmes dans les médias et pour l'égalité professionnelle dans les rédactions, précise, elle aussi, que le choix a été fait de ne pas prendre position sur les sujets clivants tels que la non-mixité, le port du voile ou la prostitution afin de pouvoir se concentrer sur leurs revendications communes. Ces sujets peuvent être abordés en réunion mais uniquement sous l'angle d'une meilleure représentation dans les contenus médiatiques. Constituée en association en 2018, après avoir été un collectif, elle revendique son engagement antiraciste et sa participation à une responsabilisation du journalisme et des journalistes vis-à-vis de la remise en cause des inégalités et des discriminations. Son féminisme prend en compte les liens et les intersections avec les autres dominations et émancipations. Le terme « antiracisme » préféré au début pour éviter les clivages entre les féministes universalistes et intersectionnelles a été remplacé par « intersectionnel » dans les statuts en 2019. « *Nous prenons nos décisions de manière collective et le groupe évolue, les jeunes générations deviennent majoritaires et ont fait basculer le positionnement* », explique-t-elle. Dénonçant le discrédit des minorités sociales, en particulier des femmes, comme incapables de faire du « *journalisme objectif* » du fait de leur renvoi au particularisme, cette association interroge les implicites du « *journalisme comme prétendument neutre* ». Elle promeut un journalisme qui « *ne soit pas un miroir déformant de la société* », mais permette « *aux premier·ère·s concerné·e·s d'exprimer leurs points de vue et leurs expériences en ayant leur place sur le plateau, sur les écrans ou dans les tribunes* ». Veillant à ne pas participer à une essentialisation des identités ni parmi les journalistes ni parmi les publics, Prenons la une défend ainsi une reconnaissance des femmes journalistes en tant qu'individus ayant des expériences différentes, mais ne devant pas être enfermées dans des identités figées sources de discrimination.

Anne-Cécile Mailfert, présidente-fondatrice de la Fondation des femmes, explique que son expérience militante, notamment à Osez le féminisme !, l'a amenée à prendre conscience des limites du bénévolat et de l'importance de disposer de moyens pour favoriser l'impact et l'efficacité de l'engagement. Constatant que « *sur les autres grandes causes, en particulier la sauvegarde de l'environnement et la lutte contre la pauvreté, il y avait des fondations* », et qu'en Espagne par exemple, la fondatrice de la chaîne de magasins de vêtements Zara avait financé des manifestations féministes, elle a eu l'idée de « *créer une structure pour récolter des fonds auprès des entreprises et des particuliers afin de les redistribuer aux associations* ». Le but est d'être en soutien et en complémentarité par rapport aux associations et actions existantes, notamment en fournissant un accompagnement financier et juridique, aussi bien pour aider les victimes à se constituer en collectif, pour participer à l'élaboration de plaidoyer ou pour donner de la puissance aux mobilisations. La Fondation des femmes est ainsi une « *plateforme de mutualisation* » qui a pour but de « *structurer le secteur et de le faire rayonner* ». Face à un éclatement des féminismes, l'enjeu est « *d'agir au-delà des clivages, et de créer les conditions de discussions constructives et de faciliter l'émergence d'un consensus* ».

De la radicalité des mobilisations à leur difficile synergie

Tout en revendiquant le fait de se concentrer sur des thématiques et enjeux précis afin d'être plus efficace, notamment car cela permet d'agir en synergie avec d'autres acteur·trice·s sans subir l'interférence d'enjeux polémiques, Chris Blache, responsable du collectif La Barbe et cofondatrice de Genre et ville, défend un rapport au militantisme qui peut être qualifié de radical politiquement à la fois par l'objectif vers lequel il tend – le dévoilement du caractère systémique du patriarcat – et par les modalités d'activisme choisies. La non-mixité des actions de La Barbe et de certains ateliers de Genre et ville est ainsi considérée comme « *un moyen et non une fin* ». « *Il y a des moments où l'on peut construire en mixité et d'autres fois non.* » Elle reformule la citation de l'activiste aborigène Lisa Watson ainsi : « *si tu veux m'aider dans mon combat, cela sera non, si nous avons des convergences, cela sera oui.* » La nécessité d'agir « avec » et non pas seulement « pour » les premier·ère·s concerné·e·s oblige à « *porter les enjeux d'urbanisme en faisant de la politique au sens d'assumer de questionner des rapports de pouvoir* ». Cela demande « *un travail transversal et pas en silo* ».

Dans la perspective de prise en compte des points de vue situés, des différences d'expérience et de contexte, Chris Blache affirme qu'il n'y a pas d'égalité sans la liberté au sens de « *pouvoir d'agir* ». Dans une filiation avec l'activisme porté par Act Up ou Lesbian Avengers, La Barbe est un groupe d'action féministe rendant visible l'exclusion des femmes des lieux de pouvoir en parodiant les dominants et en faisant de la reproduction de la domination patriarcale une mise en scène décalée. « *L'idée n'est pas de convaincre, ce qui serait manichéen, mais de montrer, de mettre en éclairage, en interpellant, en donnant à voir.* » Genre et ville, quant à elle, est une plateforme de recherche et d'action composée d'urbanistes, de sociologues, d'architectes et d'artistes qui ont pour objectif de « *restaurer l'inclusivité sur les territoires* ». « *Entre réforme et activisme* », l'approche intersectionnelle est revendiquée comme un outil radical au sens étymologique où il permet d'appréhender les causes des inégalités dans la complexité du rapport aux territoires en croisant les normes de genre, d'âge, d'origine sociale ou ethnoculturelle, et d'orientation sexuelle. Afin de porter ce type d'action, « *il est important de chercher les points de convergence en s'extrayant des points qui font clivage* », en particulier concernant la question du port du voile. Genre et ville travaille en collaboration aussi bien avec la coordination française du Lobby européen des femmes sur un tour du monde des bonnes pratiques qu'avec des groupes de femmes habitant les quartiers concernés dans le cadre de concertations tout au long de l'aménagement urbain (Ivry, Saint Denis, Villiers-le-Bel...). La radicalité de l'engagement est ainsi pensée comme compatible avec l'évitement des sujets sources de division en camps irréconciliables. L'enjeu est en effet de s'unir autour d'un objectif commun en évitant de se déchirer sur des questions d'emblée incompatibles avec l'échange.

Porte-parole d'Osez le féminisme !, élue en juin 2021 conseillère EELV à la mairie de Paris, Raphaëlle Rémy-Leleu place d'emblée son engagement dans un registre politique impliquant des divergences en précisant que son engagement ne s'inscrit pas dans un féminisme des 1 % qui souhaitent être égales dans la domination, mais dans une lutte pour « *la fin des oppressions* » et l'émancipation. En conformité avec la charte des valeurs d'Osez le féminisme !, elle privilégie le dialogue pour porter un universalisme luttant contre la relativité des droits et l'impérialisme, en prenant en compte l'intersection des discriminations, la diversité des vécus et la convergence des luttes. Face aux « *feux croisés des indigénistes et des féministes blanches* », elle est « *assez triste que le camp politique se déchire à ce point-là car il n'y a qu'un seul réel* ». Elle explique qu'Osez le féminisme ! agit à la fois par la sensibilisation de l'opinion publique et par des plaidoyers auprès des acteurs publics qui ont contribué par exemple à faire émerger le terme de féminicide. Elle revendique une radicalité politique dans la manière d'aborder les problèmes par leurs causes et par une désectorisation de l'action car « *dès lors que le patriarcat est partout, nous allons partout* ».

Marie-Noëlle Bas, présidente des Chiennes de garde, entend aussi appréhender les inégalités femmes-hommes comme un système en dépassant l'approche par les différents secteurs de politique publique (logement, travail, famille, etc.). Au niveau juridique, l'adoption d'« *une loi cadre anti-sexiste* » comme l'a fait en particulier l'Espagne en 2007, lui semble ainsi un horizon pour éviter l'éparpillement des acquis juridiques et améliorer leur efficacité. À la différence de la Brigade antisexiste ou de Pépite sexiste, les Chiennes de garde se sont concentrées sur le plaidoyer et le lobbying auprès des publicitaires et des pouvoirs publics, en relation et coordination avec d'autres associations. Elles ont ainsi participé avec plus de soixante associations au collectif Abolition 2012 pour accompagner l'adoption de la loi visant à renforcer la lutte contre le système prostitutionnel, et avec plus de quarante associations au collectif Féministes en mouvement créé en 2011 pour interpeller les candidat·e·s à la présidentielle de 2012. Même si elle regrette les divisions, en particulier au sein de la gauche et des féministes, qui contribuent à ce que « *nous n'allions que de petites victoires en petites victoires au lieu de s'attaquer à la racine* », elle « *pense que nous allons vers le meilleur avec des soubresauts* », les féministes ayant en particulier « *forcément un dénominateur commun* ». Elle a l'impression que malgré l'individualisation de l'engagement, « *la société change dans le bon sens* », parce que « *la jeunesse est plus ouverte* ». À défaut d'une action concertée et transversale, le changement sera ainsi impulsé par l'effet conjugué des différents militantismes et actions : « *On les prend en tenaille sur tous les fronts, on les aura à l'usure.* »

Danièle Bouchoule, coprésidente du réseau Elles aussi, fondé en 1992 pour promouvoir la parité dans toutes les instances élues, estime que si les divisions ne concernent pas que le mouvement féministe, elle a l'impression qu'il « *est moins homogène et moins dynamique que quand elle avait 20 ans et qu'il y avait une unité pour demander la contraception et l'IVG* ». Il lui semble qu'avec les divisions, en particulier sur la prostitution et le voile,

« *au nom de la tolérance, on accepte des discriminations et des remises en cause de la liberté. La société française avance moins, après d'importantes avancées, notamment celles sur la parité en politique ces deux dernières décennies à la suite du mouvement paritaire.* » Son expérience de terrain à Orléans lui montre que « *localement, on arrive sur des thèmes forts, comme la lutte contre les violences, à se réunir* », à faire de l'inter-associatif. Malik Salemkour, président de la Ligue des droits de l'homme, est lui aussi réservé quant à l'horizon d'une convergence des luttes. Il associe cette expression à « *un vœu pieux de gens qui ne sont d'accord ni sur l'ennemi ni sur l'objectif. Il ne suffit pas d'être contre pour pouvoir construire quelque chose.* » Considérer que « *les questions sociales, environnementales, identitaires, laïques et fiscales soient liées, bien sûr car ce sont des enjeux politiques majeurs, mais cela ne fait pas la convergence des luttes. Ça oblige à la prise en compte des contradictions d'une société et de l'universalité des droits et de leur indivisibilité.* » Il qualifie la situation actuelle d'ambiguë dans la mesure où elle se caractérise « *plutôt par des additions de revendications que par la construction d'un universel* ». La convergence est, pour lui, « *un chemin à travailler pour en faire une alternative démocratique et pacifique* ». Il souligne que le défi, pour construire une « *société sociale, environnementale et égalitaire* », c'est de faire société « *aussi avec des gens qui ne pensent pas comme nous, sauf à nier la démocratie.* »

Si la synergie des mobilisations est considérée comme spontanée lorsqu'elle résulte de la rencontre des agendas de revendication ou qu'elle prend la forme d'alliances face à l'ennemi commun que constitue le néolibéralisme, elle est appréhendée comme un défi complexe quand elle consiste à converger vers un objectif et des modalités partagés. Et ceci d'autant plus que les mobilisations contre les injustices reposent sur une démarche radicale aussi bien en termes d'approche, par la mise en visibilité de leurs causes, que de modalités d'action.

La diversité des tactiques

Face à la méfiance vis-à-vis d'une injonction à la convergence perçue comme faisant courir le risque d'une recomposition des hiérarchies entre luttes, la diversité des tactiques est revendiquée par les responsables d'association et les activistes interviewé·e·s comme participant de la remise en cause d'une approche hégémonique à la fois du diagnostic des injustices et des réponses à y apporter. La convergence des agendas ne met pas en danger leurs spécificités respectives dans la mesure où il s'agit de promouvoir une cohabitation des répertoires d'action et non leur unification. Notre enquête illustre en effet les expressions contemporaines de ce que le sociologue Jacques Ion qualifie d'« idéalisme pragmatique », « le maintien simultané des objectifs à long terme et la recherche concrète d'une efficacité sur le court ou moyen terme »[4].

Sarah Durieux, directrice de Change.org France, fait partie des 47 jeunes militant·e·s d'association et entrepreneur·e·s ayant participé à la nouvelle photo du siècle prise par Yann Arthus-Bertrand et publiée dans *L'Obs* en juillet 2020, en écho au célèbre cliché de Jean-Marie

---

4. Jacques Ion, *La Fin des militants ?*, Paris, Les Éditions de l'Atelier, 1997, p. 75.

Périer ayant immortalisé des vedettes yé-yé en 1966 dans le magazine *Salut les copains*. Ce cliché représente pour elle « *la prise de conscience des têtes de réseau de la nécessité stratégique de se rejoindre dans une logique d'interdépendance plutôt que de convergence* ». Cela repose principalement sur trois constats entremêlés : « *on ne peut pas résoudre une lutte sans résoudre les autres, il n'y a pas forcément un seul horizon et les modes d'action sont différents, il n'y a pas d'homogénéité des méthodes.* » Elle note que « *les modes d'action sont de plus en plus décentralisés avec la difficulté pour les têtes de réseau d'imposer une ligne* ». Comment s'organiser pour reconnaître la légitimité et la parole de chacun·e tout en partageant des principes communs au collectif ? Il y a, selon elle, une contradiction entre l'urgence à agir ensemble dans un contexte de fin du mois et de fin du monde, et la nécessité pour cela d'instaurer de la confiance, ce qui demande du temps. L'enjeu n'est pas de répondre à « *comment on met tout le monde d'accord, mais à comment on peut trouver une vision du monde dans laquelle tout le monde peut vivre dignement* ». Inès Seddiki, présidente-fondatrice de Ghett'up, également présente sur cette nouvelle photo du siècle, voit dans la pandémie de Covid-19 « *une épiphanie dans la prise de conscience à la fois de la gravité de la situation de fin du mois et de fin du monde et de la nécessité de faire rapport de force par rapport aux pouvoirs publics* ». Elle a observé une « *convergence des mobilisations* », « *des alliances entre les générations Adama et climat, les acteurs de l'égalité et les enfants de l'immigration* ». Il y a une nécessité « *de bienveillance, de sororité dans les milieux militants qui se caractérisent aussi souvent par la violence psychologique et la précarité économique* ». Les alliances constituent, selon elle, une réponse aux tentatives de division : « *faire nombre, c'est une manière de couper l'herbe sous le pied de ceux qui nous mettent en concurrence.* »

Dans la même perspective, Angelina Casademont, membre de Youth for Climate, qualifie les luttes contre les dominations d'« *indissociables* » et souligne que l'enjeu des mobilisations, en particulier écologistes, féministes, antiracistes et pour la justice sociale, est de se renforcer et non de se nuire. Elle a observé une forme de « *radicalisation* » du mouvement climat qui ne se réduit plus à une prise de position pour la défense du climat, mais qui a voté sa charte des valeurs dans laquelle il se déclare « *anticapitaliste, féministe et antiraciste* ». En termes de gouvernance, « *le mouvement est le plus horizontal possible afin de ne pas répéter ce que la politique est* ». En ce qui concerne les répertoires d'action, « *la diversité des tactiques est la règle avec comme limite la non-violence vis-à-vis des personnes* ». Au sein de Youth for Climate comme dans leur relation avec les autres mouvements, « *c'est à chacun de voir dans quel niveau d'action il se retrouve* », la règle est de « *s'entraider entre les différentes tactiques* ». Les militant·e·s participent ainsi à des actions faites par d'autres collectifs, par exemple à des actions organisées par Extinction rébellion pour encourager les 150 citoyen·ne·s de la Convention pour le climat. Angelina Casademont précise que Youth for Climate est passé d'une action de plaidoyer en partenariat avec des mouvements écologistes, notamment Alternatiba, à des actions plus radicales axées sur la désobéissance civile et le rapprochement avec des luttes comme les Gilets jaunes ou la Marche des daronnes.

Vipulan, lycéen, militant de Youth for Climate, confirme cette évolution : « *au début les revendications étaient centrées sur la dimension climatique, au fur et à mesure on s'est mis à lutter pour un changement global, pour une meilleure société dans la conscience que tout est lié au système d'exploitation capitaliste à la fois sexiste, raciste et destructeur du vivant appréhendé avec le philosophe Baptiste Morizot comme des "manières d'être vivant"*[5]. » Cette compréhension du dérèglement climatique comme expression d'oppressions imbriquées a des implications sur l'évolution des modes d'action qui eux aussi deviennent « *plus radicaux au sens de toucher le problème à la racine* ». Les plaidoyers sont ainsi complétés par « *des actions directes non ritualisées telles qu'analysées par Geoffroy de Lagasnerie* »[6], notamment des occupations ou des sabotages. Il précise qu'« *on ne prône pas la non-violence dogmatique, mais de ne pas s'attaquer aux personnes physiques sauf en cas de légitime défense* ». Il s'agit de se poser des questions stratégiques pour choisir les actions les plus adaptées, en lien avec les autres organisations mobilisées et les expériences passées. Il souligne l'ambivalence de la réception de l'engagement des jeunes car si « *au début, on était vu comme des petits enfants trop mignons qui manifestaient pour le climat, avec la radicalisation de nos actions, il n'est plus possible de nous utiliser pour faire du* green washing ». L'évolution des réactions de la police vis-à-vis des mobilisations écologistes est, selon lui, révélatrice du fait que, même si celles-ci proviennent majoritairement des classes privilégiées, elles ne sont plus perçues comme inoffensives par le pouvoir.

---

5. Voir Baptiste Morizot, *Manières d'être vivant. Enquêtes sur la vie à travers nous*, postface d'Alain Damasio, Arles, Actes Sud, 2020.
6. Voir en particulier Geoffroy de Lagasnerie, *Sortir de notre impuissance politique*, Paris, Fayard, 2020.

En ce qui concerne la spécificité de la mobilisation des jeunes, face à des remarques du type « *allez étudier d'abord* » tentant de la décrédibiliser, il répond : « *c'est notre avenir, on n'a pas le temps d'attendre la fin de nos études pour agir, l'effondrement est déjà en cours.* » Le rapport ambivalent des médias et de l'opinion à l'égard de Greta Thunberg, une personnalité emblématique de l'engagement des jeunes, est, selon lui, significatif de la persistance d'un modèle paternaliste ne reconnaissant pas les jeunes comme autonomes et donc comme légitimes à critiquer l'ordre social et politique.

Les responsables d'association et activistes interviewé·e·s font référence au sentiment d'urgence écologique et sociale pour éclairer l'évolution de leur rapport aux types d'actions légitimes et à la diversité des tactiques. Aurélie Trouvé, porte-parole d'Attac, reprend le slogan « *fin du monde, fin du mois même combat* » pour expliciter que l'horizon commun est « *une planète avec une humanité heureuse* ». Selon elle, l'urgence écologique et sociale rend encore plus forte la nécessité d'agir pour une justice globale en portant l'égalité non pas seulement comme une égalité de droit, mais aussi comme « *l'égalité de chaque génération dans le partage des richesses* ». Elle rappelle qu'Attac est un mouvement international qui a été fondé en 1998 en prônant la convergence de différents réseaux militants contre les politiques néolibérales, en particulier des mouvements syndicaux et associatifs « pour le contrôle démocratique des marchés financiers et de leurs institutions ». Attac est « *au carrefour de la convergence des luttes* ». Un travail y est en particulier mené par une commission dédiée aux propositions politiques à porter pour tendre vers une justice sociale et environnementale qui tienne compte du fait que « *nous ne sommes pas tous égaux face aux dérèglements climatiques, à la pollution...* ». En partenariat à la fois avec des syndicats comme la CGT ou des associations comme Greenpeace, il s'agit de « *faire ce que les partis politiques ne sont pas capables de faire* ». Elle cite aussi le « Pacte social et écologique » porté en mars 2019 par une coalition de 19 organisations, comprenant notamment ATD Quart monde, la Mutualité française, France terre d'asile, le Réseau action climat, la Fédération des associations générales étudiantes (FAGE) et l'Union nationale des syndicats autonomes (UNSA), dont les 66 propositions ont été présentées par Laurent Berger, secrétaire général de la Confédération française démocratique du travail (CFDT) et Nicolas Hulot, ancien ministre de la Transition écologique, président d'honneur de la fondation Nicolas-Hulot pour la nature et l'homme.

Si Aurélie Trouvé se réjouit que des convergences se mettent en place en termes de débats et de propositions, elles ne vont pas, selon elle, jusqu'à des mobilisations communes. Le principe défendu par Attac est celui de « *la complémentarité des tactiques dans le respect des stratégies de chacun* ». Elle regrette que les « *médias dominants* » ne relaient que les expressions violentes de la colère légitime provoquée par un système injuste et lui-même violent. La radicalité est ainsi « *du côté du néolibéralisme dans la mesure où la violence est perpétrée par le système capitaliste et la police* ». Selon elle, les mobilisations contre les injustices sont « radicales » au sens où elles « *s'attaquent à leurs racines* », mais elle évite d'utiliser cette expression car c'est « *reprendre les termes du pouvoir* », qui délégitiment alors que l'objectif est d'arriver « *à emporter l'adhésion la plus grande possible* ».

En ce qui concerne le répertoire d'action, Attac a une culture du dialogue, mais elle comprend que d'autres stratégies puissent être choisies car « *dans une démocratie qui ne fonctionne pas, qui est étriquée, qu'on la regrette ou non, la violence a eu une certaine forme d'efficacité face au gouvernement. Les Gilets jaunes ont fini par être écoutés alors que le gouvernement n'écoute pas un million de personnes manifestant dans les rues.* » Selon elle, « *la diversité des tactiques fonctionne bien* », ceci d'autant plus que chaque mouvement, organisation a des compétences et des revendications spécifiques. Chacun·e « *élargit ses domaines de revendication* », mais « *on ne peut pas tout faire* ». Renard, habitant·e de la ZAD de la Dune, partage cette affirmation car si au niveau de la zone à défendre la « *non-violence totale est prônée* », la diversité des tactiques est considérée comme la meilleure des solutions car « *chacun fait ce qu'il peut* » dans un contexte où « *la violence mère de toutes les violences est la violence d'État* ».

C'est en partant de leurs compétences respectives en photographie, en vidéo et en cinéma que William Burkhardt et Léa Dubost, coprésident·e·s de l'association Red Pill (ex-DxE France) créée en octobre 2018, expliquent s'être spécialisés dans la production de vidéo-enquêtes en élevage intensif, en complémentarité avec les activités de L214, afin à la fois de toucher les individus en leur montrant ce à quoi ils participent en tant que consommateur·trice·s et de faire pression sur les producteur·trice·s et les décideur·e·s : « *cela ne sert à rien de négocier face à de gros industriels, il faut qu'ils n'aient pas le choix.* » Leur stratégie est « *de viser des grosses marques de l'agro-alimentaire, comme Fleury Michon, Le Gaulois ou McDonald's, qui essayent d'améliorer leur image avec des campagnes de publicité qui ne reflète pas la réalité de l'élevage* ». Afin de toucher un maximum de personnes, ils ont mené des enquêtes en y associant différentes personnalités (Bastien Lachaud, député LFI de Seine-Saint-Denis, ou le rappeur et acteur Stomy Bugsy) et journalistes (Hugo Clément, France 2, TMC, BFMTV, *Paris Match*) pour une diffusion la plus large possible. Lors de l'entretien comme sur leur site internet, ils valorisent le nombre de vues de leurs enquêtes – plus de 40 millions pour une trentaine de sujets –, et relativisent les coûts de leur démarche de désobéissance civile en affirmant prendre peu de risques proportionnellement à la portée de leur travail et la gravité de l'exploitation animale et de ses conséquences : plus de 69 milliards d'animaux terrestres et 2 000 milliards d'animaux marins tués par an, entraînant une augmentation de 14,5 % des gaz à effet de serre et étant responsable de 63 % de la déforestation en Amazonie[7]. Un an après l'entretien, le 9 novembre 2020, après avoir perdu en appel pour une vidéo dans un élevage de poules pondeuses dans le Morbihan, William Burkhardt annonce à l'agence Agra Presse : « j'ai fait tout ce que je pouvais, mais tout est figé, le système nous dépasse [...], les gens se moquent de ce qu'ils mangent, explique-t-il. Certes, les procès ont ralenti notre travail, mais c'est aussi tout un tas d'autres choses qui nous fait arrêter. »

---

7. Voir sur le site de Red Pill les enquêtes sur les élevages intensifs, en ligne sur https://associationredpill.fr/

De la légitimité de la désobéissance civile

Si les responsables d'association et activistes défendent à la fois la légitimité et l'efficacité de la diversité des tactiques, trois enjeux, dont les deux premiers sont étroitement liés, sont soulevés dans notre enquête concernant cette question : celui de la désobéissance civile, celui de la frontière entre violence et non-violence et celui du rapport au droit.

Gustave Massiah, membre du conseil scientifique d'Attac France et du conseil international du Forum social mondial (FSM), analyse le positionnement contemporain vis-à-vis de la diversité des tactiques en lui redonnant sa profondeur historique : « *dans les années 1980, on se rend compte que la stratégie [de la conquête de l'État pour atteindre l'égalité] ne fonctionne pas, c'est-à-dire que [même pour les partis de gauche, le parti politique] devient un parti-État avant même d'avoir conquis l'État, et l'État ne permet pas de changer la société. [...] On retrouve aujourd'hui, dans les nouveaux mouvements, cette question du rôle de l'État dans la construction de l'égalité.* »

La militante féministe Marguerite Stern tire les conséquences de l'inefficacité des actions ayant lieu dans le respect des cadres institutionnels en affirmant que « *l'action doit être répréhensible pour être entendue* ». Elle fait référence à la complémentarité des mobilisations pour le droit de vote des femmes au Royaume-Uni entre les suffragistes et les suffragettes[8] associées respectivement à des campagnes modérées, réformistes et à des modes d'action plus radicaux *via* des actes de

---

8. Béatrice Bijon et Claire Delahaye (dir.), *Suffragistes et suffragettes. La conquête du droit de vote des femmes au Royaume-Uni et aux États-Unis*, Lyon, ENS Éditions, 2017.

désobéissance civile, pour préciser que c'est « *quand on renonce à une part de sa liberté pour le bien commun que l'on a adjoint ses forces au mouvement qui existe déjà* ». La radicalité est, selon elle, nécessaire dans la mesure où « *une lutte sociale ne doit pas chercher l'approbation car sinon cela ne sert à rien* ». La transgression est légitime quand l'État n'est pas capable d'assumer ses responsabilités. Elle considère ne pas être elle-même assez radicale et se demande s'il ne serait pas légitime d'aller plus loin dans la désobéissance civile en dépassant la posture de non-violence. « *Peut-être que l'on se trompe de cible, le réel montre que l'État de droit ne fonctionne plus.* »

Dans la même perspective et en écho à l'évolution des modes d'action des activistes écologistes, Rebecca Amsellem, activiste féministe et fondatrice de la news-letter *Les Glorieuses*, précise qu'elle vit un moment de son activisme où elle se dit qu'« *il faut aller plus loin et plus fort* ». Elle considère que « *le système capitaliste, tel qu'il est mis en œuvre aujourd'hui, paraît incompatible avec l'égalité* ». Elle perçoit la difficulté d'affirmer une telle position alors qu'elle est entrepreneuse et associe sa cohérence au fait de se servir de ses réseaux et d'avoir une parole dans les institutions pour « *faire avancer des sujets* », en particulier ceux dont les premier·ère·s concerné·e·s sont peu audibles, comme sur le statut des travailleur·euse·s du sexe. Le principe de la non-violence totale est, selon elle, à prendre avec précaution dans la mesure où « *les féministes font face à des méthodes violentes pour les faire taire et étouffer leurs revendications* ». La remise en cause de la frontière violence/non-violence est en effet, selon elle, « *nécessaire pour être légitime et prise en considération et efficace* » car sinon c'est « *un combat de bisounours face à des G.I. Joe* ». Cofondateur de La Suite du monde et des Communes imaginées, Nicolas Voisin, argumente lui aussi sur la légitimité de la désobéissance et de la violence dans les luttes en affirmant que « *tant qu'un portail ne tombe pas, on ne parle pas d'un étudiant qui s'est immolé. Il a fallu la violence pour que l'on en parle.* » Il précise que ce qui lui « *pose problème ce n'est pas les différences de tactique, mais l'éparpillement dans les débats* ». En effet, pour lui, si « *la violence sert, le débat sur la violence dessert* ». Face à une « *violence systémique* » et la « *stratégie de conflictualité menée par l'État* », il considère que la réponse ne peut pas être celle d'une non-violence de principe.

Solveig Halloin, fondatrice et porte-parole de Boucherie abolition, affirme que la dichotomie entre désobéissance civile violente ou non violente n'est pas « *opérante puisqu'il y a un déni des points aveugles qui ne sont pas assez conscientisés pour qu'elle soit opérante. La violence est structurelle et institutionnelle, elle est ultime, abominable, totale. Elle s'exerce à tel point qu'elle remet en cause les questions de stabilité, de survie des êtres vivants. La violence est moralisée, légalisée, légitimée.* » Dans cette perspective, l'enjeu est de sortir du discours par le passage à l'acte. Elle cite Jacques Rancière[9] « *qui dit qu'il n'y a progrès que quand une société est capable de passer du dire au faire* » pour dénoncer « *un problème contemporain qui est la complaisance dans le diagnostic, le descriptif et qui n'arrive pas à passer dans un positionnement de résistance actif* ». C'est dans cette perspective qu'elle considère que « *les féministes occidentales n'arrivent pas à dépasser le paradigme dans lequel elles demandent la liberté, sans comprendre qu'il ne s'agit pas*

---

9. Voir notamment Jacques Rancière, *Les Mots et les torts. Dialogue avec Javier Bassas,* Paris, La Fabrique, 2021.

de la demander, mais de la prendre car il n'y a de changement que quand on prend la liberté, donc quand on désobéit à papa, au président, au flic, au juge, à l'avocat, etc. » Anaïs Leleux, membre du comité de pilotage de #NousToutes, responsable Agitprop à la date de l'entretien, fait partie des activistes qui remettent en cause la stratégie non violente comme une posture dogmatique et inefficace dans un contexte où le plaidoyer est insuffisant. Elle précise que les avancées, telles que l'accès au droit de vote, ont été acquises « *grâce à des femmes comme Hubertine Auclert qui ont essayé de se présenter et voyant qu'elles n'y arrivaient pas, sont allées jusqu'à défoncer des urnes dans des bureaux de vote* ». Elle est « *convaincue que si ces pionnières-là étaient encore en vie, elles ne seraient pas en train de participer au Grenelle [contre les violences conjugales de l'automne 2019], elles seraient avec nous en train de faire des manifestations d'agitprop, de désobéissance civile pour pointer du doigt tout ça. Elles ne se contenteraient pas d'un féminisme institutionnel. Je pense qu'il faut les deux, mais que si nous on n'était pas là pour jouer les* bad cops, *ça n'avancerait pas en fait.* » À la suite de son expérience de militante engagée aussi dans le plaidoyer, elle fait part de ses doutes quant à la possibilité « *qu'un réel changement puisse advenir "avec l'État"* ». Elle pense ainsi qu'il est essentiel d'agir « *contre l'État* » avec des recours en justice, en attaquant en particulier la France pour non-respect de la convention d'Istanbul, et « *"sans l'État" par l'auto-organisation, l'éducation populaire, le travail à l'échelon local* ».

Ce qui est dénoncé, c'est la réduction de la désobéissance civile[10] à son caractère exclusivement non violent[11]. Il est ainsi souvent souligné que la non-violence de Martin Luther King n'aurait pas eu cette portée s'il n'y avait pas eu Malcolm X et les Blacks Panthers, les deux démarches étant complémentaires. L'idéalisation du choix de la non-violence est ainsi associée à une mauvaise compréhension des personnes qui l'incarnent et de leur contexte, la transformation de Gandhi en symbole est notamment citée comme une mauvaise compréhension de son histoire et de son parcours. De plus, cette idéalisation est critiquée comme reposant sur l'occultation du fait que « souvent, les formes de protestation non-violentes n'ont pu développer une efficacité dans leur action que sur fond de menaces, de provocations ou d'un potentiel usage de la violence[12] ». Géraldine Franck, fondatrice du Collectif anti-CRASSE « Classisme, Racisme, cApacitisme, Sexisme, Spécisme - Pour l'Égalité contre toutes les dominations », a observé cette complémentarité dans le militantisme féministe et antispéciste à travers le déplacement du curseur de la radicalité des mobilisations, au sens où de plus en plus de mobilisations sont venues « *questionner ce qui est légal* ». Selon elle, des associations d'action directe comme La Barbe ont été perçues comme plus respectables, voire finançables, à partir du moment où des activistes comme

10. Peter Gelderloos, *Comment la non-violence protège l'État. Essai sur l'inefficacité des mouvements sociaux*, trad. de l'anglais par Nicolas Casaux et Arthur Fonteney, Herbley, Éditions Libre, 2018 ; éd. originale *How Nonviolence Protects the State*, Cambridge (Mass.), South End Press, 2007.
11. James A. Colaico, « Martin Luther King, Jr. and the Paradox of Nonviolent Direct Action », *Phylon*, 47, 1986, p. 16-28.
12. Robin Celikates, « La désobéissance civile : entre non-violence et violence », *Rue Descartes*, 77, 2013, p. 43.

les Femen ont bousculé encore plus les modalités de la désobéissance civile. Elle précise que, dans la lutte anti-spécistes, l'arrivée en France de mouvements tels que 269 Life, informant et sensibilisant le public à l'exploitation et l'oppression animales par le biais d'actions et d'happenings comme la mise en scène d'un abattoir à ciel ouvert sur la place du Palais-Royal à Paris le 26 septembre 2015, a aussi entraîné une plus grande respectabilité d'autres mouvements comme L214. Elle s'appuie, elle aussi, sur l'exemple de la complémentarité entre les suffragettes et les suffragistes pour souligner qu'il n'y a « *pas de bon ou de mauvais mouvements* », de « *stratégie unique* », le discours stratégique de la pureté de l'engagement est, selon elle, « *très masculin, les femmes ont plus d'humilité* ». Le rapport entre militantisme et pureté est aussi abordé par Axelle Playouste-Braure, militante anti-spéciste, co-organisatrice des Estivales de la question animale, qui souligne l'importance de faire la distinction entre « *la pureté individuelle* » que chacun·e peut choisir comme horizon personnel et l'efficacité stratégique devant guider les choix militants et les relations entre mouvements défendant la même cause.

Controverses autour de la frontière violence/non-violence : quelle radicalité pour quelle efficacité ?

Si le constat d'une violence systémique et de la nécessité d'y répondre par la désobéissance est partagé, les divergences portent sur la légitimité, voire la nécessité[13],

---

13. Günther Anders, *La Violence, oui ou non. Une discussion nécessaire*, Paris, Éditions Fario, 2014.

de se réapproprier la violence. Les critiques, voire le refus, de la non-violence sont en effet portés par certain·e·s activistes comme l'affirmation du droit à la légitime défense dans un état d'urgence[14].

Pauline Boyer, porte-parole d'Alternatiba et d'Action non-violente COP21 (ANV-COP21), répond à cet argument en précisant que « *la jambe des alternatives* » incarnée par « *Alternatiba [qui] porte des propositions d'une nouvelle société et d'un mode de vie qui est soutenable et plus juste et égalitaire* » a besoin de « *la jambe de la résistance* » incarnée par « *ANV-COP21, la branche qui organise des actions de désobéissance civile, un moyen d'action qui a déjà montré ses répercussions en termes de changements culturels rapides* ». Le choix de la lutte non violente est revendiqué comme central dans la mesure où il « *est nécessaire pour faire préfigurer la société que l'on voudrait construire* ». Elle fait appel à deux citations de Gandhi pour justifier et caractériser cette démarche : « *La fin est dans les moyens, comme l'arbre est dans la semence* » et « *Soyez le changement que vous voulez voir dans le monde* ». La non-violence est ainsi définie comme « *une mesure radicale* », la radicalité étant entendue comme le fait d'« *aborder les problèmes auxquels nous faisons face aujourd'hui qui sont le dérèglement climatique, l'effondrement de la biodiversité et la crise sociale en en identifiant les causes* ». Dans cette perspective, être radical, c'est s'opposer à « *la culture de la violence caractérisant notre société [...] basée sur une économie libérale, le mythe de la croissance qui entraînent l'exploitation des ressources naturelles et creusent les inégalités* ». La force

---

14. Günther Anders, « La fin du pacifisme. (Interview imaginaire) », *Tumultes*, 28-29, 2007, p. 199-216.

de la non-violence[15] est ainsi associée à la fois à sa cohérence éthique et politique et à son efficacité comme stratégie d'action pouvant être portée par le plus grand nombre et devenir donc « *un mouvement populaire* ». La dimension plus incluante de la désobéissance civile non violente est aussi soulignée par Juliette Rousseau, coordinatrice et porte-parole de la Coalition climat 21 et membre d'Initiatives pour un autre monde (IPAM), qui regrette que de « *l'autre côté du spectre, du côté émeutiers, il y a peu de réflexion sur les conséquences fondamentalement inégales de la répression en fondant le mode d'action de façon identitaire et non stratégique. C'est comme si on était défini par notre mode d'action, seul l'émeutier est radical. Cela ne permet pas de penser la complicité politique. L'émeute n'est pas toujours inclusive. Or, les pratiques de lutte ont vocation à nous faire prendre la main.* » Elle précise que maintenant « *en tant que maman, il y a plein de contacts politiques qui ne sont pas possibles pour [elle]* ».

Pauline Boyer précise que les actions de désobéissance civile comme les décrochages de portrait du chef de l'État sont effectuées avec des médiateurs chargés d'expliquer la dimension politique et qui participent d'une stratégie de désescalade de la violence. Elle explique que le rôle des médiateurs est « *de rassurer les personnes qui deviennent actrices des actions malgré elles (employés de banque, de mairie...), dans l'objectif d'instaurer une communication et de réduire au maximum la violence qu'elles pourraient éprouver dans cette situation* ». Elle précise que « *la création de situations de conflits par des actions étant nécessaire pour mener nos luttes, c'est leur approche et leur*

---

15. Judith Butler, *The Force of Nonviolence ! An Ethico-Political Bind*, Londres, Verso, 2020.

*méthode de résolution dans l'esprit de l'*ahimsa *"le désir de ne pas nuire" traduit dans le terme "non-violence", qui constitue la dialectique et la force des luttes non violentes »*. La réponse de l'État par la répression, que cela soit par les violences policières ou le contrôle des activistes, en particulier à travers leur fichage par la cellule de renseignement Déméter lorsqu'ils sont considérés comme portant « atteintes au monde agricole », constitue, selon elle, « *une tentative de criminaliser et de discréditer les militants des mouvements écologistes et sociaux »*. Parce que l'on ne déconstruira pas la maison du maître avec les outils du maître pour reprendre l'analyse de la poète et militante Audre Lorde[16], la réponse des mouvements sociaux doit, selon elle, se situer sur un registre de non-violence respectant la « *cohabitation des pratiques »* et ne portant ni discrédit, ni attaques contre les autres militant·e·s et mobilisations, ce qui ajouterait de la violence à la violence. Afin d'éviter tout quiproquo, elle ajoute que « *la stratégie de lutte non violente est incompatible avec la diversité des tactiques car elle est forcément affaiblie si elle cohabite avec des stratégies qui apparaissent comme violentes aux yeux de l'opinion publique dans les mêmes lieux et la même temporalité »*. Elle souligne qu'ils mènent leur lutte « *en demandant à ce que [leur] stratégie soit respectée par les autres militants. [Ils] ne [se] permett[ent] pas de juger les actions des militants ayant fait d'autres choix stratégiques car c'est contre productif et que la bataille à mener ne se joue pas entre les personnes qui militent pour changer le système, mais dans les actions concrètes pour*

---

16. Audre Lorde, « The Master's Tools Will Never Dismantle the Master's House », dans id., *Sister Outsider : Essays and Speeches,* Trumansburg (N. Y.), Crossing Press, 1984, p. 110-114, trad. fr. dans *Sister Outsider. Essais et propos d'Audre Lorde,* Vineuil, Mamamélis, 2003.

faire avancer la société. » « *Agir par le droit* », comme l'a fait le collectif L'Affaire du siècle en assignant l'État pour inaction face aux changements climatiques, est ainsi « *un des moyens d'action non violente que l'on peut activer* ». Pour elle, « *tous les moyens d'action non violents sont complémentaires et doivent être utilisés, quand bien même leurs échéances prendraient des années puisque les luttes s'inscrivent la plupart du temps dans des cycles longs* ». Elle explique que « *c'est leur combinaison qui permet de créer des rapports de force et de faire avancer nos luttes en remportant des victoires* ».

Considérant que les actions telles que le plaidoyer ne sont efficaces qu'en synergie avec d'autres, dont des actions violentes, K., cofondatrice d'une organisation écoféministe inspirée notamment par Starhawk, théoricienne américaine du néopaganisme et de la sorcellerie moderne dans la tradition du Reclaiming Collective, fondé à San Francisco (1978-1997) pour explorer des rituels féministes émancipateurs, précise que si ce collectif s'inscrit dans une logique non violente, il est essentiel de ne pas réécrire l'histoire de la non-violence en effaçant sa dimension inclusive. « *Inclusive des nombreuses personnes minorisées et opprimées pour qui la violence est parfois une nécessité vitale face à un système qui veut leur mort* », et efficace dans la diversité des tactiques. Elle réagit à la citation d'Audre Lorde, évoquée ci-dessus, en précisant que les dominés n'utilisent pas les mêmes outils que le maître dans la mesure où la violence n'est pas un choix de leur part, mais un acte de résistance à travers des stratégies qui sont de l'ordre de la guérilla face à une violence étatique à laquelle ils n'ont pas les moyens de s'opposer autrement[17]. Même si elle préférerait « *faire*

---

17. Voir Elsa Dorlin, *Se défendre. Une philosophie de la violence*, Paris, La Découverte, 2017.

cela de manière douce et créative», l'histoire des mobilisations lui enseigne que « *les droits ont été acquis par la violence, l'acceptabilité morale des droits des personnes opprimées ne se faisant qu'en vertu de leur capacité à conquérir, par tous moyens, ce que le pouvoir en place ne juge pas légitime et donc illégal par défaut*». Son rapport au droit est « *réformiste et révolutionnaire*» dans un sens pragmatique où « *l'appareil législatif permet d'acquérir et de protéger quelques droits*», elle cite notamment le droit à l'avortement. Néanmoins, venant de l'anarchisme, elle considère que « *la démocratie représentative est une fumisterie*». Comme l'analyse Robin Celikares, professeur de philosophie sociale à l'université Frei de Berlin, l'efficacité de la non-violence est ainsi remise en cause comme relevant « d'un leurre fondamental : son côté auto-pacificateur conduirait en fin de compte à une auto-neutralisation[18] » face à un système économique et politique violent et destructeur. À partir notamment des travaux de Fanon[19], la question posée n'est plus celle de la légitimité de la violence, mais de sa nécessité dans des situations de violence systémique.

Sophie Tissier, membre des Gilets jaunes et de #NousToutes, fondatrice du collectif Gilets jaunes Decla ta manif puis de l'association Force jaune, répond à cette question en précisant que ses engagements sont radicaux par leur dimension structurelle, mais que « *le terrain de la violence, elle le laisse à l'ennemi*». Elle dénonce les actions violentes comme « *dogmatiques, fermées et totalitaires*» car derrière la proclamation de la diversité des

---

18. Robin Celikates, « La désobéissance civile », art. cité, p. 44.
19. Franz Fanon, *Les Damnés de la terre*, Paris, La Découverte, 2002 [1961] ; Cécile Lavergne, « La violence comme praxis révolutionnaire chez Frantz Fanon », dans Guillaume Sibertin-Blanc (dir.), *Violences. Anthropologie, politique, philosophie*, Toulouse, EuroPhilosophie Éditions, 2017.

tactiques, c'est « *la violence et la loi du plus fort qui gagnent, et à ce jeu-là, les militants perdent* ». Elle déplore que les militant·e·s ayant choisi l'action non violente, exigeant la créativité et l'insolence de l'humour, ne sont pas respecté·e·s. Elle indique avoir subi des menaces de mort de la part de *blacks blocs* pour avoir déclaré des manifestations et respecté la loi. Elle qualifie les actions violentes d'« *erreur de tactique* », notamment parce que le pouvoir instrumentalise les *blacks blocs* pour discréditer les manifestations. Elle s'oppose à l'analyse du philosophe libertaire et activiste américain Peter Gederloos, selon lequel la non-violence protège l'État, en affirmant que « *la vieille idéologie insurrectionnelle régale l'État* » en discréditant et divisant les mobilisations. La convergence des luttes se heurte ainsi, selon Sophie Tissier, à des « *identités de lutte cloisonnées* » qui ne pourront être dépassées que par la construction d'un débat bienveillant et d'une réflexion commune sur la redéfinition d'une « *véritable démocratie* », notamment *via* la réécriture de la Constitution veillant à la séparation des pouvoirs y compris du pouvoir médiatique. Elle défend une stratégie reposant sur la réappropriation « *des armes* » jusqu'à présent monopolisées par « *l'ennemi* », en particulier les médias, mais aussi des lieux du pouvoir comme les Champs-Élysées lors de manifestations déclarées et pacifiques. Khaled Gaiji, président des Amis de la Terre, associe lui aussi la radicalité à une stratégie de désobéissance civile non violente en précisant que le fait de revendiquer, penser et porter la non-violence « *ce n'est pas une image, [...] c'est dans nos objectifs.* »

Non pas seulement au-delà, mais aussi par les controverses sur les frontières entre violence et non-violence, la désobéissance civile est envisagée par les responsables d'association et activistes interviewé·e·s comme une repolitisation. Comme l'analyse le philosophe Robin Celikates, elles participent d'« une forme d'*empowerment* démocratique visant à atteindre des formes plus intensives et/ou extensives d'auto-détermination démocratique[20]. À cet égard, il ne s'agit pas tellement d'imposer ou bien d'empêcher le choix d'une certaine option politique qui serait soit inconciliable avec les normes et les valeurs fondamentales prônées par le libéralisme soit au contraire revendiquée par ces mêmes valeurs, mais il s'agirait en réalité de réinitier la confrontation politique ou d'en reprendre le flambeau[21]. »

Des ambivalences de la réappropriation du droit

La réappropriation du droit, à travers le plaidoyer et les recours juridiques, est-elle le versant réformiste de la diversité tactique, complémentaire au rapport de force que constitue la désobéissance civile ? Ou reflète-t-elle, comme l'analyse la sociologue Isabelle Sommier, un « rapport particulier à l'État, frappé selon certains auteurs du sceau de l'ambivalence, entre opposition à l'État-adversaire et collaboration avec l'État-interlocuteur[22] [23] » ?

Emmanuel Poilane, président du Centre de recherche et d'information pour le développement (CRID),

---

20. Daniel Markovits, « Democratic Disobedience », *Yale Law Journal*, 114, 2005, p. 1897-1952.
21. Robin Celikates, « La désobéissance civile », art. cité, p. 48.
22. Jean-Marc Salmon, *Le Désir de société*, Paris, La Découverte, 1998, p. 175.
23. Isabelle Sommier, *Les Nouveaux Mouvements contestataires à l'heure de la mondialisation*, Paris, Flammarion, 2001, p. 92.

aborde cette ambivalence en soulignant les quiproquos autour du terme très polysémique et conflictuel de radicalité. Sans prendre parti sur la plus grande légitimité d'une stratégie par rapport à une autre, il soulève « *les limites du discrédit qu'apporte auprès de l'opinion publique des mobilisations qui se mettent dans l'illégalité* ». À l'inverse, « *le fait d'attaquer en justice amène un crédit, notamment vis-à-vis des médias, qui est très intéressant et qui permet de faire bouger des lignes qu'on ne pensait pas pouvoir faire bouger pour prendre en compte la réalité qui évolue et l'urgence qu'il y a à transformer le système* ». C'est dans cette perspective que la décision du tribunal administratif de Paris du 3 février 2021, reconnaissant la responsabilité de l'État dans la crise climatique en jugeant illégal le non-respect des engagements pris en matière de baisse des émissions de gaz à effet de serre et en dénonçant le « préjudice écologique » ainsi engendré, est considérée comme une première victoire historique pour le climat en attendant l'étape suivante que constituera un jugement contraignant l'État à agir pour tenir ses engagements.

Parmi les actrices et acteurs qui portent ces recours, Clotilde Bato joue un rôle central en sa qualité de présidente de Notre affaire à tous, une association issue du mouvement End Ecocide on Earth créée en 2015 pour œuvrer à l'instauration de la justice climatique par les outils juridiques. Cette association porte en particulier « L'Affaire du siècle », premier recours enjoignant l'État à respecter ses engagements vis-à-vis du climat en partenariat avec la fondation Nicolas-Hulot pour la nature et l'homme, Greenpeace France et Oxfam France. Clotilde Bato défend elle aussi une approche de la radicalité comme un projet collectif et non violent en affirmant « *que la radicalité ne passe pas par l'individualité mais par le collectif et aujourd'hui on vit, contrairement au pays du Sud, dans des sociétés extrêmement individualistes qui nous empêche d'avoir cette force collective et de pouvoir être radicaux de manières efficaces.* » Elle précise ne croire ni à une radicalité des « *gestes quotidiens individuels [qui] ne représentent quasiment rien* » ni à « *la radicalité de la violence* ». Elle souligne que le lien entre désobéissance civile et choix de l'outil de droit a été discuté car ce n'est pas désobéir que d'utiliser la loi pour la faire évoluer. Elle affirme que « *même si on ne fait pas de désobéissance civile directement, on soutient évidemment tous les mouvements qui utilisent ce mode d'action* », et précise qu'elle fait « *partie des gens qui pense qu'il faut agir sur tous les leviers* ». Elle cite aussi bien le plaidoyer, des actions pour créer des alternatives concrètes sur le terrain en cas de crise ou de catastrophe « *qui vont montrer que ça peut marcher* » « *à toute petite échelle parce que le système fait que c'est très difficile à grande échelle* » et « *le droit du côté institutionnel qui peut être un outil pour générer de la jurisprudence et pour faire évoluer la loi* ». Elle défend le rôle transformatif de la jurisprudence[24] lorsque le droit est repensé et appliqué à travers le prisme d'une « *conscience multiple* » prenant en compte le point de vue des groupes discriminés dans leur pluralité et leur complexité, en articulant la perspective des premier·ère·s concerné·e·s et des allié·e·s[25].

Cofondatrice de l'association Notre affaire à tous, Valérie Cabanes a participé au lancement du mouvement

---

24. Catharine MacKinnon, *Toward a Feminist Theory of the State*, Cambridge (Mass.), Harvard University Press, 1989 ; Stéphanie Hennette-Vauchez et Charlotte Girard, « Théories du genre et théorie du droit », *Savoir/Agir*, 20, 2012, p. 53-59.

25. Mari Matsuda, « When the First Quail Calls : Multiple Consciousness as Jurisprudential Method », *Women's Rights Law Reporter*, 11 (1), 1989, p. 7-10.

End Ecocide on Earth. Elle a une formation de juriste internationaliste, spécialiste de la défense des droits humains. Elle a co-organisé en 2013 une initiative citoyenne européenne portant sur un projet de directive sur le crime d'écocide et est aujourd'hui experte auprès de la fondation Stop Écocide pour définir le crime d'écocide en vue de sa reconnaissance par la Cour pénale internationale (CPI). Ce qui l'a « *amenée progressivement à la protection de la nature, est le fait d'avoir travaillé auprès de populations pauvres, exploitées, victimes de guerres mais aussi des populations autochtones et d'avoir constaté comment leurs conditions de vie étaient conditionnées par des enjeux géopolitiques, par la manière dont les pays les plus riches s'accaparent les ressources des plus pauvres...* » En tant que juriste, elle s'est impliquée dans des conflits opposant des gouvernements et des projets industriels (Québec, Brésil) à des communautés locales et a finalement décidé de mener campagne pour que le crime d'écocide soit reconnu par la justice internationale. Elle explicite la centralité du rôle du droit pour déterminer « *de nouvelles règles du vivre-ensemble, humains et non-humains* », et « *pour faire rempart à la violence qui ne manquera pas de surgir face à la montée des inégalités induites par le changement climatique et la perte de biodiversité* », en précisant que même s'« *il y aura une évolution certaine des mentalités dans les dix prochaines années pour y faire face, on n'a pas encore atteint une masse critique suffisante pour basculer spontanément d'un système économique prédateur à une société respectueuse des limites planétaires, juste, équitable, solidaire et démocratique* ». Si on devait attendre « *que la conscience globale soit prête pour adopter de nouvelles normes, on n'aurait pas aboli la peine de mort en France, ni l'esclavage dans le monde. Ces changements ont toujours été faits dans un contexte où la population n'était pas encore prête.* » Le droit permet alors « *d'une façon pacifique de poser des panneaux stop et d'apprendre à vivre avec ces panneaux, comme les limitations de vitesse ou l'interdiction de fumer dans les lieux publics* ».

Concernant les progrès qui peuvent être portés par le droit aujourd'hui, Khaled Gaiji, président des Amis de la Terre, prend l'exemple de la mise en place de quotas pour éviter la surproduction. L'enjeu se situe non seulement dans le vote de ce type de loi, mais aussi dans la surveillance de son application. Il affirme qu'« *une des plus grandes armes des faibles, c'est le droit. C'est peut-être l'arme des dominants mais si on regarde bien, on peut arriver à gagner beaucoup de choses dedans.* » Alors qu'il avait vécu une grande déception à la suite de la COP15 en 2009 à Copenhague, l'espoir est revenu avec « *les victoires concrètes* » qui sont un « *vrai moteur* ». Pour lui, « *la stratégie juridique elle est intéressante parce qu'elle est souvent gagnante* », « *les victoires amènent d'autres formes de victoires. Si on veut arriver à des changements de société profonds, il faut passer par ces étapes de victoire-là* ». Il rappelle enfin qu'« *il y a toujours eu une alliance entre les mobilisations et les stratégies juridiques* ». En juillet 2020, le Conseil d'État a en particulier ordonné au gouvernement d'agir pour améliorer la qualité de l'air sous peine d'une astreinte de 10 millions d'euros par semestre de retard. Par sa décision du 4 août 2021, le Conseil d'État a condamné l'État à payer cette astreinte pour le premier semestre de l'année 2021 à l'association Les Amis de la Terre, qui l'avait initialement saisi, ainsi qu'à plusieurs organismes et associations engagés dans la lutte contre la pollution de l'air. Il a en effet estimé que si des mesures ont été prises, la mise en œuvre de certaines d'entre elles restait incertaine et leurs effets n'avaient pas été évalués.

Président de la Ligue des droits de l'homme, association défendant l'État de droit et étant un lieu de recours contre l'injustice, Malik Salemkour explicite son rapport au droit en affirmant que « *la question c'est comment on construit du bien commun de manière pacifique. Toute décision publique étant faite d'intérêts contradictoires, la question est comment peut-on arbitrer ?* » La réponse se trouve pour lui dans l'adhésion aux principes démocratiques impliquant « *l'objectivisation des arguments des uns et des autres et l'acceptation d'une résolution pacifique et démocratique d'une décision malgré les désaccords* ». Ce qui est en jeu, c'est « *l'appropriation de la démocratie avec ses contradictions* » et le rapport au droit, aussi bien à travers le plaidoyer que les recours en justice. Marilyn Baldeck, déléguée générale de l'Association européenne contre les violences faites aux femmes au travail - Libres et égales (AVFT), créée en 1985, donne elle aussi une importance fondamentale au droit et à son application. Si elle se méfie de l'égalité c'est parce qu'elle la considère plus facilement récupérable et moins subversive que l'approche par la liberté et les droits. Elle considère ainsi le remplacement du ministère « des droits des femmes » par le secrétariat d'État « à l'égalité femmes-hommes » comme le signe d'un « *recul* ». L'objectif étant la fin des violences faites aux femmes, « *ce qui compte, c'est la redéfinition des rapports et non de courir derrière la norme homme* ». L'enjeu est d'« *influer sur l'objet droit* » qui est pour l'AVFT un « *outil de travail au quotidien et [...] un outil sur lequel [elles·ils] travaillent pour le repenser entièrement* » à la fois au niveau de la jurisprudence et du droit positif. Cette réappropriation du droit peut être perçue comme « *paradoxale pour les femmes* », mais elle est faite « *en toute lucidité* » pour porter « *une autre justice* ». La lutte contre la domination masculine est ainsi appréhendée à travers sa dénonciation et sa condamnation comme une violence contraire au respect du droit, notamment dans le cadre des relations professionnelles.

Faire du droit une arme[26] au service de l'égalité est un défi paradoxal dans la mesure où, comme l'analyse Jacques Derrida dans *Force de loi*, le droit est toujours une force autorisée. Transformés en loi, les rapports de domination sont en effet recouverts de la légitimité de la neutralité, de l'universalité et de l'ordre public. Ainsi que le soutient Violaine Roussel, le droit « dissimule les rapports de force qui sont à son principe, et, ce faisant, facilite la reproduction de mécanismes de domination inaperçus[27] ». Dans cette perspective, se réapproprier le droit pour porter l'égalité entendue comme l'émancipation, c'est considérer qu'il est possible d'être sujet, et non pas seulement objet de ce que Bourdieu analyse comme un « des mécanismes les plus puissants à travers lesquels s'exerce la domination symbolique ou, si l'on préfère, l'imposition de la légitimité de l'ordre social[28] ». Les travaux de la sociologue du droit et de la justice, Liora Israël, permettent de comprendre « l'ambivalence du droit comme moteur de changement social[29] » en tant que question historiquement controversée. Son analyse des positionnements, théoriques et pratiques, vis-à-vis de la possibilité de « contester

---

26. Liora Israël, *L'Arme du droit*, Paris, Presses de Sciences Po, 2009.

27. Violaine Roussel, « Le droit et ses formes. Éléments de discussion de la sociologie du droit de Pierre Bourdieu », *Droit et Société*, 56-57, 2004, p. 42.

28. Pierre Bourdieu, « Habitus, code et codification », *Actes de la recherche en sciences sociales*, 64, 1986, p. 42.

29. Liora Israël, *L'Arme du droit, op. cit.*, p. 23.

par le droit » souligne la cohabitation entre son discrédit comme « une illusion » de la part de ceux pour qui « le droit est indubitablement du côté de la domination sociale »[30] et sa valorisation comme « une forme de lutte » pour ceux qui considèrent que « le droit peut, dans certaines circonstances, être opposé au pouvoir »[31], être retourné contre l'État[32].

Notre enquête donne à voir ces deux positions et illustre l'analyse de Liora Israël selon laquelle « les tensions et les contradictions de l'ordre juridique peuvent constituer des points d'appui de la contestation. L'existence de rapports de force autour du droit prouve qu'il se situe au cœur de l'exercice du pouvoir et qu'il peut constituer une ressource politique non négligeable[33]. » Ainsi, même si elles peuvent paraître en tension, voire en contradiction, la désobéissance civile et la réappropriation du droit sont pensées comme participant toutes deux d'une « dramatisation des rapports de tension entre le droit positif, les institutions et les procédures démocratiques courantes d'une part, et de l'autre, l'idée de démocratie en tant qu'autogouvernement (*Selbstregierung*), qui ne peut s'épuiser dans le droit en vigueur ni dans le *statu quo* institutionnel[34] ».

Les mobilisations contemporaines contre les injustices sont radicales et fluides dans la mesure où elles

---

30. Liora Israël, *L'Arme du droit, op. cit.*, p. 22.
31. *Ibid.*, p. 29.
32. Richard Abel, « Speaking Law to Power : Occasions for Cause Lawyering », dans Austin Sarat et Stuart Scheingold (eds), *Cause Lawyering : Political Commitments and Professional Responsibilities*, Oxford, Oxford University Press, 1998.
33. Liora Israël, *L'Arme du droit, op. cit.*, p. 28.
34. Ulrich Rödel, Günter Frankenberg et Helmut Dubiel, *Die demokratische Frage*, Francfort-sur-le-Main, Suhrkamp Verlag, 1989, p. 42.

sont appréhendées comme l'expression d'un système inégalitaire à remettre en cause, non pas dans un cadre commun déterminé *a priori*, mais par la cohabitation d'actions adaptées au type d'engagement et de revendication. La fluidité concerne ainsi à la fois les modalités d'action et la synergie entre les mobilisations. La dénonciation des injustices se faisant *via* leur prise de conscience dans des vécus intimes, l'imbrication du personnel et du politique, de l'individuel et du collectif est inhérente du diagnostic des inégalités. En ce qui concerne les réponses à apporter, le lien entre les approches, les revendications dans leurs spécificités et une synergie correspondant au niveau global n'est pas explicite.

V

Faire (en) commun

Les responsables d'association et les activistes inter-
viewé·e·s font référence à des stratégies d'action radicales et fluides car adaptées au type de revendications
et aux acteur·trice·s qui les portent. L'horizon est alors
celui d'une émancipation partagée au sens où l'interdépendance est centrale non pas seulement dans le diagnostic, mais aussi dans les réponses pour faire advenir
une société juste et apaisée dans une sobriété heureuse.
Le défi est de trouver les modalités de construction de
cet horizon sans nier les divergences d'intérêt, et en
permettant une cohabitation émancipée des individus
pris en considération dans leurs spécificités, notamment du fait de leurs assignations à des groupes hiérar-
chisés en termes de reconnaissance et d'accès au droit.
La dernière phrase de l'ouvrage *Le Réveil de l'utopie* de
l'économiste Jean-Louis Laville et de l'historienne
Michèle Riot-Sarcey associe ce défi contemporain au
vécu partagé d'utopies réelles en affirmant que

« l'heure est venue d'inventer une véritable alternative en constante édification, non plus empreinte d'idéologie mais forte d'expériences en commun, qui nous aide à penser en commun, qui nous aide à penser autrement la société future et redonne à l'humain sa primauté[1] ». En écho à cette affirmation, les responsables d'association et activistes interviewé·e·s abordent majoritairement, à l'exception notable des antispécistes et des écoféministes, la question du « qui » de l'émancipation dans une perspective anthropocentrée réconciliant les revendications féministes, antiracistes, écologistes et de justice sociale au nom d'une humanité commune qu'il s'agit d'émanciper des dominations politiques et sociales imbriquées. La double sacralisation de l'homme maître et possesseur de la « nature » et d'une croissance illimitée comme étalon de l'épanouissement individuel[2] est ainsi bousculée, sans être complètement remise en cause, dans la mesure où la défense et la préservation des intérêts humains demeurent le critère prioritaire, voire unique, de mobilisation, le respect du vivant lui étant majoritairement subordonné.

Le dénouement révolutionnaire par un « *grand soir* » suscite la méfiance car il est associé à la victoire d'une lutte unique, exclusive et donc potentiellement excluante. Le local, en revanche, est présenté comme le lieu du « *faire commun·e* ». Promu comme la possibilité de faire advenir l'horizontalité, il est réapproprié

1. Jean-Louis Laville et Michèle Riot-Sarcey, *Le Réveil de l'utopie*, Paris, Éditions de l'Atelier, 2020, p. 137.
2. Bruno Latour, *Nous n'avons jamais été modernes. Essai d'anthropologie symétrique*, Paris, La Découverte, 1991 [1997] ; Pierre Charbonnier, *Abondance et liberté. Une histoire environnementale des idées politiques*, Paris, La Découverte, 2020.

comme un moyen de faire émerger des espaces alternatifs dans « un projet de radicalisation de la démocratie, en la ramenant à sa racine, à ses fondamentaux – l'exercice du pouvoir par le peuple – qui se traduit par "l'exigence d'approfondir la participation démocratique[3]"[4] ». Le niveau local est en particulier perçu comme permettant d'instaurer des rapports interindividuels de confiance construits autour de projets concrets, de l'élaboration d'un commun.

Pas de grand soir mais des jardins partagés

La mise en place d'espaces ou de moments de convivialité et de confiance – que cela soit sous la forme de création de lieux de vie comme la maison des femmes Thérèse-Clerc de Montreuil, les zones à défendre (ZAD) ou encore des rendez-vous ponctuels comme le Reset, hackerspace queer et féministe, à La Mutinerie – a pour objectif de créer un commun dans le partage et l'échange. Ces expériences sont décrites et pensées par les militant·e·s qui les portent, dans la plus grande horizontalité possible, comme vectrices d'émancipation pour celles et ceux qui les vivent et/ou comme des expérimentations préfiguratives d'un autre commun. Comme l'analyse la philosophe Diane Lamoureux en discutant Hannah Arendt, l'« agir ensemble » participe alors d'un processus d'autonomie par le concret permettant de dépasser les assignations identitaires en

---

3. Aletta Norval, « Radical Democracy », dans Paul Barry Clarke et Joe Foweraker (eds), *Encyclopedia of Democratic Thought*, New York (N. Y.), Routledge, 2001, p. 334.
4. Audric Vitiello, « La démocratie radicale entre action et institution », art. cité, p. 66.

mettant en scène un pouvoir de faire libérateur grâce auquel les femmes, mais aussi plus largement toutes les personnes renvoyées à des « groupes de vulnérabilité[5] », deviennent des actrices et pas seulement des « enjeux/objets des politiques publiques[6] ».

Il est significatif que Roselyne Rollier, présidente de la maison des femmes Thérèse-Clerc de Montreuil, cite les statuts de cette association, comme l'expression d'un cadre choisi, qui stipulent qu'elle est « *un lieu de rencontre et d'apport mutuel convivial et radical* ». Thérèse Clerc l'a fondée pour répondre à « *un besoin d'être ensemble, de se faire du bien en sécurité* » dans un « *bouillonnement joyeux dans l'intellectuel, le culturel et le corporel* ». Si la maison des femmes de Montreuil ne peut pas accueillir toutes les femmes victimes de violence, elle joue un rôle de lanceur d'alerte et fait bouger les lignes au niveau de la commune, avec d'autres associations. Ce que Roselyne Rollier aime particulièrement « *dans la vie associative, c'est qu'on réfléchit à plusieurs, on met nos imaginaires en branle pour construire des expériences locales* ». Selon elle, « *le lien entre le local et le national n'est pas de petit à grand, car il y a changement de nature* », l'État se situant au niveau des lois, des structures. Elle se réjouit de « *réussir cette utopie totale qui est d'être financée à 90 % par l'État et les collectivités territoriales et de continuer à être radicales* ». La Fédération des maisons des femmes a

---

5. Marie Garrau et Alice Le Goff, « Vulnérabilité, non-domination et autonomie : l'apport du néorépublicanisme », *Astérion*, 6, 2009, en ligne sur https://journals.openedition.org/asterion/1532
6. Diane Lamoureux, « Hannah Arendt : Agir le donné », dans Danielle Chabaud-Rychter (dir.), *Sous les sciences sociales, le genre. Relectures critiques, de Max Weber à Bruno Latour*, Paris, La Découverte, coll. « Hors collection Sciences Humaines », 2010, p. 471-484.

pour objectif de « *sauvegarder la radicalité féministe, notamment de parler de ce qui fâche* », au-delà des évolutions respectives de la dizaine de structures ayant développé plutôt le volet centre d'hébergement, accueil des femmes victimes de violence ou à la rue ou une approche plus culturelle. En complémentarité avec « *l'action pointue et en résistance* » des syndicats, la spécificité de la démarche associative est, selon elle, de « *construire l'humain dans l'expérimentation de l'utile* » tout en permettant « *la possibilité de l'imperfection qui n'est pas tellement accordée dans la vie professionnelle et sociale* ». Elle considère que « *le grand soir n'est pas souhaitable, car il vaut mieux avancer doucement pour avoir des lendemains* » dans les échanges intergénérationnels et interculturels.

Sam et Anne expliquent que le Reset, un espace d'apprentissage numérique inclusif se tenant à la date de l'entretien tous les dimanches de 11 h à 17 h dans le bar féministe lesbien de La Mutinerie dans Le Marais à Paris, a été créé en 2016 par quatre personnes qui fréquentaient les hackerspaces et qui ne se sentaient pas bienvenues en tant que queer ou femme. L'acceptation des règles communes est formalisée à travers le rappel de la charte, plastifiée et mise à l'entrée, lors de l'accueil individuel de chaque participant·e à un atelier. La logique est celle de l'horizontalité et du partage de connaissance, d'apprentissage. Elle cite en particulier l'atelier sur les « *queer games* », désignant l'ensemble de jeux créés par et pour des personnes queers dans la déconstruction des stéréotypes et l'ouverture à d'autres visibilités, dans lequel il y a des participant·e·s qui sont plus expert·e·s que l'enseignant·e. Il n'y a pas que des ateliers informatiques, mais aussi de réappropriation d'autres techniques pour se faire plaisir, comme la broderie ou l'imprimerie 3D, ou pour bénéficier d'informations utiles. Ielles[7] citent les cours de couture pour adapter des vêtements pour les transitions sexuelles ou les ateliers d'accompagnement pour sécuriser les données et protéger les communications de la surveillance que cela soit en tant que journaliste, militant·e ou femme suspectant son conjoint de vouloir l'espionner. Ielles sont en lien avec des associations, dont le Collectif contre le cyber harcèlement ou le centre Hubertine-Auclert, qui leur envoient des femmes suspectant notamment l'installation d'un logiciel espion sur leurs téléphones. Ielles précisent que si « *l'existence du lieu est un acte militant, les ateliers pas forcément* » tout en ajoutant que l'atelier sur « *le crochetage de serrure, très apprécié, renvoie à la compréhension de sa propre serrure* ».

Dans un registre qui n'est plus celui de la parenthèse de partage bienveillant, mais celui de la construction d'un espace commun de vie, Renard, habitant·e de la ZAD de la Dune à la date de l'entretien, associe le choix de participer à une zone à défendre au fait de se situer dans « *un combat de tous les jours où l'on met sa vie en jeu et l'on travaille sur tout* » avec la conscience que l'« *on n'a plus le temps de discuter, il faut que l'on mette notre corps dans la lutte* ». La lutte s'inscrit ainsi dans « *une forme de vie radicale, de retour aux racines dans une vie en communion avec ce qui nous entoure où l'on fait partie du naturel* ». Si le diagnostic d'urgence est global et international, iel justifie le choix de l'action locale par pragmatisme : « *on ne peut pas agir sur l'Amazonie, c'est en agissant ici que l'on*

---

7. L'usage de ce pronom neutre permet de désigner des personnes sans les enfermer dans la binarité sexuée femmes-hommes.

change la planète. » Le « *ici* » intègre le partenariat avec
d'autres collectifs, les habitant·e·s de la ZAD de la Dune
ont notamment participé avec 17 autres collectifs, dont
la ZAD Mobile et Extinction rébellion, à une
« Confluence des luttes de l'Ouest contre les projets
destructeurs, inutiles, imposés et leur monde »[8] pour
créer des liens de solidarité et inverser le rapport de
force. Considérant qu'il n'est pas possible d'« *avoir une
conception radicale de l'écologie si des rapports d'oppression
subsistent, que l'on ne peut pas faire d'échelle entre les oppressions* », son utopie est « *une confluence des luttes qui permette de se mettre ensemble au-delà des combats de chapelle* ».
Au mot de convergence, « *synonyme de défaite* », a été
préféré celui de confluence, en rapport à la Loire et à
ses confluents, avec l'idée de « *finir en beauté* » en se
regroupant pour faire un rapport de force gagnant face
au système. C'est d'autant plus important que nous
sommes, selon iel, « *dans un moment qui est celui de la fin
du capitalisme, mais une fin qui va être longue* ».

Engagé dans différentes luttes sociales et environnementales, notamment dans Nuit debout, Nicolas Voisin,
cofondateur de La Suite du monde et des Communes
imaginées, considère lui aussi que c'est parce que « *le
système tombe* » qu'il « *faut faire tout de front* ». Il analyse
la phase que nous vivons comme celle d'un « *modèle qui
s'effondre* », et souligne que le temps de l'effondrement
est plus difficile à vivre pour les plus vulnérables, que
« *ses répercussions sont plus fortes pour ceux qui ont moins* ».
Il défend lui aussi le choix du local pour agir en faisant
l'expérience des communs par l'autogestion de

---

8. En ligne sur https://laissebeton.org/

coopératives. Mettre les mains dans la terre, construire collectivement, c'est s'inscrire dans « *la culture du chantier, des briques qui s'empilent* ». Selon lui, « *ces façons de résister sont apprenantes dans le fait de créer des ponts, dans la volonté de construire du commun et de faire commune* ». Il donne une signification politique à ces pratiques : celle de « *porter les valeurs du communalisme libertaire théorisée par Murray Bookchin en passant d'une vision monolithique à des échelles de coopératives sur les territoires* »[9]. Il considère qu'il n'y aura « *pas de grand soir, ni de petit matin, mais des jardins partagés* ». En effet, si le récit commun est fort autour de l'antiracisme, de l'écologie et du féminisme, le commun se construit dans le faire ensemble au quotidien, à travers la cuisine et le jardinage notamment. Le plaisir partagé chaque jour est le ciment du commun car « *il faut de la joie dans les luttes sinon il n'y a aucune raison de les faire* ». Si les coopératives s'inscrivent dans un cadre légal, en particulier avec l'achat des terrains et des bâtisses, « *la désobéissance fertile* »[10] est légitime lorsque les lois ne sont pas justes comme c'est le cas pour l'interdiction de vivre dans un habitat léger et démontable, même sur un terrain occupé légalement. « *Selon les finalités et les forces réunies, la diversité des tactiques prendra des formes différentes.* » Il précise que « *bâtir, c'est travailler avec le capitalisme pour lui tordre le bras* ». Il s'agit de « *multiplier les expériences qui toutes se revendiquent du faire commune, sans condamner les pratiques des autres* ».

9. Voir notamment Murray Bookchin, *L'Écologie sociale. Penser la liberté au-delà de l'humain*, Marseille, Wildproject, 2020.
10. Cette expression correspond à un mouvement dont les principes sont explicités dans l'ouvrage de Jonathan Attias, *La Désobéissance fertile. Pour une écologie offensive*, Paris, Payot, 2021.

Augustin Legrand, acteur engagé, notamment pour la défense des SDF, s'inscrit résolument dans la pluralité des modes d'action et leur ancrage local. Il associe ses différentes implications et actions à sa « *passion pour le droit* », et son importance pour dépasser la dichotomie entre la promulgation de principes dans le préambule de la Constitution et leurs mises en œuvre. À la suite de ses expériences avec le monde politique, notamment en tant qu'élu à la région Île-de-France sur la liste d'union de la gauche, il considère que « *les élus ne sont pas la solution, mais le problème* » et précise que dans notre contexte d'urgence sociale et écologique, la solution est dans « *la création d'écosystèmes exemplaires et duplicables* ». Pour porter « *un autre monde* » qu'il qualifie de possible et non d'utopiste, il est, selon lui, nécessaire de ne pas rester dans des mobilisations inoffensives[11], « *de faire du bordel en paralysant le système et en ne le débloquant que s'il y a une action très forte des décideurs* ». Il a ouvert en 2014 une cantine dans le 10ᵉ arrondissement à Paris avec des produits biologiques. Il se projette dans le fait de porter des projets en *open source*, pas seulement en France, mais aussi et prioritairement dans des pays pauvres, notamment en Afrique. Ses objectifs sont de « *paralyser le système ici et d'essayer de construire le meilleur ailleurs* ».

Dans une même prise de conscience de la nécessité de répondre à une urgence vitale, Alexandre Boisson, conseiller de la Brigade Dicrim et cofondateur de SOS Maires, des « *groupes de conseil en résilience* » dont la mission est d'aider les maires de France à rendre leurs

---

11. Cette affirmation fait écho notamment aux analyses de Geoffroy de Lagasnerie, *Sortir de notre impuissance politique*, Paris, Fayard, 2020.

communes plus autonomes face aux crises systémiques sur les plans énergétique et alimentaire, milite pour une réponse par la réappropriation citoyenne des moyens de l'autonomie, en particulier s'agissant de l'alimentation, en temps d'effondrement. Selon lui, « *le monde qui s'annonce et que nous vivons déjà est celui d'une extinction de masse* », le dérèglement climatique et la pandémie de Covid-19 « *réveillent notre conscience de faire partie d'un écosystème. La nature nous fait une piqûre de rappel sur la nécessité de cette conscience.* » L'enjeu est que l'« *on ne peut pas faire société et écosystème sans conscience* », en particulier de la nécessité de se protéger individuellement et collectivement. Cette conscience passe, par exemple, par la consultation du document d'information communal sur les risques majeurs (Dicrim) par les administrés, pour ne pas rester dans l'ignorance des risques auxquels des solutions doivent être apportées. Il dénonce les lacunes de notre société aussi bien en termes d'autonomie alimentaire que médicale et souligne que la réponse est dans « *la relocalisation par des productions locales, des plans communaux de sauvegarde cohérents avec les nouvelles menaces systémiques, des distributions directes* via *des AMAP [association pour le maintien d'une agriculture paysanne] et une aide étatique d'accès à la nourriture locale pour les ménages les plus modestes* ». Le passage de l'échelle individuelle à l'échelle locale, nationale puis internationale est, selon lui, à penser comme un contre-pouvoir au capitalisme dérégulé par la remise en cause de la prédation sur les ressources, notamment l'accaparement par les pays occidentaux des ressources des pays plus pauvres.

Cette imbrication de l'implication individuelle et collective est abordée par Hélène De Vestele, fondatrice d'Edeni, un organisme de formation sur les enjeux de la transition écologique, sanitaire et sociale. Souhaitant accompagner celles et ceux qui veulent interroger leur impact et leur responsabilité écologiques tout en contribuant à leur transition professionnelle avec des solutions concrètes, elle considère qu'apprendre à vivre de manière la plus écologique possible au quotidien est une manière « *d'enclencher un mécanisme d'incarnation des valeurs d'équité et de remise en cause d'un système de domination sur la nature, qui est aussi patriarcal et raciste* ». Elle qualifie cette démarche d'holistique dans la mesure où l'objectif est de « *reprendre le pouvoir, d'incarner ses valeurs* ». Si elle n'a pas choisi de passer par le dialogue avec les institutions, c'est parce qu'elle considère que le pouvoir politique et économique reposant sur la croissance économique, « *le problème ne peut pas être la solution, la solution ne peut pas venir du pouvoir* ». Si elle souscrit à l'approche selon laquelle il n'y a « *pas de vérité absolue sur ce qu'il faudrait* », elle défend l'idée que « *le changement ne peut être que radical* » car « *les réformes de manière itérative ne fonctionnent pas et que l'on n'a pas le temps* ». Le radicalisme n'étant pas possible, selon elle, au niveau national qui est le lieu du pouvoir, elle voit se dessiner une alternative entre « *une dictature verte* » et un « *anarchisme libertaire* » prenant la forme de communes autogérées, « *l'échelon local, moins corrompu, permettant d'agir pour le bien commun* ».

Du « *No alternative* » au retour du politique : municipalisme, écoféminisme

L'historienne Ludivine Bantigny[12] interprète les mobilisations contemporaines comme un dépassement du « *No alternative* » dans la prise de conscience d'une urgence à se réapproprier le politique. Le municipalisme est alors une réponse au problème, qu'elle qualifie de structurel, de « *trouver des lieux où faire cité* » et où porter non seulement une défense, des résistances, mais aussi des alternatives. Elle n'oppose pas ces deux versants des mobilisations mais les perçoit comme imbriqués. D'après elle, le « contre » à travers les réactions et les ripostes, notamment de la part des collectifs contre les violences policières ou contre les injustices sociales et fiscales dans le cas des Gilets jaunes, sont porteurs d'un « pour », d'une vision du monde. Ils pensent différemment ce que pourrait être une démocratie à travers des propositions concrètes, un projet alternatif. Nuit debout s'est ainsi constitué « *en opposition à la loi travail et à son monde* ». Elle qualifie d'historique le fait que la question de la sortie du capitalisme ait été posée comme une alternative. Si elle a participé au collectif Faire commune, c'est parce qu'elle considère le municipalisme comme un courant qui ne déconnecte pas la réappropriation citoyenne d'une réflexion sur les conditions sociales, économiques et institutionnelles d'une véritable démocratie. Consciente des risques d'une dépolitisation si le municipalisme n'est abordé que comme une réappropriation citoyenne locale, elle souligne l'importance « *d'un retour*

---

12. Ludivine Bantigny, *1968, de grands soirs en petits matins*, Paris, Seuil, 2018 ; id., *La Commune au présent. Une correspondance par-delà le temps*, Paris, La Découverte, 2021.

du politique au sens fort du terme par l'activation d'un imagi-naire politique alternatif qui peut devenir puissant et dont le corollaire est la conflictualité qui fait la démocratie ». Elle consi-dère la question du rapport à l'organisation du commun comme essentielle pour comprendre la difficulté de mettre en pratique les enjeux de solidarité et de bien-veillance dans le respect de « *l'égalité de la légitimité des savoirs engagés* » et de la diversité des tactiques. Elle cite la conférence sur « la tyrannie de l'absence de structure » prononcée par la militante féministe américaine Joreen Freeman en 1970 pour souligner la nécessité pour ces collectifs alternatifs de ne pas se faire aspirer par la logique concurrentielle et personnalisante des appareils politiques et syndicaux sans pour autant tomber dans l'illusion qu'un groupe puisse être dépourvu de struc-ture. Joreen Freeman précise que l'émancipation des structures hiérarchiques associées aux partis tradition-nels ne pourra se faire qu'en dépassant l'illusion d'un collectif sans structure qu'elle compare à l'illusion « de disposer d'une information objective ». Elle dénonce le mantra d'une absence de structure comme un moyen de cacher la recomposition du pouvoir des militants « les mieux placés ». La question n'est ainsi pas « de choisir entre structure et absence de structure, mais entre struc-ture formelle et structure informelle ». En effet, « pour que chacun puisse avoir la possibilité de s'impliquer dans un groupe [...] les règles de prise de décision doivent être transparentes, et cela n'est possible que si elles ont été formalisées »[13].

---

13. Joreen Freeman, « La tyrannie de l'absence de structure », mai 1970, repris dans *Le Monde diplomatique*, janvier 2015, p. 19, en ligne sur https://www.monde-diplomatique.fr/2015/01/FREEMAN/51942

Cette volonté de mettre en œuvre une organisation qui ne reproduise pas des dominations est portée, notamment dans le mouvement des Gilets jaunes, à travers la promotion d'un « horizontalisme radical » exprimant « tout à la fois une aspiration à la politique et un rejet de la politique instituée et électorale »[14]. Cette désintermédiation, loin d'être propre aux seuls mouvements de contestation, s'inscrit dans une idéologie néolibérale promouvant le dépassement des catégories et des médiations au nom de l'efficacité d'une approche par l'épanouissement individuel[15]. La remise en cause des médiations entre l'État et les citoyen·ne·s, en particulier exprimée par la méfiance vis-à-vis des partis politiques et des syndicats, participe alors d'un processus alliant politisation et dépolitisation dans la mesure où l'appréhension du peuple comme une somme d'individu·e·s citoyen·ne·s s'inscrit dans une conception individualiste des enjeux politiques et sociaux.

Laurie Debove, rédactrice en chef de *La Relève et la Peste*, média indépendant et engagé, défend le pouvoir émancipateur de l'accès partagé à l'information en abordant le rôle des médias pour éveiller les consciences sans alimenter la reproduction du système par des buzz, mais en ouvrant « *des fenêtres d'acceptation* », notamment par des tribunes de scientifiques, sur des sujets de justice sociale et écologique portés par « *des articles boost, des coups de pression* ». Elle s'inscrit elle aussi dans « *la team "Il faut tout faire", des petits gestes aux*

---

14. Rémi Lefebvre, « Les Gilets jaunes et les exigences de la représentation politique », *La Vie des idées*, 10 septembre 2019, en ligne sur https://laviedesidees.fr/Les-Gilets-jaunes-et-les-exigences-de-la-representation-politique.html

15. Pierre Dardot et Christian Laval, « Néolibéralisme et subjectivation capitaliste », *Cités*, 41, 2010, p. 35-50.

changements de structure » avec pour principe que les batailles justes sont légitimes sans priorisation entre elles. Cette démarche est associée au radicalisme pour les militant·e·s au sens de « *prendre les maux à la racine par l'appréhension des problèmes structurels* » alors que « *le gouvernement utilise ce mot pour dire que ce sont des énervés qui veulent tout casser* ». Selon elle, dans un contexte d'effondrement écologique, l'enjeu est d'arrêter de trouver des solutions de compromis à dix-quinze ans et de se poser la question de l'efficacité et de l'inefficacité « *pas juste dans le contre, mais aussi dans les alternatives* ». Ces alternatives prennent la forme de création de lien et de solidarité à travers des activités partagées aussi bien dans la résistance face à des projets « *inutiles et écocidaires* » comme EuropaCity, un projet de mégacomplexe à Gonesse (Val-d'Oise), que dans la création de jardins partagés, de lieux fertiles pour changer de rapport au monde en ne considérant plus la nature comme une ressource, mais en en prenant soin comme d'une partie de nous. Il s'agit d'être moins dans l'opposition et plus dans la construction, en « *ne défendant pas la nature, mais en étant la nature qui se défend* ». Elle cite le cas de la ville de Mouans-Sartoux (Alpes-Maritimes), une commune qui a décidé de récupérer des terres et d'embaucher des maraîchers dans une logique d'auto-subsistance. Elle associe le passage des initiatives locales au global à une métaphore inspirée par « *les analyses de penseurs écologistes comme Corinne Morel-Darleux* » selon laquelle « *tous les îlots locaux de résistance vont se rejoindre pour faire des archipels* ». Son diagnostic est que « *le système capitaliste va tenir jusqu'au bout et que donc c'est l'effondrement écologique qui va [y] mettre fin* ». Elle précise que « *cela va péter, la question n'est pas quand, mais quoi* ».

Elle analyse la pandémie de Covid-19 comme « *l'un des symptômes démontrant à quel point la civilisation occidentale actuelle nous conduit dans une impasse, et nous rappelle l'importance primordiale de transformer en profondeur nos modes de production et de consommation* ».

L'imbrication de l'intime et du politique est revendiquée dans l'élaboration du diagnostic et des réponses, dans la mesure où le vécu et l'expérience, comme premier·ère·s concerné·e·s ou comme allié·e·s, sont au cœur de la prise de conscience et de la dénonciation des injustices dans leurs dimensions systémiques et globales. Cela implique-t-il une forme de dépolitisation dans l'individualisation des revendications ou un rapport différent au politique faisant de l'expérience un fondement ? Dans son analyse critique de la distinction arendtienne entre le privé et le public, notamment dans le rapport à la figure d'Antigone[16], Judith Butler[17] nous invite à ne pas nous enfermer dans une dépolitisation du vécu et de l'intime en affirmant que l'expérience est un passage privilégié, voire obligé, pour les personnes exclues. Elle nous invite à nous poser la question suivante : « comment les personnes exclues pourraient-elles d'emblée agir selon les modalités d'action et dans le langage du domaine politique, alors que ce langage et ces modalités d'action leur sont refusés[18] ? »

Pascale d'Erm, journaliste, réalisatrice des documentaires *Natura* et *Aqua* (2018, 2020, Canal plus) sur

---

16. Hannah Arendt, « La désobéissance civile », dans id., *Du mensonge à la violence*, Paris, Calmann-Lévy, 1972, p. 53-104.
17. Judith Butler, *Antigone's Claim : Kinship between Life and Death*, New York (N. Y.), Columbia University Press, 2000.
18. Marianne Di Croce, « Hannah Arendt et Antigone : perspectives sur la désobéissance civile », *Recherches féministes*, 31 (2), 2018, p. 138.

l'interdépendance nature et santé, autrice notamment de *Natura. Pourquoi la nature nous soigne et nous rend plus heureux*[19], explicite les liens entre intime et politique dans l'écoféminisme en précisant qu'il s'agit pour les femmes de se réapproprier et de « *retourner l'équation femme = nature* ». « *D'une nature asservissante, piégeante pour elles, elles en font une lutte écologique émancipatrice pour la communauté.* » Concrètement, selon elle, si les mobilisations de femmes pour protéger les biens communs (forêt, sol, eau...), comme celle des paysannes indiennes, « *ne rentrent pas dans le moule politique* », c'est parce qu'elles les font à partir de la « *politisation de leurs expériences dans le* care*, le soin* ». Si elle inscrit l'écoféminisme dans une histoire des mobilisations pour lutter contre toutes les formes d'inégalités dans la non-violence et la non-mixité depuis les années 1970-1980, elle se réjouit de la place croissante des femmes dans l'écologie et de la politisation des jeunes, prenant notamment la forme d'un regain de l'écoféminisme dans sa pluralité[20] comme en témoigne le succès du festival écoféministe Après la pluie, porté par l'association Les Engraineuses en juin 2019.

Solène Ducrétot et Alice Jehan, cofondatrices des Engraineuses, précisent : « *l'écoféminisme permet de faire en sorte que les femmes ne soient plus les victimes des changements climatiques, mais qu'elles soient plutôt actrices du changement en mettant en place des solutions. Effectivement, qui voudrait la part égale d'un gâteau cancérigène ?*

---

19. Pascale d'Erm, *Natura. Pourquoi la nature nous soigne et nous rend plus heureux*, Paris, Les Liens qui libèrent, 2019.
20. Voir Jeanne Burgat Goutal, *Être écoféministe. Théories et pratiques*, Paris, L'Échappée, 2020 ; Marlène Benquet et Geneviève Pruvost (dir.), « Pratiques écoféministes : Corps, savoirs et mobilisations », *Travail, Genre et Sociétés*, 42, 2019.

L'écoféminisme est un mouvement radical en ce qu'il fait converger les luttes écolo et féministes pour construire une société qui soit plus juste et plus égalitaire pour tout le monde. Ce sont ces idées que nous partageons avec le festival Après la pluie. » Elles définissent le rôle de leur association comme « *une communauté* » permettant d'exprimer et d'essaimer les bonnes pratiques. Conscientes que leurs choix ne font pas consensus, notamment celui de rencontrer toutes les parties prenantes, « *dans la société civile, le milieu associatif, les institutions ainsi que le monde du travail* », elles tentent d'agir dans la transversalité, en représentant la diversité du mouvement écoféministe. Elles précisent que la programmation du festival Après la pluie est réfléchie pour mettre en avant des profils divers avec une mixité d'origines, de classe, de genre, d'âge, etc. Elles mettent en place des systèmes au début de chacun de leurs événements pour expliquer que « *l'objectif est de prôner la sororité dans le respect des points de vue* », prenant notamment la forme « *de petits "ice-breaker" en début ou en fin pour essayer de créer un dialogue, de ne pas être dans la confrontation* ».

Pascale d'Erm cite aussi des mouvements explicitement spirituels comme Reclaiming France organisant notamment des camps de sorcières. K., sa cofondatrice, souligne la difficulté dans un pays centralisé et laïc, comme la France, de mêler politique et spiritualité. Elle définit ce mouvement comme « *écoféministe, contre toutes les oppressions, tout ce qui révèle du "pouvoir sur" pour reprendre Starhawk et pour recréer du pouvoir avec* ». Elle le qualifie de « *révolutionnaire à la fois au sens de la tradition militante et activiste des anarchistes et de l'extrême gauche, et d'une vision, surtout en magie, dont on a besoin pour figurer un avenir désirable* ». Myriam Bahaffou, fondatrice d'un groupe écoféministe à Paris, utilise le terme de sororité pour dire « *le besoin émotionnel de se lier dans une communauté d'expérience* » en assumant à la fois le vécu commun des femmes en matière de violence et la réintégration du vivant dans les groupes sociaux en cassant la structure nature/culture. Selon elle, la dimension politique de cette démarche ne doit pas être niée, mais il faut rester vigilant·e à ne pas être instrumentalisé·e par « *le grand capital* ». Elle reprend les analyses de l'écoféminisme sud-américain pour penser les liens avec les autres luttes selon le principe de la toile d'araignée : « *les revendications divergent, mais elles se croisent* » dans la mesure où « *quand on parle de décolonialité, on parle de l'accaparement de la terre, mais aussi des corps des personnes racisées. Avant d'être des hommes ou des femmes racisé·e·s ou pas, on vit dans un monde.* »

L'imbrication des enjeux écologiques et démocratiques est aussi portée par Julia Schindler, alias Miss Permaculture, consultante et formatrice en permaculture affirmant son côté écoféministe et proche du néopaganisme wicca, un synchrétisme popularisé par Gerald Gardner, auteur du *Livre des ombres* regroupant des croyances et des rituels[21], et être inspirée par l'écrivaine et sorcière américaine Starhawk. Elle fréquente le milieu associatif et militant, et fait notamment partie des Gentils Virus, un collectif qui, en lien avec les travaux d'Étienne Chouard, dénonce la démocratie représentative comme « *une oligarchie et un oxymore* » et affirme qu'« *une vraie démocratie* » ne peut se définir que si « *la constitution est écrite par les citoyens, pour les citoyens,*

---

21. Gerald Brosseau Gardner, *Le Livre des ombres*, trad. de l'anglais par Armand Seguin, Rosières-en-Haye, Camion blanc, 2007.

comme l'initiative en Islande en 2011, et qu'elle privilégie des outils comme des assemblées de citoyens tirés au sort ou la démocratie liquide plutôt que l'élection qui induit forcément un biais de pouvoir médiatique et financier ». Elle explique que « *Bill Mollison le cofondateur de la permaculture lui-même, dans son fameux livre* The Designer's Manual *(1988), sorte de Bible de la permaculture, parle déjà de l'importance de bien réfléchir aux systèmes de gouvernance et d'économie mis en place à l'échelle locale, régionale, nationale et internationale* ». Elle précise que bien qu'il ne consacre que le dernier chapitre de son livre à ce sujet, Mollison souligne que la refonte des systèmes politiques et économiques pourrait bien être encore plus fondamentale que toutes les techniques de restauration et gestion des écosystèmes dont il parle dans les treize chapitres précédents. « *Car on a beau avoir toutes les techniques pour restaurer la terre, les écosystèmes et le cycle de l'eau, si les systèmes politiques et économiques ne vont pas dans ce sens, ces techniques ne pourront pas être mises en place.* »

Ainsi, l'objectif de la permaculture va bien au-delà de la création d'un jardin naturel, l'ambition est de « *concevoir des sociétés humaines qui vivent dans les limites des capacités de production de leur territoire, travaillant avec et en régénérant plutôt que contre et dégradant la Nature dont nous dépendons tous. Cela rejoint parfaitement l'idée de sobriété heureuse en ajoutant la composante du "design", c'est-à-dire de la conception, l'optimisation de l'énergie et des ressources, qui est fondamentale en permaculture.* » Elle prend l'exemple du castor qui certes coupe localement des arbres, mais en faisant ce barrage crée un nouveau milieu aquatique qui permet à d'autres espèces d'en bénéficier et qui profite à l'écosystème dans son ensemble. Elle aborde la complexité de cette démarche en soulignant que « *bien que le changement individuel par les écogestes soit essentiel à titre individuel pour incarner nos valeurs, éviter de devenir schizophrène, et qu'il permet aussi d'amorcer un changement d'habitudes et donc de culture, cela reste insuffisant : le gros challenge est de monter en puissance pour ne pas rester vulnérables par rapport aux systèmes en place. Cela suppose d'apprendre, de réapprendre à s'organiser collectivement, sans reprendre – souvent inconsciemment – les mêmes schémas, notamment dans la prise de pouvoir, que l'on dénonce et qui sont la cause du manque de pouvoir des minorités économiques et sociales.* » Elle précise que l'incohérence entre les valeurs revendiquées et les outils de gouvernance utilisés, les comportements, « *se voit malheureusement encore trop souvent dans les organisations, même celles dites "alternatives"* ». Le schéma de « la fleur de la permaculture » illustre parfaitement, selon elle, « *cette cohérence nécessaire entre outils et valeurs. La permaculture s'ancre dans trois éthiques : prendre soin de la terre, des humains et le partage équitable. Représentées au cœur de la fleur, elles doivent transpirer, rayonner à travers les méthodes et techniques choisies dans chaque domaine de société représenté par les pétales : entretien des écosystèmes, l'habitat, l'éducation, l'art et la culture, la santé et le bien-être, la gouvernance, la finance, la technologie. L'enjeu n'est pas tant d'utiliser telle méthode plutôt qu'une autre, mais de les choisir en conscience en fonction du contexte et des objectifs définis.* » Elle considère la co-construction des décisions à privilégier, dans la mesure du possible, car « *à défaut d'être rapide, l'intelligence collective permet de choisir des mesures à la fois plus adaptées, plus réalisables, plus acceptées, donc mieux suivies et efficaces sur le terrain* ».

Si la prise de conscience des « *dégradations environnementales et sociales* » est, selon elle, de plus en plus partagée, le passage à l'action est entravé par le sentiment d'impuissance qui maintient le déni et engendre un mal-être désigné par le terme de « *solastalgie* ». Elle renvoie aux exercices de « *travail qui relie* », ou écopsychologie, de Joanna Macy[22] qui permettent, par la reconnexion avec le vivant, de trouver les ressources, le courage et la force pour agir à son échelle. Pour elle, la crise de Covid-19 parce qu'« *elle a affecté tout le monde* », a amené « *beaucoup de personnes à sortir de leur hypnose créée par le train-train métro-boulot-dodo. Pour prendre une autre métaphore, la société était comme une grenouille plongée dans une casserole mise à feu doux qui chauffe petit à petit et qui ne prend pas conscience qu'elle va s'ébouillanter. Comme le révèle un début d'exode urbain, [elle] pense que la crise du Covid a eu comme l'effet d'une piqûre de fourchette sur la grenouille somnolente, réveillant pas mal de personnes de notre léthargie collective face à la crise écologique, sociale et économique.* » Selon elle, « *on discrédite souvent les "alternatifs" comme des "doux rêveurs utopistes". En gardant la connotation péjorative du terme utopie, alors que les réels utopistes, qui n'ont pas de pied avec la réalité, sont ceux qui croient que la croissance va reprendre comme avant* ad vitam eternam. » Elle estime que « *nous n'avons pas besoin de nous battre contre ces grosses machines politiques et économiques, elles vont s'autodétruire toutes seules* ». Une citation qui résonne profondément en elle est celle de Buckminster Fuller, architecte et inventeur américain, selon laquelle : « *On ne change jamais les choses en combattant la réalité existante. Pour changer quelque chose, construisez un nouveau modèle qui rendra inutile l'ancien.* »

---

22. Joanna Macy, « Agir avec le désespoir environnemental », dans Émilie Hache (dir.), *Reclaim. Recueil de textes écoféministes*, Paris, Cambourakis, 2016, p. 161-182

Elle termine en affirmant que « *c'est justement aujour-
d'hui que nous n'avons jamais eu autant besoin d'Utopistes,
de gens qui imaginent, croient et testent des choses pour sortir
de l'autoroute qui mène à notre perte, pour ouvrir de nouveaux
sentiers dans la brousse !* » Elle croit « *profondément que si
l'être humain a su si bien mettre son intelligence au service de
la destruction, il est tout aussi bien capable de la mettre au
service de la régénération, et que nous sommes capables, chacun
à notre échelle, de contribuer à restaurer le Paradis sur Terre* ».

Les alternatives municipalistes et écoféministes sont
ainsi considérées comme des utopies réelles, levier « de
réenchantement d'un espace politique sécularisé à
travers la rencontre avec la nature et le non-humain[23] ».
Elles sont associées à la construction et au partage de
lieux de vie régis par la mise en œuvre de rapports
cohérents et respectueux que cela soit entre humains,
ou entre les humains et le.s vivant.s. L'attachement à
l'espace du jardin est révélateur de la centralité du rapport à la terre comme espace vital de fertilité à appréhender avec sobriété et humilité dans un partage
localisé. Cela fait écho à l'analyse par Foucault de la
centralité contemporaine du rapport à l'espace, et plus
particulièrement à l'emplacement, l'amenant à mettre
en regard les utopies, « des espaces qui sont fondamentalement essentiellement irréels[24] » avec les hétérotopies, « des lieux réels, des lieux effectifs, des lieux qui
sont dessinés dans l'institution même de la société, et
qui sont des sortes de contre-emplacements, sortes

23. Saul Newman, « Political Theology and Religious Pluralism : Rethinking Liberalism
in Times of Post-secular Emancipation », *European Journal of Social Theory*, 24 (2), 2021,
p. 186.
24. Michel Foucault, « "Des espaces autres" », *Empan*, 54 (2), 2004, p. 15.

d'utopies effectivement réalisées dans lesquelles tous les autres emplacements réels que l'on peut trouver à l'intérieur de la culture sont à la fois représentés, contestés et inversés[25] ». Les hétérotopies sont des lieux très divers – des cimetières aux maisons closes en passant par les musées et les bibliothèques – qui participent de la vie sociale, en remplissant un certain nombre de fonctions, et en ayant pour point commun d'être décalés par rapport au temps et/ou aux normes de la société dans laquelle ils ont une place, un espace.

Les alternatives municipalistes et écoféministes ne sont pas pensées, portées et vécues comme des hétérotopies au sens foucaldien, dans la mesure où elles constituent des utopies réelles non seulement décalées, mais surtout émancipées par rapport aux normes et aux institutions avec lesquelles l'objectif n'est pas de cohabiter dans une logique de complémentarité, mais de porter une autre vie en autonomie.

La fin du politique : les îlots (ne) feront (que) des archipels

Les initiatives consistant à faire commun·e, notamment à travers le municipalisme et l'écoféminisme, questionnent ainsi les relations/tensions entre les processus de politisation et de dépolitisation. En effet, elles mettent en œuvre une conception de ce qui est souhaitable parce que juste tout en se positionnant de manière critique vis-à-vis des cadres classiques de la

---

25. Michel Foucault, « "Des espaces autres" », art. cité, p. 15.

politique, en particulier de l'organisation de la prise de parole *via* des corps intermédiaires, des représentant·e·s et des corpus idéologiques rigides.

Rosalie Salaün, responsable de la commission féministe d'EELV, fait part de ses réserves quant à une lecture politique d'un écoféminisme glorifiant la nature et proposant une version ésotérique du retour à la terre. Les accents essentialistes qu'elle y détecte rendent difficile la convergence entre le social et l'écologie. L'une des leçons qu'elle tire de l'écoféministe Françoise d'Eaubonne est qu'« *il faut acter que l'on n'est pas d'accord sur tout et vivre tout de même ensemble* ». Plus largement, elle retient de l'histoire que les progrès naissent de « *moments d'opportunité malgré les différences, la convergence au forceps est contre-productive, elle ne peut être que ponctuelle et tactique* ». Selon elle, « *l'enjeu est de se mettre d'accord sur pourquoi on est ensemble* ». En termes de répertoires d'action, elle promeut la complémentarité des tactiques tout en soulignant que c'est « *au risque de devenir schizophrène* » dans la cohabitation d'actions de désobéissance civile – des actions d'agitprop comme les « vélorutions », tours à vélo pour empêcher les voitures de rouler, jusqu'aux blocages de mines par exemple – et de réappropriation du levier d'action que représentent les institutions. Elle cite l'ouvrage *Joyeux bordel*[26] qui rend compte à la fois de la richesse de la diversité des tactiques, de leur dimension créative et gaie, et du défi que représente leur cohabitation. Le caractère joyeux des actions fait référence à la remise en cause d'une conception de l'engagement comme « pur », cette

---

26. Andrew Boyd et Dave Oswald Mitchell, *Joyeux bordel. Tactiques, principes et théories pour faire la révolution*, Paris, Les Liens qui libèrent, 2015.

pureté étant source de violence dans la mesure où elle implique un contrôle, voire une censure, des choix individuels, y compris intimes. La référence au « bordel » dit, quant à elle, la difficulté de se réapproprier les actions comme des politiques préfiguratives d'un autre modèle de société sans que cela soit perçu comme contradictoire avec une approche émancipatrice fondée sur la remise en cause de ce qui est associé à un cadre rigide, préconstitué. Comme l'analyse le politiste Audric Vitiello, « parce qu'elle tente de réarticuler action et institution, création et formation, changement collectif et changement individuel, transformation de l'expérience et transformation des subjectivités, l'action préfigurative est bien plus qu'un simple témoignage des possibilités ouvertes, ou qu'une simple exigence de conformité éthique ; elle constitue une dimension essentielle de toute stratégie visant une transformation sociopolitique radicale[27] ».

Consciente des difficultés à faire commun dans les mobilisations contre les injustices, Nicolas Girod, porte-parole de la Confédération paysanne, considère la crise sanitaire de Covid-19 comme une alarme, un choc qui « *révèle toutes les urgences auxquelles il faut répondre en prenant conscience que nous n'avons plus le temps de penser en chapelle militante, que nous devons porter une justice sociale et écologique comme pot commun vital* ». Mettre de côté les « *points corporatistes* » de chaque mobilisation est essentiel pour ne pas « *rater le coche des grands bouleversements que l'on doit affronter* ». Concrètement, cette crise « *met en lumière les manquements et les dérives d'un modèle*

---

27. Audric Vitiello, « La démocratie radicale entre action et institution », art. cité, p. 65.

mondialisé qui nous rend dépendant de gros groupes ». Le combat contre l'industrialisation agro-alimentaire est ainsi, selon lui, « *à penser à travers des enjeux environnementaux et sociaux* ». Il ne considère pas possible de dissocier ces deux enjeux par rapport auxquels les paysans ont un rôle central à jouer car s'« *ils sont aujourd'hui victimes du dérèglement climatique, ils sont aussi une partie de la solution* ». Il souligne que revoir notre modèle de production exige de réfléchir ensemble aux enjeux sociaux et aux répercussions individuelles que cela va impliquer. C'est pour cela que la Confédération paysanne « *cherche à travailler de plus en plus en convergence avec les autres mobilisations, avec les Gilets jaunes, les syndicats, les mouvements sociaux, les altermondialistes et les associations environnementales* ». L'objectif est d'« *arriver à marcher ensemble sur ces deux pieds pour arriver à faire front commun et faire masse* ». Il cite la tribune « Plus jamais ça, préparons le jour d'après »[28] publiée le 27 mars 2020 à laquelle la Confédération paysanne a participé avec un collectif de 17 autres organisations dont Greenpeace, Alternatiba, Attac France, la CGT, Notre affaire à tous et Oxfam France. Il se réjouit que « *les allers-retours et les enrichissements fonctionnent de mieux en mieux pour relayer les revendications et être efficace* ». Selon lui, « *si ces mouvements et collectifs prennent de l'ampleur, c'est parce que les réponses politiques ne sont pas à la hauteur de l'urgence* ».

Nicolas Girod considère que le moment exige la radicalité car ce qui est en jeu c'est la disparition d'un

---

28. En ligne sur https://www.francetvinfo.fr/sante/maladie/coronavirus/tribune-plus-jamais-ca-18responsables-d-organisations-syndicales-associatives-et-environnementales-appellent-a-preparer-le-jour-dapres_3886345.html

monde et avec lui des paysans. La stratégie assumée pour « *remettre en cause le modèle néolibéral et son système* » consiste à rendre visible « *la violence du système par rapport aux travailleurs* ». Pour cela, ils assument la radicalité de la désobéissance civile, par exemple par des blocages. Il n'y a pas d'autre choix que de « *rentrer en résistance dynamique en mettant en place des alternatives sur la ferme* ». Il considère néanmoins que ces résistances qui essaiment et se multiplient sur les territoires ne sont pas suffisantes si elles restent des alternatives sans perspective politique. Le danger est en effet, selon lui, que « *le pouvoir s'en serve pour ne pas changer les mécanismes globaux au motif d'une cohabitation avec des niches de satisfaction qui leur permettra d'affirmer que des choses sont faites* ». Or, il souligne que la cohabitation n'est pas possible car « *l'agriculture industrielle mondialisée est prédatrice, elle va tout avaler* ». Pour que les alternatives deviennent la norme et non un alibi, il précise qu'« *il faut en faire un appui pour changer les orientations politiques françaises et internationales* ». Il cite en particulier la sortie des accords de libre-échange pour qu'une agriculture paysanne biologique et relocalisée puisse nourrir la planète. Il croit encore au politique et au rôle des politiques publiques pour orienter nos sociétés, pour servir, non plus les intérêts économiques, mais les intérêts généraux dans le respect des communs que sont notamment l'eau et la terre. Ce qu'il juge « *désastreux, c'est que le politique s'en remette aux acteurs économiques pour répondre aux enjeux de biodiversité* ». Il pense les alternatives comme un moyen de concrétiser cette rupture, ce basculement vers un réveil du politique. Dans cette perspective, « *le grand soir se construit avec des petits matins, avec des concrétisations pour montrer que la transformation est possible. On a la sensation que cela ne va pas assez vite, les petits matins c'est fatigant.* » Si la recherche de cohérence en connectant enjeux climatiques et enjeux de société est exigeante, il précise qu'ils n'ont pas « *peur d'être bousculés, le fait de ne pas avoir de certitude permettant d'avancer collectivement dans les questionnements* ».

Quelles sont les modalités et expressions de l'élaboration de ce commun dans l'émancipation ?

Sophie Tissier, membre des Gilets jaunes et de #NousToutes, fondatrice de Gilets jaunes Decla ta manif et de Force jaune, aborde cette question par le niveau d'action et le type de public auquel on s'adresse. Elle considère qu'« *agir au niveau local, c'est trop long. Il faut le développer, mais le municipalisme libertaire restera marginal tant que la majorité de la population ne sera pas éveillée.* » « *On est dans l'urgence car dans dix ans ce sera la guerre civile avec les réfugiés climatiques...* » Elle fait une analogie entre des initiatives comme la convention citoyenne pour le climat et le municipalisme. Selon elle, elles ont le mérite d'exister, « *c'est une graine qui permettra d'étayer le mouvement, mais la seule chose qui va porter c'est le rapport de force avec des manifestations joyeuses et pacifiques* ». La solution est « *d'occuper l'espace médiatique et public non-stop, c'est comme cela que l'on fera bouger les choses* ». La valorisation du rôle des médias par Sophie Tissier, intermittente du spectacle, est une réponse à la question de savoir comment faire le lien entre la dimension globale du diagnostic et le niveau local des réponses par l'expérimentation.

Les militant·e·s et activistes interviewé·e·s abordent souvent ce lien entre local et global de manière elliptique, voire énigmatique, à travers une affirmation métaphorique – « *les îlots feront les archipels* » –, métaphore associée principalement au municipalisme libertaire[29] ou aux travaux sur l'identité-relation des philosophes et écrivains Édouard Glissant et Patrick Chamoiseau[30]. Certain·e·s militant·e·s et activistes critiquent cette réponse métaphorique comme un abandon de la question « comment changer de monde ? » au prétexte de l'élaboration de communautés permettant à quelques privilégié·e·s de changer leur monde en s'extrayant du monde. Adrian Debord, cofondateur de l'Université d'été de la libération animale et membre de l'association trans militante lyonnaise Chrysalide, appelle ainsi à la vigilance vis-à-vis à la fois d'une certaine conception de la radicalité valorisant des actions directes et dangereuses peu accessibles aux personnes vulnérabilisées, par exemple les personnes sans papiers ou en situation de handicap, et du fantasme d'une utopie à construire en parallèle alors que « *c'est pour ce qui se passe ici et maintenant qu'il faut lutter, construire autre chose c'est impossible* ». S'il reconnaît l'importance d'avoir des « îlots safe, *des entre-soi de la lutte, ne travailler qu'à cela n'est pas adapté politiquement car cela va à l'encontre du principe de solidarité* », en particulier lors de l'exclusion volontaire de certains groupes sociaux minorisés des luttes, des espaces ou des réflexions. En effet, ces îlots construits en parallèle du système n'empêcheront pas que les personnes les plus vulnérables, qui n'appartiennent pas aux communautés militantes, continuent à subir les violences d'un système de domination. Il dénonce « *une*

---

29. Murray Bookchin, *Pour un municipalisme libertaire*, Lyon, Atelier de création littéraire, 2018.
30. Voir notamment Édouard Glissant, *Traité du Tout-Monde. Poétique IV*, Paris, Gallimard, 1997 ; Édouard Glissant et Patrick Chamoiseau, *Manifestes*, Paris, La Découverte, 2021.

forme de snobisme dans les milieux militants » consistant à se
penser plus éveillés et éclairés dans un principe de distinction alors que l'enjeu est de « *fédérer les forces* » pour
s'opposer efficacement à ceux « *qui ont des intérêts réels à
conserver le système tel qu'il est, il ne faut pas attendre des
personnes au pouvoir qu'elles portent un changement qui irait
contre leurs intérêts* ». La crise de Covid-19, si elle est un
accélérateur de prise de conscience, ne doit pas faire
oublier qu'« *il n'y a pas d'acquis sociaux, mais que des
compromis sociaux* », expression des luttes et des rapports
de force qui les animent.

La fin du politique est ainsi abordée dans l'imbrication du « pourquoi » et du « pour quoi », de sa signification et de sa destination. À la différence de la lecture
de Francis Fukuyama[31] de la chute du mur de Berlin
en 1989 comme marquant l'échec des opposants idéologiques au capitalisme au XXᵉ siècle, et l'avènement
d'une fin de l'histoire au sens d'une victoire de la démocratie et de la paix grâce au libéralisme, les responsables
d'association et activistes interviewé·e·s abordent l'histoire comme un processus toujours inachevé faisant face
à un défi vital de réenchantement, l'expérience de la
pandémie ayant rendu sa dimension vitale explicite. Ce
défi est formulé en termes d'alternatives, d'utopies
concrètes, leurs dimensions/inscriptions idéologiques
étant appréhendées avec prudence car souvent associées
à un héritage sclérosant contradictoire avec la liberté
consubstantielle à l'émancipation. En écho à l'analyse
de la sociologue Nina Eliasoph, l'engagement n'est pas
appréhendé au regard de sujets qui seraient ou non

---

31. Francis Fukuyama, *La Fin de l'histoire et le dernier homme*, Paris, Flammarion, 1992,
éd. originale *The End of History and the Last Man*, New York (N. Y.), Free Press, 1992.

politiques, mais comme l'expression de revendications de ce qui est considéré comme juste. Notre enquête fait écho à cette conception processuelle de l'engagement et du politique en montrant que l'élaboration d'un commun prend la forme de la construction d'un terrain d'entente traçant le chemin en cheminant[32].

Les responsables d'association et activistes interviewé·e·s associent les expérimentations du « faire commun » à la mise en œuvre d'« utopies réelles »[33]. Ces expérimentations prennent la forme d'une réappropriation collective de l'espace et de la parole par des performances, telles que des collages, des *flash mob*, ou des occupations jusqu'à la mise en place de zones à défendre (ZAD) ou la création de lieux questionnant le plus possible, voire mettant en suspens, les rapports de domination. Dans un contexte de discrédit de l'approche réformiste jugée trop peu efficace, voire trompeuse, l'utopie en actes est valorisée comme une repolitisation nécessaire, et même – paradoxalement – comme le seul pragmatisme. Considérant que les répertoires d'actions « classiques » telles que les manifestations ou le plaidoyer ne sont pas suffisants, et qu'une rupture révolutionnaire ne serait ni réaliste ni souhaitable, la construction d'« alternatives émancipatrices dans les espaces et les fissures » du système existant est ainsi présentée comme formant « des institutions, des relations et des pratiques [...] ici et maintenant, qui préfigurent un monde idéal »[34].

---

32. Nina Eliasoph, *L'Évitement du politique. Comment les Américains produisent l'apathie dans la vie quotidienne*, Paris, Economica, 2010.
33. Erik Olin Wright, *Utopies réelles*, Paris, La Découverte, 2017.
34. *Ibid.*, p. 9.

Les responsables d'association et les activistes inter-viewé·e·s font référence à une utopie concrète, à la fois fluide et radicale, dans la mesure où elle repose sur le diagnostic de l'interdépendance des dominations pour faire émerger celle des émancipations. Valorisée en tant que démarche d'appréhension des injustices par ce qui les constitue, à savoir leurs racines, cette radicalité fluide caractérise aussi les modalités de l'engagement et leurs expressions. Elle fait la jonction entre le « qui », le « quoi » et le « comment » des mobilisations contre les injustices. Au-delà des divergences de diagnostic et d'analyse, le sentiment d'être soumis à un péril inter-national commun conduit à une convergence des agendas entre justice sociale et écologique. Dans un contexte d'urgences croisées de fin du monde et de fin du mois, la question de savoir comment faire nombre et synergie, sans perdre la spécificité des mobilisations, est posée avec force par les divers·es acteur·trice·s de la lutte contre les injustices. Le défi est de déterminer les modalités à mettre en œuvre pour construire une société qui ne nie pas les divergences d'intérêt, mais permet une cohabitation émancipée des individus, quelles que soient les catégories identitaires dans les-quelles elles·ils sont assigné·e·s. Deux questions restent en suspens. Comment procéder pour tenir compte des divergences dans les échanges et/ou les alliances ? Est-ce que les expérimentations et les réponses locales déboucheront sur une synergie spontanée ou sur des rencontres, des alliances ou des politiques de coalition[35] construites ?

---

35. Patricia Hill Collins, « Où allons-nous, maintenant ? », *Les Cahiers du Cedref*, 21, 2017, p. 187-208.

Le suspens est de nature différente entre ces deux interrogations : la première n'a pas été abordée explicitement par les personnes interviewées alors que la seconde a été posée comme une question sans réponse, voire une question qui devait rester ouverte pour ne pas perdre son pouvoir transformatif.

Conclusion
Le commun de l'émancipation : une radicalité dans la fluidité

« Ce qui nous intéresse, ce sont les passages et les combinaisons, dans les opérations de striage, de lissage. Comment l'espace ne cesse pas d'être strié sous la contrainte de forces qui s'exercent sur lui ; mais comment aussi il développe d'autres forces et dégorge de nouveaux espaces lisses à travers le striage. Même la ville la plus striée dégorge des espaces lisses : habiter la ville en nomade, ou en troglodyte. Il suffit parfois de mouvements, de vitesse ou de lenteur, pour refaire un espace lisse. Et certes, les espaces lisses ne sont pas par eux-mêmes libératoires. Mais c'est en eux que la lutte change, se déplace, et que la vie reconstitue ses enjeux, affronte de nouveaux obstacles, invente de nouvelles allures, modifie les adversaires. Ne jamais croire qu'un espace lisse suffit à nous sauver. »

Gilles Deleuze et Félix Guattari, *Capitalisme et Schizophrénie. 2 : Mille plateaux*, Paris, Minuit, 2013, p. 624-625.

Le philosophe Francis Wolf interprète les mobilisations contemporaines comme des révoltes ayant « une constante qui les distingue des utopies révolutionnaires passées : on se rebelle *contre* quelque chose, on ne se mobilise pas *pour* quelque chose[1] ». Selon lui, dans un contexte de discrédit de l'utopie associée aux totalitarismes du XXᵉ siècle, « le rêve d'émancipation collective a éclaté en une multiplicité dispersée de désirs [d]e "moins" – d'injustice, de misère, de corruption, d'arbitraire, de ségrégation, de répression, etc. –, tout au plus le moins possible, mais jamais l'impossible d'un horizon collectif[2] ». L'objectif ne serait alors pas la construction d'un « nous » émancipateur *via* une Cité parfaite, un État idéal, mais la réalisation des « aspirations individuelles auxquelles nous pensons avoir *droit*[3] » dans un État le plus neutre possible.

L'enquête qualitative effectuée auprès de 130 responsables d'association et activistes montre que les mobilisations contemporaines se positionnent certes dans le *contre* les injustices et les structures et organisations héritées, mais aussi dans l'élaboration d'un *pour* ou plutôt de *pour au pluriel* dans la mise en visibilité et la libération de la parole des premier·ère·s concerné·e·s et l'expérimentation d'alternatives. La parole libérée émergeant dans les mobilisations contemporaines mêle intime et politique dans la mesure où, à partir d'expériences individuelles d'injustice, elle dénonce des rapports de pouvoir et des inégalités structurelles aux sociétés contemporaines, y compris dans les démocraties se revendiquant du libéralisme politique. L'élaboration de *pour* s'inscrit de plus dans un contexte particulier : la pandémie de Covid-19 est considérée comme une occasion pour construire un universel écologiste et social

---

1. Francis Wolf, *Trois utopies contemporaines*, Paris, Fayard, 2018, p. 16.
2. *Ibid.*, p. 16-17.
3. *Ibid.*, p. 17.

dans une interrogation sur ce qu'est le vivant à la fois dans sa pluralité et son interdépendance, donc aussi son unicité[4].

Les responsables d'association et activistes inter-viewé·e·s démarquent leurs engagements à la fois d'une logique de représentation associée à la confiscation de la parole et au risque d'être récupéré et instrumenta-lisé[5], et d'un militantisme idéologique jugé trop rigide et sclérosant.

De l'opposition 1 % *vs* 99 % à une interdépendance du vivant

L'opposition binaire entre les 1 % les plus riches, cumulant privilèges et profits dans le monde d'aujourd'hui et d'hier, et les 99 % restants[6], définis en creux, symbolise l'horizon d'une alliance de la majorité – malgré de grandes différences entre les groupes qui la composent – au nom d'un intérêt commun à changer de/le monde. Cette opposition est ambivalente car la justification de l'alliance des 99 % contre un ennemi commun, le néolibéralisme et/ou les élites qui l'incar-nent, repose sur une forme de dépolitisation par l'invi-sibilisation des différences, voire des divergences d'intérêt et des désaccords idéologiques, existant entre eux. La catégorie des « 99 % » a pour atout de

---

4. Corine Pelluchon, *Les Lumières à l'âge du vivant*, Paris, Seuil, 2021.
5. Pierre Sauvêtre, « Ne pas être récupéré. Gilets jaunes, l'auto-institution du peuple », *Blog Mediapart*, 20 décembre 2018, en ligne sur https://blogs.mediapart.fr/pierre-sauvetre/blog/201218/ne-pas-etre-recupere-gilets-jaunes-lauto-institution-du-peuple
6. Cinzia Arruzza, Tithi Bhattacharya et Nancy Fraser, *Féminisme pour les 99 %. Un mani-feste*, Paris, La Découverte, 2019.

permettre au plus grand nombre de s'y reconnaître, et pour limite de participer de la neutralisation des différences et des différends des positionnements individuels et collectifs. L'association des 99 % à la construction d'un commun ne niant pas les spécificités de ses différentes composantes est essentielle pour lui donner une épaisseur, un sens théorique et pratique. Ceci d'autant plus que dans un contexte d'urgences écologiques et sociales, et de dénonciation de l'impunité des violences sexistes et racistes, l'efficacité des mobilisations contre les injustices pour un type de public spécifique se pose dans un écosystème plus explicitement perçu comme interdépendant.

Au-delà de leurs différences, les responsables d'associations, de collectifs ou les activistes interviewé·e·s ont pour point commun de se poser la question suivante : comment participer individuellement et collectivement à faire advenir un monde plus juste et heureux en remettant en cause les dominations croisées au fondement du capitalisme et de la démocratie exclusive ? L'interrogation sur le type de société à créer implique de manière concomitante une prise de position *contre* – la remise en cause de systèmes économique et politique hérités – et *pour* – les conditions à mettre en œuvre afin de rendre le souhaitable possible. Elle se décline en différentes questions dont celle de savoir quels individus et/ou quels groupes sont concernés par la synergie, ou plus fondamentalement l'imbrication, des dominations et des émancipations. L'alliance des mobilisations contre le sexisme, le racisme, les inégalités économiques et sociales et pour l'écologie fera-t-elle sur la base de la reconnaissance d'une humanité et d'un intérêt communs à préserver « notre » planète en ne considérant les animaux non humains et le vivant qu'en lien avec la survie et la qualité de vie de l'humanité ? Ou reposera-t-elle sur le dépassement de l'anthropocentrisme dans la reconnaissance de l'inter-dépendance du vivant, des vivants dans une époque se reconnaissant comme Anthropocène ?

La temporalité de mon enquête fait que ces interro-gations résonnent dans un contexte particulier. Parce qu'elle manifeste « une rupture d'intelligibilité[7] », un déplacement contraint, la pandémie de Covid-19 peut être considérée comme une occasion de penser et porter un changement profond vers une interdépen-dance émancipée. Le risque de recomposition du sys-tème global responsable de cette crise est grand dans la mesure où les sociétés dans lesquelles nous vivons reposent sur un mode de production inégalitaire dans l'accaparement et la destruction de ressources humaines et non humaines. Les actrices et acteurs des mobilisations contre les injustices interviewé·e·s ont ainsi pour point commun de se confronter au défi de porter une opposition, mais aussi des propositions pour que *le monde d'après* soit celui du dépassement d'un sys-tème reposant sur l'imbrication des oppressions et des dominations sexiste, raciste, spéciste et écocidaire. La pandémie et ses conséquences ont en effet mis en évi-dence l'interdépendance des humains entre eux et avec le vivant entendu au sens large. Elle ne porte pas une incertitude passagère, mais interroge profondément les conditions pour que demain ne soit pas une reproduc-tion exacerbée des rapports de force et des violences

---

7. Alban Bensa et Éric Fassin, « Les sciences sociales à l'événement », *Terrain*, 38, 2002, p. 4.

héritées. Dans la mesure où, au niveau national et international, « il n'y a pas de consensus sur ce qui constitue le terrain de l'injustice, sur le cadre du débat[8] », la proposition de la philosophe américaine Nancy Fraser de mettre en place de nouvelles structures d'arbitrage et de résolution des litiges au niveau transnational[9] pourrait contribuer à garantir une « parité de participation » aux actrices et acteurs en présence.

D'un commun polémique à un commun émancipé

Les responsables d'association et activistes interviewé·e·s dénoncent des injustices et leurs causes, partagent un diagnostic et l'opposition à un ennemi commun. Mais l'horizon commun reste polémique dans la mesure où des divergences portent sur l'articulation du « qui », du « quoi » et du « comment » des mobilisations. L'un des points principaux de tension est la place conférée au vécu des injustices dénoncées. Considérer ce dernier comme la condition d'un engagement légitime a des implications sur la place conférée respectivement aux premier·ère·s concerné·e·s et aux allié·e·s, ainsi que sur la possibilité et les modalités d'alliance ou de synergie. Inscrire les mobilisations contre les injustices dans une parole partagée implique de parler ni uniquement depuis sa place, ni à la place

---

8. « Devenir pairs. Entretien avec Nancy Fraser », *Vacarme*, 55 (2), 2011, p. 10.
9. « The Politics of Framing : An Interview with Nancy Fraser », *Theory Culture & Society*, 24 (4), 2007, p. 73-86 ; Nancy Fraser, « Abnormal Justice », *Critical Inquiry*, 34 (3), 2008, p. 393-422.

de, mais avec celles et ceux dont les vies, les intérêts
sont moins visibles et reconnus. Cet horizon d'un
commun dans l'émancipation repose sur l'imbrication
du niveau individuel et collectif, de l'éthique et du politique dans la mesure où, comme l'analyse Judith Butler,
« je ne saurais affirmer ma propre vie sans évaluer de
manière critique ces structures qui évaluent différemment la vie elle-même[10] ». Face au diagnostic d'injustice
systémique, la question qui se pose est « comment
peut-on mener une vie bonne dans une vie mauvaise ? »
Judith Butler la formule en 2012, alors qu'elle reçoit le
prix Theodor W. Adorno, prolongeant la question du
penseur allemand : « comment peut-on avoir une vie
bonne ? » par cette contextualisation : « à l'intérieur
d'un monde dans lequel la bonne vie est structurellement ou systématiquement interdite au plus grand
nombre »[11]. S'émanciper individuellement exige alors
de s'inscrire d'emblée dans une perspective politique
en créant « une vie plus vivable qui s'oppose à la distribution différenciée de la précarité, alors les actes de
résistance diront *non* à certains modes de vie alors qu'ils
diront *oui* à d'autres[12] ». La dimension collective de la
résistance prend la forme d'actions concertées, mais
« elle doit aussi être recherchée dans les gestes de refus
du corps (silence, action, refus de l'action), qui caractérisent ces mouvements qui mettent en œuvre les principes démocratiques de l'égalité et les principes
économiques de l'interdépendance, à travers les
actions mêmes par lesquelles ils revendiquent une

---

10. Judith Butler, *Qu'est-ce qu'une vie bonne ?*, Paris, Payot, 2014, p. 68.
11. *Ibid.*, p. 56-57.
12. *Ibid.*, p. 107.

nouvelle forme de vie plus radicalement démocratique et plus substantiellement indépendante[13] ».

Judith Butler nous invite aussi à examiner un second problème qui est de déterminer « la forme que cette question peut prendre pour nous aujourd'hui. Autrement dit : comment le moment historique dans lequel nous vivons conditionne et influence la forme de la question elle-même[14] ? »

Ce qui émerge des 130 entretiens réalisés auprès de responsables d'association et activistes avant et pendant la crise sanitaire de Covid-19, c'est que l'entrée dans la mobilisation se fait par la dénonciation des injustices et de la responsabilité des élites économiques et politiques dans la reproduction d'un système illégitime, vecteur d'inégalités et de souffrances. Les sentiments d'injustice s'éprouvent par des vécus en tant que premier·ère·s concerné·e·s ou allié·e·s. Les « épreuves existentielles »[15] constituent la base émotionnelle de la dénonciation d'un phénomène où s'imbriquent niveaux individuel et collectif. Face à ce vécu des inégalités, les activistes et responsables d'association font part de leur défiance vis-à-vis d'un principe d'égalité qui, sous couvert d'une rhétorique de la généralité, occulte les injustices systémiques[16]. Le soupçon de partialité pèse sur toute tentative de former des énoncés normatifs à validité universelle. La méfiance vis-à-vis du principe d'égalité exprime ainsi plus largement une critique vis-à-vis d'approches réformistes, considérées au mieux comme

---

13. Judith Butler, *Qu'est-ce qu'une vie bonne ?*, *op. cit.*, p. 108.
14. *Ibid.*, p. 57.
15. Luc Boltanski, *De la critique. Précis de sociologie de l'émancipation*, Paris, Gallimard, coll. « NRF-Essais », 2009.
16. Jacques Derrida, *Force de loi*, Paris, Galilée, 2005 [1994].

trop lentes et superficielles, voire comme ayant fait preuve de leur inefficacité pour lutter contre les inégalités. L'égalité est alors perçue comme un slogan incompatible avec une démarche transformatrice car réduisant ce principe à « une égalité des chances de dominer alors que la planète est en flammes[17] ». En écho à l'appel à la vigilance du « Manifeste pour les 99 % », choisir ce chemin, ou continuer à le parcourir sans changer de direction, est considéré comme « lourd de conséquences » car ce choix « mène vers une planète calcinée sur laquelle la vie humaine sera appauvrie au point d'en devenir méconnaissable – ou s'éteindra »[18]. L'articulation entre le « qui », le « quoi » et le « comment » des mobilisations ne pose rien moins que la question de savoir si, et sous quelles modalités, le diagnostic de la destruction du système capitaliste par les excès qu'il a engendrés et celui de l'interdépendance des dominations débouchent sur celle des émancipations ou sur la reproduction des dominations.

Face au contexte de crise globale, au sens à la fois de mondialisée et de transversale, entrecroisant les dimensions économique, sociale, politique, écologique et sanitaire, les responsables et activistes interviewé·e·s soulignent l'importance de donner la parole aux premier·ère·s concerné·e·s pour dépasser une démocratie uniquement représentative des 1 % de l'élite. L'enjeu est de porter une démocratie partagée faisant de l'interdépendance plus qu'un constat : une réponse pour faire advenir une société juste, apaisée et heureuse. Les

---

17. Cinzia Arruzza, Tithi Bhattacharya et Nancy Fraser, *Féminisme pour les 99 %*, *op. cit.*, p. 15.
18. *Ibid.*, p. 13-14.

mobilisations contemporaines contre les injustices, conjuguant urgences sociales et écologiques, articulent les grammaires de la contestation discutées par la sociologue Irène Pereira. La « grammaire nietzschéenne » d'abord, car elles déconstruisent « la croyance dans le grand récit de l'émancipation universelle de l'humanité, celui d'une théologie de l'histoire qui conduit soit à des États-Unis de l'humanité, soit à une révolution communiste[19] ». Il s'agit en particulier de réhabiliter une participation citoyenne de tou·te·s et chacun·e à la vie démocratique. Concrètement, une telle réhabilitation s'exprime par des engagements et des actions revendiquant une fluidité en particulier dans les répertoires d'action à travers l'attachement à la diversité des tactiques – entre plaidoyers et désobéissance civile, malgré des désaccords concernant la définition et le rapport à la violence – aussi bien au niveau individuel que collectif. Une association, un collectif ou un·e activiste peuvent mêler ces approches ou considérer que la synergie repose sur une complémentarité des tactiques entre activistes et collectifs en fonction des spécificités et des capacités de chacun·e. En ce qui concerne la « grammaire républicaine », le positionnement des activistes et responsables d'association interviewé·e·s n'est pas homogène. Si certain·e·s considèrent qu'elle est trop viciée pour être réappropriée, d'autres revendiquent l'importance, à la fois « de mettre en place des microréalisations, de libérer des espaces éphémères[20] » et d'exiger que la République

---

19. Irène Pereira, *Les Grammaires de la contestation. Un guide de la gauche radicale*, Paris, La Découverte/Les Empêcheurs de penser en rond, 2010, p. 21.
20. *Ibid.*

assume les principes qu'elle proclame. Enfin, à travers la dénonciation d'un ennemi commun sous les traits d'un capitalisme sexiste, raciste et écocidaire, les responsables d'association et activistes interrogé·e·s s'inscrivent dans une forme de continuité avec la « grammaire socialiste ».

Au-delà de leurs divergences sur le « comment », elles·ils font part de leur attachement à une transformation globale de la société. Elles·ils bousculent les dichotomies telles que réformisme/révolutionnaire, pragmatisme/utopie en associant leur engagement contre les injustices à une réhabilitation du politique comme utopie en acte. Elles·ils se démarquent d'un rapport à la politique qui, en la réduisant à l'art du possible, la transforme en gestion faussement neutre, alors que le politique est fondamentalement l'art de faire advenir l'impossible[21] dans l'intervalle entre ce qui est et ce qui devrait être.

D'une radicalité rhizomique

Pour reprendre la métaphore utilisée par Gilles Deleuze et Félix Guattari, le rapport au politique est radical dans une approche plus rhizomique que racinaire. « Résumons les caractères principaux d'un rhizome : à la différence des arbres ou de leurs racines, le rhizome connecte un point quelconque avec un autre point quelconque, et chacun de ses traits ne renvoie pas nécessairement à des traits de même nature, il met

---

21. Joan Scott, « L'énigme de l'égalité », *Cahiers du genre*, 33, 2002, p. 40.

en jeu des régimes très différents et même des états de non-signes. [...] Il n'est pas fait d'unités, mais de dimensions, ou plutôt de directions mouvantes. Il n'a pas de commencement ni de fin, mais toujours un milieu, par lequel il pousse et il déborde[22]. » Le rhizome est associé à la carte par opposition au calque au sens où la carte est « tournée vers une expérimentation en prise avec le réel. La carte ne reproduit pas un inconscient fermé sur lui-même, elle le construit[23]. »

Cette radicalité dans la liberté de l'action, dans la fluidité, l'actrice Adèle Haenel l'incarne lorsqu'elle quitte la salle au moment de la nomination pour le César du meilleur réalisateur de Roman Polanski le 28 février 2020, alors même qu'il a été condamné pour abus sexuel sur une mineure de 13 ans, qu'il est accusé d'avoir commis d'autres violences sexuelles et qu'il fuit la justice américaine depuis 1978. Cette action fait de la sortie une voie pour celles et ceux dont la voix, d'abord saluée comme courageuse, est réduite au silence comme un rappel à l'ordre envers celles et ceux qui seraient tenté·e·s d'espérer que la docilité n'est plus la règle. Du hashtag #Quittonslasalle initié par la philosophe Camille Froidevaux-Metterie à la tribune de Virginie Despentes « Désormais on se lève et on se barre » dans *Libération* le 1er mars 2020, les féministes revendiquent de n'être ni dupes ni passives dans un monde où les voix des dénonciatrices sont disqualifiées, présentées comme des indécences encombrantes de censeures puritaines n'ayant pas les moyens de gâcher

---

22. Gilles Deleuze et Félix Guattari, *Capitalisme et Schizophrénie. 2 : Mille plateaux*, Paris, Minuit, 2013, p. 31.
23. *Ibid.*, p. 20.

la fête des grands. Quitter la pièce, c'est choisir sa voie
en mettant comme condition au dialogue un pas de
côté, une cassure de l'histoire des dominations. Ce type
de performance, individuelle et collective, incarne une
mobilisation participant d'un déplacement d'une fausse
consensualité vers un dissensus assumé. Il révèle aussi
ce qui persiste, résiste, se recompose dans une France
du XXIᵉ siècle ressemblant encore trop souvent à une
pièce de Marivaux où les valets ne sont nobles que le
temps d'une farce. Quitter la pièce est alors une voix/
voie puissante qui, comme l'analyse Judith Butler[24], en
exposant la contradiction par laquelle la prétention à
l'universalité est à la fois posée et invalidée, produit une
cassure émancipatrice et créatrice d'un autre réel.
L'émancipation individuelle et collective consiste alors
à se libérer des critères qui déterminent ce qui est
reconnaissable et ce qui ne l'est pas, ce qui est dicible
et audible, et ce qui ne l'est pas. Pour changer le cours
de l'histoire, les féministes montrent qu'il peut être
nécessaire de sortir de scène. Elles participent de la
remise en cause de la « police » au sens de la distribution hiérarchique des places et des fonctions en s'ins-
crivant dans un commun « polémique »[25] discutant des
conditions d'im-possibilité d'un commun émancipé.

Ce choix du hors scène, du hors cadre comme une
étape nécessaire au changement renvoie à la discussion
par le philosophe Daniel Bensaïd[26] de la position, déve-
loppée en particulier par le sociologue et philosophe

---

24. Judith Butler, *Rassemblement. Pluralité, performativité et politique*, Paris, Fayard, 2016,
p. 67.
25. Nicolas Poirier, « Jacques Rancière (entretien avec) », *Le Philosophoire*, 13, 2000,
p. 29-42.
26. Daniel Bensaïd, *Éloge de la politique profane*, Paris, Alban Michel, 2008.

irlandais John Holloway, selon laquelle il est possible de changer le monde sans prendre le pouvoir[27]. La seule façon dont la transformation peut être pensée étant alors non pas la conquête du pouvoir, mais sa dissolution. Daniel Bensaïd associe les expressions politiques de cette position idéologiques à des « moments libertaires »[28] incarnant à la fois le sentiment d'urgence du changement révolutionnaire et la perte des certitudes, à la suite des totalitarismes du XXᵉ siècle, sur ce qu'est faire la révolution. Le processus révolutionnaire est ainsi mis en œuvre comme un questionnement plus que comme une réponse. Cette position fait écho dans mon enquête à la mise à distance du modèle du « *grand soir* » dans le rejet de ce qui est associé à une mise en doctrine, et de celui des « *petits matins qui chantent* » pour se revendiquer de celui des « *petits jardins* », des « *jardins partagés* ».

La méfiance envers ce qui est associé à un risque de recomposition d'une unité hégémonique, voire totalitaire, amène à prendre de la distance vis-à-vis de toute généralisation, qu'elle soit procédurale ou idéologique. Comme le souligne Daniel Bensaïd, les mots sont sortis blessés du XXᵉ siècle car ils sont considérés comme n'étant pas innocents du dogmatisme idéologique qui s'est mué en asservissement. L'enquête qualitative analysée dans cet ouvrage montre que le principe d'égalité fait partie de ces mots blessés et que l'injonction à la convergence des luttes est associée à une mise en doctrine réintroduisant du vertical et de

---

27. John Holloway, *Changer le monde sans prendre le pouvoir. Le sens de la révolution aujourd'hui*, Paris/Montréal, Syllepse/Lux, 2008.
28. Daniel Bensaïd, « La Révolution sans prendre le pouvoir ? À propos de John Holloway », *Contretemps*, 6, février 2003.

l'unité dans des mobilisations revendiquant leur attachement à l'horizontalité et à la pluralité. Le politique
y est pensé comme un processus de co-construction par
le partage d'un faire commun. Les mobilisations
contemporaines contre les injustices sont ainsi à la fois
radicales, par les remises en cause qu'elles portent, et
fluides, dans le « comment » et le « vers quoi » des
réponses qu'elles incarnent.

Bibliographie sélective

AGRIKOLIANSKI Éric, FILLEULE Olivier et SOMMIER Isabelle, *Penser les mouvements sociaux*, Paris, La Découverte, 2010.

ARRUZZA Cinzia, BHATTACHARYA et FRASER Nancy, *Féminisme pour les 99 %. Un manifeste*, Paris, La Découverte, 2019.

BALIBAR Étienne, *Des universels. Essais et conférences*, Paris, Galilée, 2012.

BOOKCHIN Murray, *L'Écologie sociale. Penser la liberté au-delà de l'humain*, Marseille, Wildproject, 2020.

BUTLER Judith, *Qu'est-ce qu'une vie bonne ?*, Paris, Payot, 2014.

BUTLER Judith, *Rassemblement. Pluralité, performativité et politique*, Paris, Fayard, 2016.

BUTLER Judith, *The Force of Nonviolence : An Ethico-Political Bind*, New York (N. Y.), Verso, 2020.

BUTZLAFF Felix, « Emancipatory Struggles and their Political Organisation : How Political Parties and Social Movements Respond to Changing Notions of Emancipation », *European Journal of Social Theory*, juin 2021, p. 1-24.

DELEUZE Gilles et GUATTARI Félix, *Capitalisme et Schizophrénie. 2 : Mille plateaux*, Paris, Minuit, 2013 [1980].

DERRIDA Jacques, *Force de loi*, Paris, Galilée, 2005 [1994].

DONALDSON Sue et KYMLICKA Will, *Zoopolis. Une théorie politique des droits des animaux*, Paris, Alma éditeur, 2016.

FERDINAND Malcom, *Une écologie décoloniale. Penser l'écologie depuis le monde caribéen*, Paris, Seuil, 2019.

FILLIEULE Olivier *et al.*, *Dictionnaire des mouvements sociaux*, Paris, Presses de Sciences Po, 2ᵉ éd., 2020.

FRASER Nancy, *Justice Interruptus : Critical Reflections on the « Postsocialist » Condition*, Londres, Routledge, 1996.

FRASER Nancy, « Qui compte comme sujet de justice ? La communauté des citoyens, l'humanité toute entière ou la communauté transnationale du risque ? », *Rue Descartes*, 67, 2010, p. 50-59.

FRASER Nancy, *Le Féminisme en mouvements. Des années 1960 à l'ère néolibérale*, Paris, La Découverte, 2012.

GROUX Guy, *Vers un renouveau du conflit social ?*, Paris, Bayard, 1998.

ISRAËL Liora, *L'Arme du droit*, Paris, Presses de Sciences Po, 2009.

LACROIX Justine et PRANCHÈRE Jean-Yves, *Le Procès des droits de l'homme. Généalogie du scepticisme démocratique*, Paris, Seuil, 2015.

LATOUR Bruno, *Nous n'avons jamais été modernes. Essai d'anthropologie symétrique*, Paris, La Découverte, 1991.

MOTS. LES LANGAGES DU POLITIQUE, numéro spécial « De la racine à l'extrémisme : discours des radicalités politiques et sociales », 123, 2020.

NEVEU Erik, *Sociologie des mouvements sociaux*, Paris, La Découverte, 2019.

OGIEN Albert, *Politique de l'activisme. Essai sur les mouvements citoyens*, Paris, PUF, 2021.

PATEMAN Carole, *Le Contrat sexuel*, Paris, La Découverte, 2010.

PAVARD Bibia, ROCHEFORT Florence et ZANCARINI-FOURNEL Michelle, *Ne nous libérez pas, on s'en charge. Une histoire des féminismes de 1789 à nos jours*, Paris, La Découverte, 2020.

PELLUCHON Corine, *Les Lumières à l'âge du vivant*, Paris, Seuil, 2021.

PEREIRA Irène, *Les Grammaires de la contestation. Un guide de la gauche radicale*, Paris, La Découverte/Les Empêcheurs de penser en rond, 2010.

PETTIT Philip, *Républicanisme. Une théorie de la liberté et du gouvernement*, Paris, Gallimard, coll. « NRF Essais », 2004.

RAISONS POLITIQUES, dossier « Démocratie radicale : retours critiques », 75, 2019.

ROUSSEAU Juliette, *Lutter ensemble. Pour de nouvelles complicités politiques*, Paris, Cambourakis, 2018.

SCOTT Joan, *La Citoyenne paradoxale. Les féministes françaises et les droits de l'homme*, Paris, Albin Michel, 1998 [éd. originale, *Only Paradoxes to Offer : French Feminists and the Rights of Man*, Cambridge (Mass.), Harvard University Press, 1996].

SCOTT Joan, « L'énigme de l'égalité », *Cahiers du genre*, 33, 2002, p. 17-41.

SOMMIER Isabelle, *Les Nouveaux Mouvements contestataires à l'heure de la mondialisation*, Paris, Flammarion, 2001.

TASSIN Étienne, *Pour quoi agissons-nous ? Questionner la politique en compagnie d'Hannah Arendt*, Bordeaux, Le Bord de l'eau, 2018.

WORMS Frédéric, *Sidération et résistance. Face à l'événement (2015-2020)*, Paris, Desclée de Brouwer, 2020.

Annexe 1
Liste des personnes interviewées avec leur·s responsabilité·s ou engagement·s à la date de l'entretien

130 entretiens de responsables d'associations ou de collectifs, ainsi que d'activistes, d'entrepreneur·e·s sociaux·ales et d'universitaires ont été effectués entre juin 2019 et août 2020, dont 37 pendant ou après le premier confinement décidé en France en raison de la pandémie de Covid-19. Les personnes interviewées ont été classées par type de mobilisation en fonction notamment de leur responsabilité dans des collectifs ou dans l'organisation d'événements. Cette catégorisation reflète la structuration des engagements par type de publics ou d'enjeux concernés, mais a pour limite de ne pas rendre compte de leur pluralité et de leur imbrication.

Responsables d'associations et activistes féministes
49 entretiens
Jocelyne Adriant-Metboul, présidente de la Coordination française du lobby européen des femmes (CLEF), 19 décembre 2019
Rebecca Amsellem, activiste féministe et fondatrice de la newsletter féministe *Les Glorieuses*, 5 février 2020
Myriam Bahaffou, fondatrice d'un groupe écoféministe, 16 octobre 2019
Marilyn Baldeck, déléguée générale de l'Association européenne contre les violences faites aux femmes au travail - Libres et égales (AVFT), 11 octobre 2019
Marie-Noëlle Bas, présidente des Chiennes de garde, 19 juillet 2019
Louiza Belhamici, militante féministe antiraciste anti-impérialiste, 12 février 2020
Souad Benani Schweizer, professeure de français et de philosophie et fondatrice des Nanas beurs, 8 janvier 2020

Fatima Benomar, fondatrice des Effronté.es, 17 juillet 2019

Chris Blache, responsable du collectif La Barbe - Groupe d'action féministe, cofondatrice de Genre et ville, 16 juillet 2019

Danièle Bouchoule, coprésidente du réseau Elles aussi, 21 novembre 2019

Nadia Chabaane, membre du Collectif national pour les droits des femmes, 31 juillet 2019

Alice Coffin, cofondatrice de l'Association des journalistes LGBT (AJL), membre de la Conférence européenne lesbienne et de Lesbiennes d'intérêt général, 27 août 2020

Typhaine D, artiste et formatrice féministe, 10 décembre 2019

Caroline De Haas, militante féministe, cofondatrice de #NousToutes, 15 janvier 2020

Irene, activiste féministe, blogueuse, 20 janvier 2020

Monique Dental, présidente-fondatrice du Collectif de pratiques et de réflexions féministes Ruptures, 20 septembre 2019

Pascale d'Erm, écoféministe, journaliste, réalisatrice de documentaire et autrice, 5 septembre 2019

Aurore Foursy, coprésidente de l'Inter LGBT, 27 novembre 2019

Géraldine Franck, fondatrice du Collectif anti-CRASSE « Classisme, Racisme, cApacitisme, Sexisme, Spécisme - Pour l'Egalité contre toutes les dominations », 1er avril 2020

Rachida Hamdan, présidente-fondatrice des Résilientes, 24 septembre 2019

Alice Jehan et Solène Ducrétot, cofondatrices des Engraineuses, 11 septembre 2019

K., cofondatrice d'une organisation écoféministe inspirée de la tradition Reclaiming alliant militantisme et spiritualité païenne, 18 décembre 2019

Kiyémis, activiste afro-féministe, autrice et poétesse, animatrice du podcast « Quoi de meuf », 18 mars 2020

Ophélie Latil, fondatrice du collectif féministe Georgette Sand, 10 octobre 2019

Christine Le Doaré et Arlette Zilberg, cofondatrices des VigilantEs, 4 novembre 2019

Gwendoline Lefebvre, présidente du Lobby européen des femmes, 7 novembre 2019

Léa Lejeune, cofondatrice et présidente de Prenons la une, 16 juillet 2019

Anaïs Leleux, membre du comité de pilotage de #Nous Toutes, responsable Agitprop, 25 novembre 2019

Anne-Cécile Mailfert, présidente-fondatrice de la Fondation des femmes, 18 juillet 2019

Loren Noordman, vice-présidente de Humans for Women et fondatrice de la Féministhèque, 6 novembre 2019

Emmanuelle Piet, présidente du Collectif féministe contre le viol, 16 décembre 2019

Céline Piques, porte-parole d'Osez le féminisme !, 26 septembre 2019

Tatyana Razafindrakoto, fondatrice du festival Les Aliennes, 8 octobre 2019

Caroline Rebhi et Sarah Durocher, coprésidentes du Planning familial, 11 décembre 2019

Raphaëlle Rémy-Leleu, porte-parole d'Osez le féminisme !, 25 juillet 2019

Suzy Rojtman, porte-parole du Collectif national pour les droits des femmes, 24 juin 2019

Roselyne Rollier, présidente de la maison des femmes Thérèse-Clerc de Montreuil, 27 mars 2020

Laurence Rossignol, présidente de l'Assemblée des femmes, sénatrice, ancienne ministre, 24 octobre 2019

Rosalie Salaün, responsable de la commission féministe d'Europe écologie-Les Verts (EELV), 24 octobre 2019

Sam et Anne, co-animateur et animatrice du Reset, hackerspace queer et féministe, 9 janvier 2020

Julia Schindler, alias Miss Permaculture, consultante et formatrice en permaculture, membre des Gentils Virus - Graines de démocratie, 31 mars 2020

Inna Shevchenko, cofondatrice des Femen, 4 décembre 2019

Marguerite Stern, militante féministe, ex-Femen, initiatrice des collages contre les féminicides, 23 octobre 2019

Olga Trostiansky, présidente-fondatrice du Laboratoire de l'égalité, ancienne présidente de la Coordination française du lobby européen des femmes (CLEF), 16 juillet 2019

Sarah Zouak et Justine Devillaine, cofondatrices de Lallab, 10 mars 2020

Responsables d'associations, activistes, universitaire
dans le domaine de l'écologie
21 entretiens

Véronique Andrieux, directrice générale de World Wide Fund for Nature (WWF) France, 13 mai 2020

Isabelle Attard, ancienne députée Europe écologie-Les Verts (EELV), autrice de *Comment je suis devenue anarchiste*, 27 février 2020

Delphine Batho, présidente de Génération écologie, députée, ancienne ministre, 17 décembre 2019

Clotilde Bato, présidente de Notre affaire à tous et directrice de SOL - Alternatives agroécologiques et solidaires, 13 janvier 2020

Julien Bayou, cofondateur de Génération précaire et du collectif Jeudi noir, secrétaire national Europe écologie-Les Verts (EELV), 23 avril 2020

Pauline Boyer, porte-parole d'Alternatiba et d'Action non-violente COP21 (ANV-COP21), 19 novembre 2019

Valérie Cabanès, cofondatrice de Notre affaire à tous, juriste internationale, 10 octobre 2019

Angelina Casademont, membre de Youth for Climate Île-de-France, 9 janvier 2020

Laurie Debove, journaliste écologiste, rédactrice en chef à *La Relève et la Peste*, 5 février 2020

Malcom Ferdinand, chercheur du Centre national de la recherche scientifique (CNRS), auteur en particulier de *L'Écologie décoloniale*, 19 mars 2020

Khaled Gaiji, président des Amis de la Terre, 24 août 2020

Garibaldi, membre d'Extinction rébellion, 22 novembre 2019

Jean-François Julliard, directeur général de Greenpeace France, 19 mars 2020

Corinne Morel-Darleux, anciennement coordinatrice des assises pour l'écosocialisme au Parti de gauche et membre du bureau de la fondation Copernic et du Mouvement Utopia, conseillère régionale d'Auvergne-Rhône-Alpes, 12 mars 2020

Cécile Ostria, directrice générale de la fondation Nicolas-Hulot pour la nature et l'homme, 12 mars 2020

Jessica Oublié, autrice de BD mobilisée contre le chlordécone en Guadeloupe, 30 avril 2020

Pierre Rabhi, fondateur du mouvement Colibris et de Terre et humanisme, 11 décembre 2019

Maxime de Rostolan, initiateur de La Bascule, 10 octobre 2019

Sophia Sabine, cofondatrice du collectif Zéro chlordécone zéro poison, 2 avril 2020

Hélène De Vestele, fondatrice d'Edeni, un organisme de formation sur les enjeux de la transition écologique, 24 juillet 2019

Vipulan, militant de Youth for Climate, 17 janvier 2020

Responsables d'associations et activistes
luttant contre le racisme
14 entretiens

Jawad Bachare, directeur exécutif du Collectif contre l'islamophobie (CCIF) en France, 20 mars 2020

Saïd Bouamama, sociologue, cofondateur et animateur du Front uni des immigrations et des quartiers populaires (FUIQP), 9 mars 2020

Guillaume Capelle, entrepreneur social, cofondateur de l'association SINGA, 26 mars 2020

Rokhaya Diallo, écrivaine, journaliste et réalisatrice, cofondatrice de l'association Les Indivisibles, 15 mai 2020

Emmanuel Gordien, président du Comité marche du 23 mai 1998 (CM98), 31 mars 2020

Violaine Husson, responsable nationale des questions de genre et de protection à la Cimade, 25 juillet 2019

Danièle Lochak, ancienne présidente (1985-2000) et membre du Groupe d'information et de soutien des immigrés (Gisti), 20 mars 2020

Pierre Mairat, coprésident du Mouvement contre le racisme et pour l'amitié entre les peuples (MRAP), 21 janvier 2020

Majdelil, militante du Front uni des immigrations et des quartiers populaires (FUIQP), 20 janvier 2020

Mohamed Mechmache, fondateur et président du collectif Pas sans nous, membre fondateur et porte-parole de l'Association collectif liberté égalité fraternité ensemble unis (ACLeFeu), 24 février 2020

Malik Salemkour, président de la Ligue des droits de l'homme (LDH), 22 novembre 2019

Dominique Sopo, président de SOS Racisme, 23 octobre 2019

Ghislain Vedeux, administrateur et président du Conseil représentatif des associations noires (CRAN), vice-président de l'European Network Against Racism (ENAR), 3 avril 2020

Buon Tan, président d'honneur du Haut Conseil des Asiatiques de France (HCAF), député, 23 avril 2020

Responsables d'associations et activistes
antispécistes et animalistes
16 entretiens

William Burkhardt et Léa Dubost, fondateurs de DxE France/Red Pill, 9 décembre 2019

Yves Bonnardel, théoricien et militant de terrain pour l'antispécisme et contre la domination adulte, 7 janvier 2020

Adrian Debord, membre de l'association transmilitante lyonnaise Chrysalide et cofondateur de l'Université d'été de la libération animale (UELA), 3 avril 2020

Mathilde Dorbessan, porte-parole de Pour une éthique dans le traitement des animaux (PETA) France, en charge des relations avec les entreprises, 10 octobre 2019

Melvin Josse et Nicolas Bureau, directeur et responsable des affaires publiques de Convergence animaux politique, 11 décembre 2019

Brigitte Gothière, porte-parole et cofondatrice de L214 éthique et animaux, 13 novembre 2019

Solveig Halloin, fondatrice et porte-parole de Boucherie abolition, 12 novembre 2019

David Olivier, militant antispéciste, fondateur des *Cahiers antispécistes* et de la Veggie Pride, 28 janvier 2020

Willène Pilate, militante féministe égalitariste intersectionnelle, organisatrice de la Veggie Pride, 6 mars 2020

Axelle Playoust-Braure, co-organisatrice des Estivales de la question animale, et corédactrice en chef de *L'Amorce. Revue contre le spécisme*, 8 février 2020

Amandine Sanvisens, cofondatrice de Paris animaux zoopolis (PAZ), 18 mars 2020

Pia Shazar, porte-parole de Pour l'égalité animale (PEA), 3 mars 2020

Mata'i Souchon, militant contre le spécisme, co-organisateur des Estivales de la question animale, 29 janvier 2020

Morgan Zoberman, cofondateur de l'Université d'été de la libération animale (UELA), 9 avril 2020

Responsables d'associations et de collectifs de lutte
contre la pauvreté et pour la justice sociale
10 entretiens

Jérôme Bar, cofondateur d'AequitaZ - Artisans de justice sociale, 24 mars 2020

Emmanuel Bodinier, cofondateur d'AequitaZ - Artisans de justice sociale, 25 mars 2020

Camille Clochon, cofondatrice de l'association d'éducation populaire L'Ébullition, 1er avril 2020

Cécile Duflot, directrice générale d'Oxfam France, ancienne ministre et députée, 12 février 2020

Marie-France Eprinchard, présidente d'Emmaüs solidarité, 17 mars 2020

Félix, fondateur de CapaCités - La ville pour tous et par tous, 27 mars 2020

Claire Hédon, présidente d'ATD Quart monde, 20 mars 2020

Adrien Roux, membre de l'institut Alinsky, fondateur de L'Alliance citoyenne et du Réseau pour l'action collective transnationale (ReAct), 1er avril 2020

Inès Seddiki, présidente-fondatrice de Ghett'up, 25 août 2020

Stéphane Vincent, délégué général de la 27e Région, administrateur des Halles civiques, 2 avril 2020

Responsables d'associations altermondialistes, d'alternatives
citoyennes et entrepreneur·e·s sociaux·ales
20 entretiens

Ludivine Bantigny, historienne, cofondatrice de Faire commune, 26 mars 2020

Sarah Durieux, spécialiste des mobilisations citoyennes et d'organisation communautaire, directrice de Change.org France, 23 juillet 2020

Jean-Marc Gancille, cofondateur de la coopérative La Suite du monde, du collectif anti-captivité Rewild et de l'écosystème Darwin, 7 avril 2020

Nicolas Girod, porte-parole de la Confédération paysanne, 24 avril 2020

Samuel Grzybowski, fondateur de Coexister, 30 juillet 2020

Augustin Legrand, militant pour le droit au logement, cofondateur de l'association Les Enfants de Don Quichote, 6 mars 2020

Elliot Lepers, directeur de l'ONG Le Mouvement, 5 février 2020

Priscillia Ludosky, une des initiatrices du mouvement des Gilets jaunes, 27 novembre 2019

Gustave Massiah, membre du conseil scientifique de l'Association pour la taxation des transactions financières et pour l'action citoyenne (Attac) France et du conseil international du Forum social mondial (FSM), 22 janvier 2020

Vincent Mignerot, président d'honneur et fondateur d'Adrastia, 14 avril 2020

Pascal Pavageau, porte-parole du lobby citoyen pour un Modèle universel social émancipateur et solidaire (Muses), ancien secrétaire général de Force ouvrière (FO), 5 novembre 2019

Emmanuel Poilane, président du Centre de recherche et d'information pour le développement (CRID), secrétaire générale de la fondation Danielle-Mitterrand France Libertés, 16 avril 2020

Renard, militant·e, habitant·e de la zone à défendre (ZAD) de la Dune, 5 mars 2020

Juliette Rousseau, coordinatrice et porte-parole de la Coalition climat 21 au moment de la 21e conférence des parties (COP21) à Paris et membre d'Initiatives pour un autre monde (IPAM), 4 mars 2020

Pablo Servigne, conférencier et auteur de plusieurs ouvrages sur la collapsologie et la résilience collective, 10 avril 2020

Sophie Tissier, fondatrice du collectif Gilets jaunes Decla ta manif puis de l'association Force jaune, 22 janvier 2020

Aurélie Trouvé, porte-parole de l'Association pour la taxation des transactions financières et pour l'action citoyenne (Attac), 7 février 2020

Quitterie de Villepin, militante dans le champ de l'innova-
tion démocratique, fondatrice du mouvement #MaVoix,
10 février 2020
Patrick Viveret, cofondateur du collectif Roosevelt 2012 et
membre de l'Archipel citoyen Osons les jours heureux,
5 mai 2020
Nicolas Voisin, cofondateur des Communes imaginées et de
La Suite du monde, 14 novembre 2019

Annexe 2
Grille d'entretien

Question clé ou consigne
Au regard de votre engagement, en particulier en votre qualité de responsable/président·e de..., de fondateur·trice de..., ou d'activiste de..., j'aimerais que vous me disiez la place et le rôle que vous accordez au principe d'égalité ? Est-il fondateur/moteur de votre/vos engagement.s ? Comment le définissez-vous ? Comment s'articule-t-il avec d'autres principes et/ou motivations ?

Thèmes clés
1. Le « pour quoi/ vers quoi »
– Lien entre objectifs et motivations : quel.le.s termes/ expressions vous semblent les plus adapté·e·s ? Lutte contre les injustices/inégalités, égalité, justice...
– Articulation entre égalité et liberté, politique et morale, émancipation collective et liberté individuelle
– Continuité dans la mise en cohérence vis-à-vis d'un héritage universaliste ou dépassement d'un héritage dénoncé comme imbriqué à un sexisme, racisme, spécisme constituant
– Convergence des luttes

2. Le « qui »
– Un ou des publics concernés par la lutte : place des premier·ère·s concerné·e·s et des allié·e·s
– Débat sur l'intersectionnalité : intersection ou imbrication entre identifications et dominations (sexe/race/classe...) ?
– Concurrence entre intérêts, même entre inégaux, ou fraternité/solidarité : alliances/divisions ?

3. Le « comment »
– Diversité des tactiques : plaidoyer, désobéissance civile, remise en cause de la frontière violence/non-violence
– Réforme/révolution : agir sur/par le droit ou en dehors des institutions et des règles imposées
– Agir par le terrain, l'action / partager et porter une cohérence idéologique
– Le périmètre de réflexion et d'action peut-il, doit-il, être individuel, local, national ou international ?
– Positionnement par rapport à des controverses précises : non-mixité, politiques d'action positive, réappropriation ou remise en cause des catégorisations existantes (sexuée en particulier), stratégie de priorisation – ou pas – de luttes, de secteurs

4. Le rapport à l'engagement et les frontières du politique
– Lien entre le « qui », le « quoi » et le « ce qui » est politique : quels sont les sujets de revendications et l'articulation entre leurs dimensions politique/morale/économique/culturelle ?
– Processus de politisation/dépolitisation et engagement : aussi bien dans le rapport à la démocratie représentative/délibérative/participative, à l'élaboration des politiques publiques qu'aux controverses/positionnements idéologiques
– Rapport à la radicalité : qu'est-ce que cela signifie qu'un engagement, une revendication radical·e ?

5. Spécificités des mobilisations contemporaines
– Modernité, post-modernité ou a-modernité : positionnement par rapport aux dichotomies telles que raison/émotion, nature/culture, individu/collectif
– Spécificités du moment : prise de conscience des urgences écologiques et sociales, imbrication vitale de l'humain et du vivant, rapport entre utopie et réalisme
– Rôle de la pandémie de Covid-19

Remerciements

La recherche est un cheminement complexe, une aventure individuelle qui n'a de sens que parce qu'elle est toujours aussi collective, une ambition démesurée qui avance dans l'humilité.

Cet ouvrage présente les principaux enjeux soulevés par une recherche sur les mobilisations contemporaines contre les injustices. Afin d'analyser la place et le rôle du principe d'égalité, notamment dans les motivations à l'origine de ces mobilisations et dans leurs synergies, j'ai effectué une enquête qualitative auprès de 130 responsables d'association et activistes féministes, antiracistes, écologistes, antispécistes et/ou de lutte contre la pauvreté. Un grand merci à toutes celles et tous ceux qui ont pris le temps de participer à cette enquête en partageant leurs engagements, leurs expériences et leurs réflexions. Ce travail essaie d'être à la hauteur de leurs complexités et de leurs nuances en analysant l'imbrication de questionnements théoriques et pratiques.

Un grand merci à Sciences Po, en particulier à la direction scientifique, au Programme de recherche et d'enseignement des savoirs sur le genre (Presage) et au Centre de recherches politiques de Sciences Po (Cevipof), qui, par leur soutien, en particulier financier, m'ont permis de mener cette recherche dans les meilleures conditions, en rendant notamment possible la retranscription thématique des entretiens.

Un remerciement ému pour les étudiant·e·s dont l'implication dans la retranscription thématique des entretiens, mais aussi dans la compréhension des enjeux qu'ils soulèvent, a été essentielle dans l'analyse de ce terrain riche et complexe. J'ai en effet eu l'immense chance que cinq étudiant·e·s de Sciences Po m'accompagnent dans ce processus : Sarah Delabrière, Xavier Kamaky, Aymeric Leroy et Emma Rousseau, étudiant·e·s en troisième année de collège universitaire, dans le cadre de leur stage d'initiation à la recherche, et Marie Royal, étudiante en master de théorie politique, dans le cadre d'un stage de recherche. Qu'elles·ils soient remercié·e·s très sincèrement : sans leur travail, je n'aurais pas pu examiner ces entretiens avec autant de précision. J'espère que ce partenariat de recherche, ces moments de partage et d'échange ont été aussi stimulants pour elles·eux que pour moi.

Merci à Julie Gazier, directrice des Presses de Sciences Po, dont l'accompagnement a été précieux et déterminant tout au long de mon processus de recherche, de la phase d'enquête jusqu'à l'écriture. C'est un privilège que d'être lue et conseillée avec autant d'exigence et de bienveillance.

Merci à Hélène Périvier, économiste à l'Observatoire français des conjonctures économiques (OFCE) et directrice de Presage, qui par sa relecture attentive et constructive a encore une fois fait la preuve de son sens du collectif et de l'interdisciplinarité. C'est un plaisir et un honneur toujours renouvelés que de participer, à ses côtés, aux activités de ce programme de recherche et d'enseignement sur le genre à Sciences Po.

Merci à Violette Toye, chargée de mission Presage, pour son implication enthousiaste et son soutien précieux.

Merci à Janie Pélabay, théoricienne du politique au Cevipof, pour son accompagnement intellectuel et amical. Ses conseils, son soutien et sa relecture ont épaissi avec finesse cet ouvrage. Un grand merci pour tout cela, mais aussi pour nos projets en cours et nos défis partagés.

Merci aussi à toutes celles et tous ceux qui ont alimenté cet ouvrage par nos discussions, riches de partages d'analyses et de références, elles·ils reconnaîtront les questionnements et enjeux dont nous avons débattu.

Table des matières

Achevé d'imprimer en septembre 2021 par Corlet Imprimeur - 14110 Condé-en-Normandie
Dépôt légal : septembre 2021 - n° d'imprimeur : 21070770 - *Imprimé en France*